全国船舶工业职业教育教学指导委员会"十三五"规划教材

游艇设备安装

主　编　刘　旭
副主编　由广辉
主　审　刁玉峰

哈尔滨工程大学出版社
Harbin Engineering University Press

内 容 简 介

本书共分为十一个项目,从游艇舵设备、锚设备、系泊设备、拖带设备、救生设备、关闭设备等十一个大方面进行了编写。本教材在编写过程中本着"理实一体、工学结合"的方针,将关键知识分解为单个任务,针对每个项目明确了相应的学习目标和能力目标,使学生在教师指导下完成任务的同时,完成知识的学习。

本书可作为高等职业学院游艇相关专业教材,也可作为船厂青工的培训教材,亦可供船厂的有关技术人员参考。

图书在版编目(CIP)数据

游艇设备安装 / 刘旭主编. —哈尔滨:哈尔滨工程大学出版社,2019.9
ISBN 978 - 7 - 5661 - 2468 - 5

Ⅰ. ①游… Ⅱ. ①刘… Ⅲ. ①游艇 - 设备安装 - 高等职业教育 - 教材 Ⅳ. ①U674.910.3

中国版本图书馆 CIP 数据核字(2019)第 215237 号

选题策划　史大伟　薛　力
责任编辑　薛　力　刘海霞
封面设计　李海波

出版发行　哈尔滨工程大学出版社
社　　址　哈尔滨市南岗区南通大街 145 号
邮政编码　150001
发行电话　0451 - 82519328
传　　真　0451 - 82519699
经　　销　新华书店
印　　刷　哈尔滨市石桥印务有限公司
开　　本　787 mm × 1 092 mm　1/16
印　　张　12.75
字　　数　328 千字
版　　次　2019 年 9 月第 1 版
印　　次　2019 年 9 月第 1 次印刷
定　　价　34.00 元
http://www.hrbeupress.com
E-mail:heupress@ hrbeu.edu.cn

船舶行指委"十三五"规划教材编委会

前　言

游艇设备安装是一门多学科性的综合专业课程,其内容庞杂、涉及范围非常广。本书在内容上着重扩大读者的视野,反映最新技术。本书中各种船舶舾装的配置要求及有关的计算标准,都是以国际、国内和行业的法规、规则及标准为依据的。

本书在编写过程中首先根据项目化课程标准,征求企业意见,然后围绕典型工作任务,由行业专家及企业工程技术人员共同完成教材编写工作。本书突出以下几个特点:

(1)深入分析游艇专业毕业生的从业能力,基于生产工作岗位的需求,与行业企业专家共同分析职业能力,确定课程目标,制定课程标准,选择教材的学习内容。

(2)根据游艇专业培养目标,瞄准职业岗位工作任务,以职业标准为依据,企业需求为导向,职业素质为核心,基于工作过程和工作任务,设计教学情境,完成各项目目标。

(3)围绕典型工作任务的工作过程,对教学内容进行改革和重新组合,突出内容的针对性和适用性。通过任务驱动、工学结合的人才培养模式,教－学－做一体化的教学模式,使教学过程与工作过程一致。

(4)突出工学结合特点,与企业专家共同建设教材,在教材内容上体现出行业企业发展和岗位工作任务需要的知识、能力和素质要求,并根据企业要求和技术发展及时更新教材内容。

(5)充分考虑了高职教育的特点,注重学生的认知规律和接受能力,尽量回避了艰深的理论推导,着重介绍了一些基本的、实用的理论与方法。本教材知识内容组织条理清晰,由浅入深,由简到繁,力求使学生产生专业兴趣。

本书的项目一、项目二由渤海船舶职业学院刘旭编写,项目三、项目四、项目五由渤海船舶职业学院王英第编写,项目六、项目七、项目八由渤海船舶职业学院由广辉编写,项目九由上海华润大东船务工程有限公司丁微微编写,项目十、项目十一由渤海船舶职业学院金璐编写。全书由刘旭担任主编,由广辉担任副主编,渤海船舶职业学院刁玉峰担任主审。

本书在编写过程中得到了众多同行、专家的帮助和支持,在这里致以深切的谢意。由于编者学识水平和教学经验有限,书中有些问题可能考虑不周,疏漏与错误之处也在所难免,竭诚欢迎专家和读者批评指正。

编　者
2019 年 7 月

目　　录

概　　述

第一节　游艇的定义及种类

一、游艇定义

游艇是一种水上娱乐用的高档消费品,也是一种最具时尚特征的休闲娱乐载具。它集航海、运动、娱乐、休闲等功能于一体,主要满足个人或家庭进行娱乐和运动的需要。在发达国家,游艇像轿车一样多为私人拥有或租赁使用。而在发展中国家,游艇多作为公园、旅游景点的经营项目供人们消费,少量也作为港监、公安、边防的工作用具。游艇是一种娱乐工具这一本质特征,使它区别于作为运输工具的高速船和旅游客船。游艇将会像汽车一样,成为进入家庭的下一代耐用消费品。游艇产业作为海洋产业的一部分,具有巨大的经济效益,它具有劳动密集、技术密集、知识密集、资金密集的特点。对于中国来说,游艇业起步不久,具有很大的发展空间。游艇不仅是人们旅游观光的工具,也成为国内富豪们休闲娱乐的场所及商务中心。

二、游艇种类

(一)按大小划分

依国际标准游艇的规格是以英尺计算的,按尺寸大小可分为三种:36 ft[①] 以下为小型游艇、36～60 ft 为中型游艇、60 ft 以上为大型豪华游艇。

(二)按功能划分

按功能划分,游艇可分为休闲艇(休闲型游艇)、商务交际艇、赛艇、钓鱼艇、缉私艇、公安巡逻艇、港监艇等。严格地讲,后三种与游艇的性质相悖,但从建造规模、技术上讲与游艇相同,有人也把它们归入游艇类。

1. 休闲型游艇

此类游艇大多为家庭购买,作为家庭度假所用。一般以 30～45 ft 的游艇为主,设计时也是考虑到家庭使用的方便性,装潢时也以烘托家庭氛围为卖点,市场上游艇的种类也是以此类为主。

2. 商务交际艇

这类游艇一般都是大尺寸的游艇,里面装潢豪华,也可以说是豪华游艇,一般被大型企业集团法人、总经理购买,大多被用于商务会议、公司聚会等。

(三)按用途划分

针对海上、内河以及附近码头等重要地方所进行的操作和工作来分类,一般将游艇分为消防艇、打捞艇、捕鱼艇、钓鱼艇、作业艇、船员艇、探险艇、带缆艇和搜救艇等。游艇按用

---

① 1 ft = 0.304 8 m。

途分为以下三类。

1. 工业应用艇

一般用于海上工业生产、码头运送物资、各种供应与补给，以及提供给大型远洋轮船特殊备用。

2. 水上安全管理艇

对河流、海洋起到保护作用，以及对临水建筑起到消防、垃圾护理作用；对河道进行清理等，让水上交通更为便利；对过往船艇进行安检、巡查，保障人民财产安全。

3. 专门作业艇

为研究、科考、探险、生产及特殊领域提供帮助，使复杂环境、严峻形势得到很好改善。专门作业艇结构复杂，工艺精细，功能全面，实用性强，速度在一定情况下要特定，大多数购买者都是政府、科研、航海、企业等。

（四）按品质划分

《2013—2017年中国游艇深度评估与投资前景评估报告》将游艇分为高档豪华游艇、家庭型豪华游艇、中档普通游艇及廉价游艇。

1. 高档豪华游艇

艇长35 m以上，艇上装备有最现代化的通信和导航等系统，舱室内配有高级材料，如柚木、皮革、镀金小五金件、不锈钢扶手、高级地毯、高档家具、现代化的电气设备、字画、特殊的灯光等设施，从里到外显示着豪华的气势。这种游艇不仅能供家族成员享乐，而且是艇主从事商务、处理日常工作及社交活动的理想场所，是艇主向贵宾或对手显示其经济实力的王牌。这种豪华游艇的价格在数百万美元不等，有的高达上千万美元，消费者主要是贵族、巨商。

2. 家庭型豪华游艇

尺度一般为13.5 m以上，它设计新颖，选材上等，结构与制造工艺精度高，选用名牌设备设施，布置舒适，单价在30万美元以上。

3. 中档普通游艇

尺度一般为9～13.5 m，单艇售价在5万～20万美元，这种游艇质量适中，消费市场广阔。

4. 廉价游艇

尺度在9 m以下，单艇售价在5万美元以下，这种游艇销售量最大。

（五）按动力类型划分

按动力类型划分，可分为无动力艇、帆艇和机动艇。帆艇又分为无辅助动力帆艇和辅助动力帆艇。机动艇又分为舷外挂机艇、艇内装机艇。艇内装机艇还可分为小汽艇和豪华艇两个档次。

（六）按材质划分

按材质划分，可分为木质艇、玻璃钢艇、凯芙拉纤维增强的复合材料艇、铝质艇和钢质艇。当前，玻璃钢艇占绝大比例；赛艇、帆艇、豪华艇使用凯芙拉增强材料的较多；铝质艇在舷外挂机和大型豪华游艇中占一定比例；钢质艇在35 m以上远洋大型豪华游艇中占比例较大。

（七）按艇上结构划分

按艇上结构划分，可分为小型敞开艇、小汽艇、滑水艇、半舱棚游艇、住舱游艇、帆艇和个人用小艇(又称水上摩托)。小型敞开艇具有狭窄甲板,可乘坐1~6人,备有桨和桨叉,或用舷外挂机推进,长度为1.8~5 m;小汽艇也为敞开式,有一个小的前甲板、挡风玻璃、操舵轮,装有4~6人的座椅,用舷外挂机或喷水推进装置为动力,长度为3.7~7.3 m;滑水艇与小汽艇相似,专为滑水运动设计和装备,外形光顺、艏部尖瘦、艇身狭长、干舷低,长度为4.3~8.5 m;半舱棚游艇有一个后部敞开的固定小舱棚,可在船上住宿,由舷外挂机或船内机驱动,长度为4.3~8.5 m;住舱游艇具有全封闭住舱,艇型较大,按艇主需要可配置各种档次的设备设施,如厨房、卧具、酒吧、盥洗室,采用船内机为动力,长度在5.5 m以上。帆艇设计有足够面积的帆装备作为推进用,艇长5.8~38 m。水上摩托这种个人用小艇分为坐式和站式两种,购买者多为年轻人,产销量很大。

(八)按造型划分

游艇的造型依据其功能的不同而有区分,这类工业产品在外形的设计上仍以实用性为前提,而后考量美学及市场的导向来变化出流线型的造型。近几年来,游艇的造型如同其他工业产品一样,逐渐采用较具亲和力的圆弧线条来代替尖锐的折角或直线,当然这与生产技术的提升有很大的关系。

1. 巡航艇

大型、快速的豪华游艇,内部布置豪华,设备完善,适合长距离航行。外形的色彩线条简单,呈现出沉稳且典雅的风格,为100 m以上的大型豪华游艇所采用。

2. 无后舱式游艇

无钓鱼设备,具备上、下驾驶台及大型的沙龙间,船尾无住舱,为一开放空间,线条更圆弧化,是近些年来各项工业造型上的一致趋势。

3. 太阳甲板

该船型最主要的特点是船尾多了一个住舱,以及后甲板的开放空间加盖遮阳板。

4. 敞露甲板型

无船楼的游艇,主甲板以上为露天的驾驶区及开放空间。

5. 小快艇

即小型快艇,甲板以下无住舱,船速高。

6. 海钓船

有完善的钓鱼设备。此船型的特征在于驾驶室位于上甲板,以及后甲板的高度非常接近水面。这样的造型主要是配合海钓者使用上的需要。

7. 多用途游艇

与海钓船类似,但上驾驶台上方的遮阳棚及钓鱼架可拆除,成为一般用的游艇。

8. 高速滑行艇

即高速赛艇,甲板以上较低的受风面积为该艇在造型上最主要的特征,目的在于减少该艇于高速时受到的风阻。

9. 拖网型

主要特征是船首线形较圆滑,船速较慢。

10. 双体游艇

此类游艇有较大的起居室(即沙龙),宽阔的上层甲板空间,适合于招待亲朋好友同游。但也由于双船体的先天限制,不大可能在下层船体部位配置较大空间的住舱,仅能布置数间狭窄舱房,这个是它最大的缺点。由于它的船宽比一般的单体船要大,因此所需停泊的码头要占较多空间,停船位较难得到,停泊费也必定较贵,所以双体游艇在市场上较少见。

第二节　游艇配套设施与设备

　　游艇的配套设施一般都是根据游艇主人的需求而定制的,中小型游艇更是如此。游艇的配套设施一般都是以游艇的功能来设计的,不同种类的游艇功能配不同内部的配套设施,大致有以下几种分类:

　　中小型游艇一般设置有如下配套设施:下层的室内空间,设有主人房、客房、卫生间;中层设有客厅、驾驶舱和厨房,艉门路甲板平台;上层设有露天望台和驾驶台,为了防晒和防雨,一般还设有软篷;在动力和技术方面,配置了发动机、发电机、雷达、专业的仪器仪表、通信设备、冷气设备、家用电器,甚至设置卫星导航系统。从整体上看游艇就是一个集现代化办公与家庭休闲为一体的海上流动公寓,它拥有完整的功能配置,既可作为家庭休闲场所,又可供朋友聚会或宴请客户时使用,这充分体现了现代人的高品质生活。根据功能不同,里面的设施也略有不同,运动型游艇一般都配有大功率的发动机,内部设施则相对简单,而休闲型的游艇则会更加注重休闲娱乐功能,设有厨房、客房、卡拉 OK 设备、电子游戏房、加长的钓鱼船尾等以满足休闲的需要。大型游艇内部装潢十分高档豪华,更注重在通信设备、会议设备、办公设备上的配套安装,充分体现出现代企业的办公需要。

　　游艇配套设备包括其作为水上航行的船舶所具有的常规设备,即推进与操纵设备、锚泊与系泊设备、救生与消防设备、通信及导航设备、关闭设备,还配有游艇特有的污水处理设备等。

第三节　游艇航区划分

　　游艇设计及游艇设备的选配,首先考虑的是游艇的航区。所谓航区是指船艇经海事机构核定允许航行的区域。游艇按照船级社规范设计,并经过海事局法定检验才能取得航行证书。航区涉及游艇所遇风浪的大小、距离避风港的航程或到达避风港的时间,这对于游艇的安全航行有很大的关系。对于不同航区的游艇,必须按照规范采用不同的设计,从而使得游艇能够在水上安全驾驶,有效躲避风浪,以保障人民生命财产安全。航区不同,不仅对游艇的强度和稳性要求不同,对于游艇一些舾装设备的配置也有所不同。较高等级航区的游艇可以到低等级航区航行,而低等级航区的游艇不允许到较高等级的航区航行。

　　我国游艇航区的划分参照了内河航区划分的相关要求。我国长江水域分为 3 个航区,其规定如下:长江 A 级航区是指江阴以下至吴淞口,包括横沙岛以内水域;长江 B 级航区是指宜昌至江阴段水域;长江 C 级航区是指宜昌以上的水域。其他内河、湖泊航区可向当地的海事部门询问。

　　游艇使用有航区限制,按照使用航区的限制,游艇分为以下 4 类。

一、A 类

是指航行于距岸不超过 20 n mile(中国台湾海峡及类似海域距岸不超过 10 n mile)海上航行的游艇。

二、B 类

是指航行于下列水域的游艇：

（1）沿海海岸与岛屿、岛屿与岛屿围成的遮蔽条件较好、波浪较小的海域。在该海域内，海岸与岛屿之间、岛屿与岛屿之间的距离不超过 10 n mile；或在距岸不超过 10 n mile 的水域，并限制在风级不超过 6 级（浦氏风级）且目测波高不超过 2 m 的海况下航行。

（2）内河 A 级航区。

三、C 类

是指航行于下列水域的游艇：

（1）距岸不超过 5 n mile，并限制在风级不超过 6 级（浦氏风级）且目测波高不超过 1 m 的海况下航行。

（2）内河 B 级航区。

四、D 类

是指航行于内河 C 级航区的游艇。

项目一　游艇舵设备

舵设备是保证船舶具有良好的操纵性的主要设备，其功能是改变船舶的航向；保持船舶航向的稳定。

舵设备的设计通常是根据不同的船型、推进装置和使用要求来进行的。船舶的舵叶通常垂直于基线布置在船舶的尾端，以便使舵上产生的水动力相对于船体重心能形成改变船舶航向的转船力矩。

任务一　舵的数目及形式的确定

舵的设计是根据不同的船型和使用要求选择一个（或多个）面积适当，且和艉部线型及螺旋桨配合良好的舵，以满足船舶操纵性要求。

舵的数目除了与操纵性要求有关外，还与船尾形状和螺旋桨数目有关。增加舵的数目虽然容易满足较高的操纵性要求，但也造成了舵设备更加复杂和较高造价的情况。因此，在实际使用中除特殊要求外，总是趋向于取最少数量的舵。

一、舵的分类和选择

图1-1所示为船后舵的主要形式，其分类如下：

1. 按舵的固定方式分

舵踵支承舵——图1-1(a)和图1-1(b)；半悬挂舵——图1-1(c)；悬挂舵——图1-1(d)。

2. 按舵杆轴线在舵叶宽度上的位置分

不平衡舵——舵杆轴线在接近舵叶前缘（导缘）处穿过，如图1-1(a)所示；半平衡舵——舵杆轴线的前面上半部分没有舵叶面积，下半部分有舵叶面积，如图1-1(c)所示；平衡舵——舵叶面积分布于舵杆轴线的前后，如图1-1(b)和图1-1(d)所示。

3. 按舵叶剖面的形状分

可分为流线型舵和平板舵。除了部分非自航驳船外，绝大多数机动船都采用流线型舵。

以上各类舵型应根据船的大小、用途、螺旋桨直径和船尾线型来选定。一般而言，悬挂式平衡舵适用于中小型船舶,尤其适用于双桨双舵船;双支承平衡舵常用于大型运输船。直接处在舵柱后的双支承或多支承不平衡舵常用于破冰船;与挂舵臂构成组合体的半平衡舵常用于中高速集装箱船、双桨油船和货船。

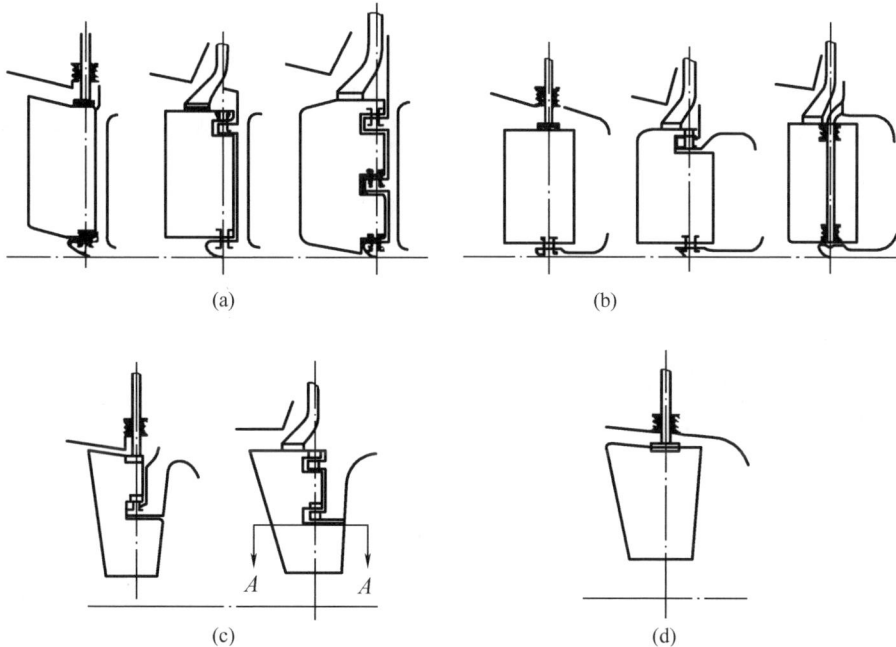

图 1-1　舵的分类
(a)双支承或多支承的不平衡舵;(b)双支承的平衡舵;(c)半悬挂式半平衡舵;(d)悬挂式平衡舵

　　为了提高舵效率,总是将舵设在螺旋桨后面,使其处于螺旋桨尾流之中。因此,在海船上,单桨单舵和双桨双舵得到广泛应用,而且绝大多数海洋运输船都是单桨单舵。

　　鉴于某些特殊考虑,有些船舶设置的舵与螺旋桨数目不等。冰区航行的船舶为了防止舵受到严重损害,某些巨型客船为了简化舵设备而设置双桨单舵。在这种情况下,其操纵性比那些把舵设置在螺旋桨后面的船舶要稍差些。在浅吃水船上,通过增加舵的数目来保证足够的舵面积和合适的展弦比,因而出现了单桨三舵和双桨三舵的船舶。

　　不平衡舵通常设置在单桨船的舵柱后面,也有某些双桨船舶或非自航船在中纵剖面的呆木后面设置不平衡舵。这些舵用一个或多个舵销支承,常用在密实或大块碎冰区航行的船舶上。

　　在设有导框底骨的无舵柱单桨船上,为了减小转舵力矩,设置舵踵支承的平衡舵,如图1-1(b)所示,其中第一种大多用于中小型船,第二、三种用于大中型船。考虑到舵结构的简化和拆装方便,目前第二种用得较多,而第三种形式(带舵轴的舵)已很少采用。

　　半悬挂舵(图1-1(c)),即所谓的马林那舵,在双桨单舵船舶、无艉柱的单桨舵船舶及多桨多舵船舶上使用甚多,且采用舵销将舵支承在呆木或挂舵臂上。其中第一种形式的舵与舵杆大多采用锥体连接,第二种形式的舵与舵杆采用法兰连接(因其在连接处的弯矩较小)。呆木或挂舵臂可提高船舶的航向稳定性,且能弥补半悬挂舵水动力特性较差的缺点,因为包括部分呆木或挂舵臂面积在内的舵与具有同样面积和展弦比的普通舵比较,两者的水动力特性几乎相同。

悬挂舵(图1-1(d)),在无艉柱的单桨或多桨船舶上均有使用,且应尽可能设置在螺旋桨后面。由于其舵杆承受较大的弯矩(襟翼舵更为如此),为使舵杆直径减小,下舵承应尽量安装在接近船底处。

二、舵叶的剖面翼选择

适用于舵叶的剖面翼型有对称的 NACA(美国国家航空咨询委员会)翼型、对称的儒可夫斯基翼型、俄罗斯空气动力学中央试验室翼型、哥廷根翼型、JFS 翼型、TMB07507515 翼型等。

任务二 舵装置零件尺寸的确定

一、舵杆

舵杆上部常用带键、紧配或无键连接等方法同舵柄连接,并支承在舵承处。舵杆下部常用水平法兰、锥体带键或无键连接等方法与舵叶连接。下部弯曲的舵杆,其端部结构构成水平法兰(图1-2(a))或垂直法兰;下部竖直的舵杆,其端部构成水平法兰(图1-2(b))或圆锥体。

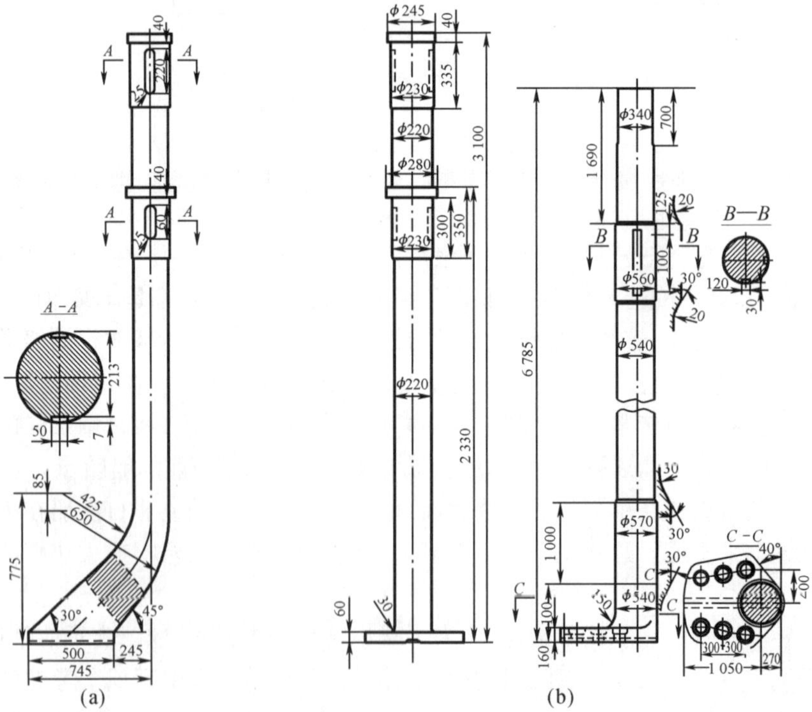

图1-2 下端部为水平法兰的舵杆
(a)下部弯曲的舵杆;(b)下部竖直的舵杆

舵杆一般为锻钢件。舵杆下端的法兰通常同舵杆一起锻造,但有时为简化舵杆的制作,法兰同舵杆本体分别锻造,然后用电焊连接,这就要求采用高质量的焊接程序予以保障。下部弯曲的舵杆可采用铸、锻、焊结合的方式进行制造,即直杆部分采用锻造,弯曲部分同法兰采用铸造,经热处理后把这两部分用电渣焊连接,焊后再作热处理及探伤检查。

为了保护舵杆避免海水的腐蚀,应对舵杆采取适当的保护措施,诸如合适的密封装置、在舵杆表面涂刷专用涂料,以及在舵杆工作的轴颈处加设保护衬套等。

CCS《钢质海船入级与建造规范》(以下简称《海船规范》)对于舵杆各部分结构尺寸的规定有如下几点。

(1)舵柄处传递舵扭矩的舵杆直径 D_t(mm)应不小于按下式计算所得之值:

$$D_t = 4.2 \sqrt[3]{\frac{T}{K_s}} \tag{1-1}$$

$$T = FR \tag{1-2}$$

式中 T——舵杆扭矩,N·m;

F——舵力,N;

R——力臂,按 CCS《海船规范》公式计算,m。

K_s——舵杆材料系数;其相应的许用扭转应力为 $68K_s$,N/mm^2。

式(1-2)适用于上舵承处舵杆无弯矩的情况。若舵机通过舵柄或舵扇对上舵承处的舵杆产生附加弯矩,则舵柄的舵杆直径应按式(1-3)计算,其中的弯矩 M_b 用附加弯矩代替。

(2)对于双支点平衡舵(图1-3)及双舵销半悬挂舵(图1-4)的舵杆,其上舵承以下的舵杆直径应不小于上舵承处的舵杆直径。

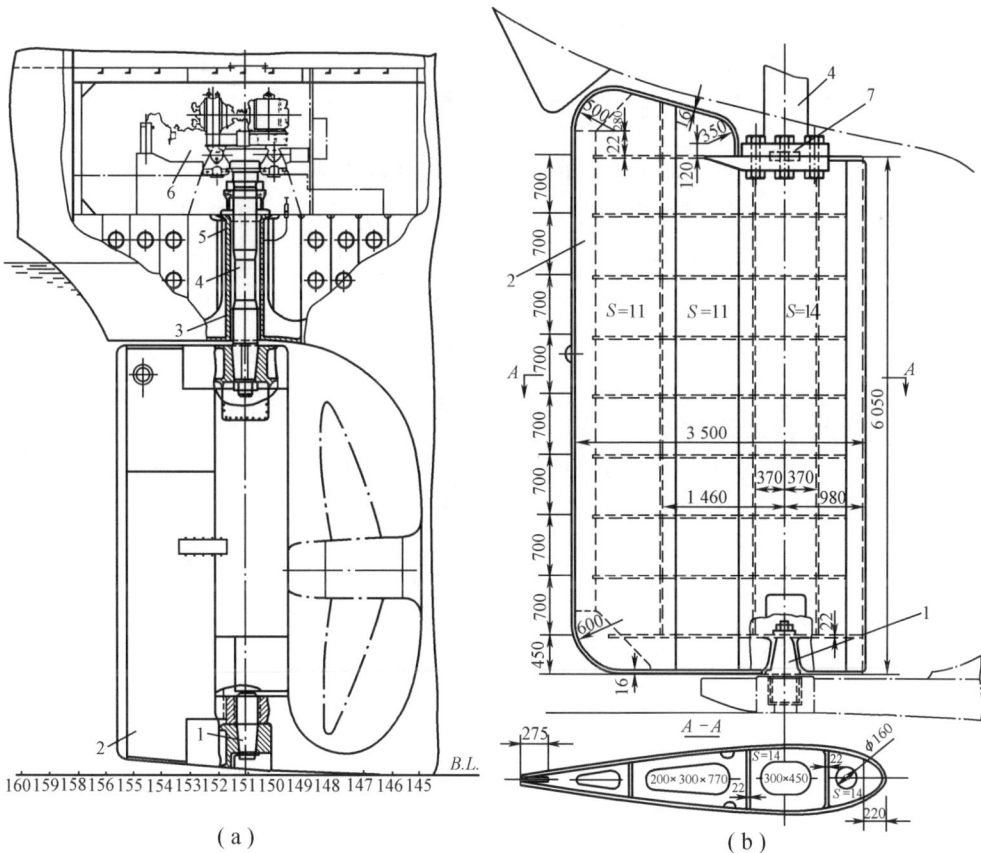

图1-3 双支点平衡舵

(a)舵叶与舵杆用锥体连接;(b)舵叶与舵杆用法兰连接

1—下舵销;2—舵叶;3—下舵承;4—舵杆;5—上舵承;6—舵机;7—连接法兰

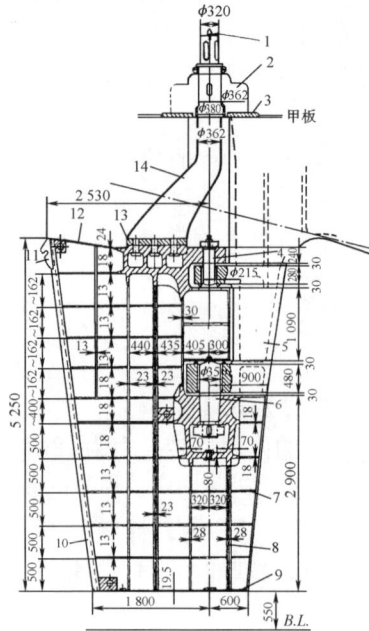

图 1-4　双舵销半悬挂舵

1—吊环螺钉;2—上舵承;3—舵承支承板;4—上舵销;5—挂舵臂;6—下舵销;7—水平隔板;8—垂直隔板;9—舵叶
底板;10—舵叶后边缘型材;11—吊钩;12—舵叶顶板;13—连接法兰;14—舵杆

　　(3)对于单舵销双支点平衡舵(图 1-1(b))中的第二种)、单舵销半悬挂舵(图 1-1
(c)中的第一种)及悬挂舵(图 1-1(d)),其下舵承处和下舵承以下的舵杆直径 D_c(mm)应
不小于按下式计算所得之值:

$$D_c = D_t \sqrt[6]{1 + \frac{4}{3}\left(\frac{M_b}{T}\right)^2} \qquad (1-3)$$

式中　D_t——舵柄处的舵杆直径,按式(1-1)计算,mm;

　　　　T——舵杆扭矩,按式(1-2)计算,N·m;

　　　　M_b——下舵承至舵叶顶部间舵杆的最大弯矩,N·m。

　　单舵销双支点平衡舵及单舵销半悬挂舵均应按计算模型(图 1-5、图 1-6)直接计算。

　　(4)当用直接计算法校核下舵承处和下舵承以下的舵杆强度时,舵杆的等效应力
σ_e(N/mm²)应不超过 $118K_s$ N/mm² (K_s 为舵杆材料系数)。

$$\sigma_e = \sqrt{\sigma^2 + 3\tau_e^2} \qquad (1-4)$$

$$\sigma = \frac{10.2M_b}{D_c^3} \times 10^3 \qquad (1-5)$$

$$\tau_e = \frac{5.1T}{D_c^3} \times 10^3 \qquad (1-6)$$

式中　D_c——下舵承处的下舵承以下的舵杆直径,按式(1-3)计算,mm;

　　　　T——舵杆扭矩,按式(1-2)计算,N·m;

　　　　M_b——下舵承至舵叶顶部间舵杆的最大弯矩,与式(1-3)中的 M_b 相同,N·m。

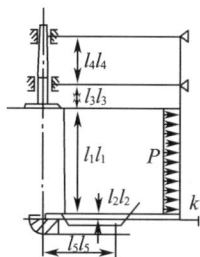

图1-5　舵销的双支点平衡舵的计算模型　　　图1-6　单舵销半悬挂舵的计算模型

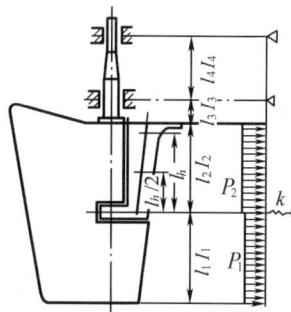

（5）下舵承以上的舵杆直径,应尽可能保持与下舵承处的舵杆直径一致,然后逐渐减少至上舵承处的直径。但锥体的长度应不小于两直径差额的3倍,锥体以上至上舵承间不应有任何凹槽。

冰区航行的船舶由于在计算舵力时已作修正,因此可按上述计算式确定舵杆直径。拖船的舵杆直径应按上述公式计算所得之值增加5%,但对于具有B1*、B1、B2和B3级冰区加强的拖船,可不必增加。

单板舵的舵杆直径按以上各式计算。对悬挂舵,其下段的三分之一可向下过渡至下舵杆直径的0.75倍。

二、舵叶

现代海船绝大多数采用焊接结构的流线型剖面舵叶,它主要由舵叶旁板、垂直隔板、水平隔板及连接舵杆或舵销的铸钢件等组成。

流线型舵的下舵杆通常以箱形结构代替,该箱形结构由设在铸钢件下方的两块连续垂向隔板和有效舵旁板组成。其余的垂直隔板可连续,也可在水平隔板处切断(图1-7及图1-8)。除了组成箱形结构的垂直隔板不应开孔外,其余的垂直隔板和水平隔板可以开孔,孔的大小应不超过隔板宽度的一半。

舵叶的导缘通常用钢板弯制。舵叶的尾端(随缘)形式较多,最简单的方法是将两侧的舵叶旁板搭接,但这种形式较易产生裂纹,因此通常的做法是加设型材,如扁钢、圆钢、半圆钢或按舵叶的尾端线型加工的专用型材,如图1-9所示。

在人员不能进入舵内进行焊接时,舵叶的旁板同隔板的连接常常采用塞焊的方式,即在一侧的旁板上用间断的填角焊缝将隔板焊在旁板上;另一侧隔板上设有垫板,沿着该垫板在舵叶旁板上开长条形塞焊缝孔进行焊接,焊后将焊缝磨平,如图1-10所示。塞焊孔的最小长度为75 mm,最小宽度为舵板厚度的2倍,塞焊孔两端为半圆,塞焊孔的间距不超过150 mm。

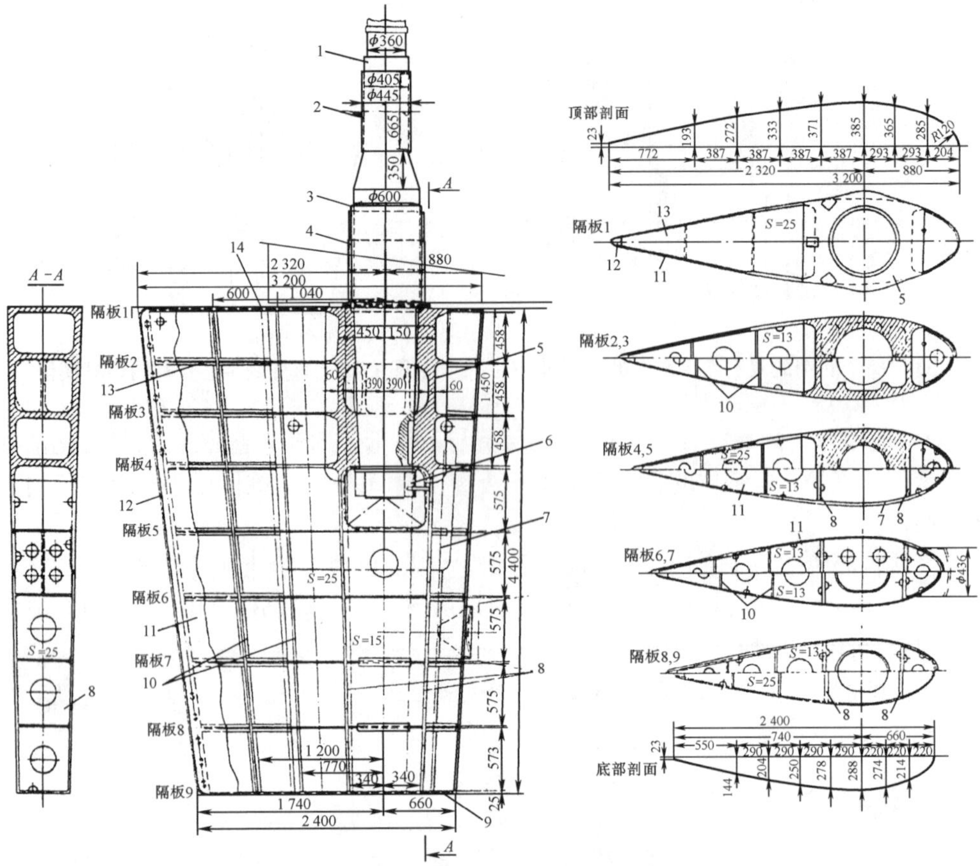

图 1-7　锥体连接的悬挂舵

1—舵杆;2—上舵承处轴套;3—下舵承处轴套;4—下舵承衬套;5—铸钢体;6—锁紧螺母;7—加厚板;8—垂直隔板;
9—舵叶底板;10—舵叶垂直隔板;11—舵叶旁板;12—舵叶后边缘型材;13—舵叶水平隔板;14—舵叶顶板

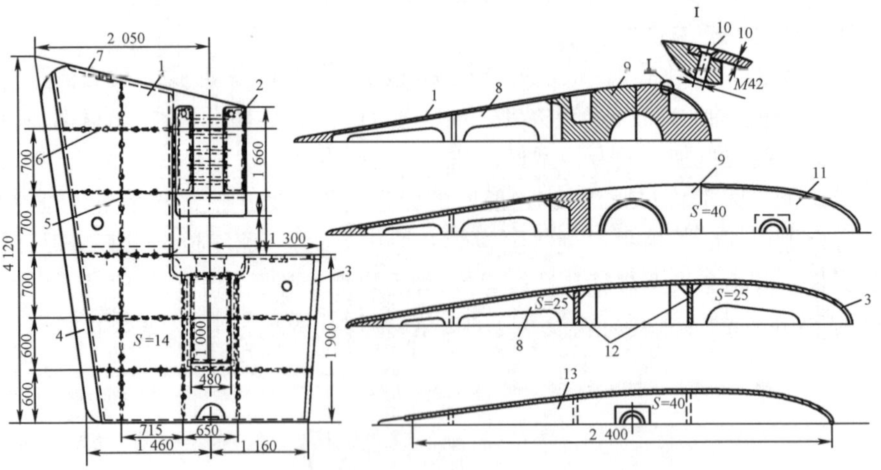

图 1-8　半悬挂舵的舵叶

1—舵叶旁板;2—可拆板;3—导缘端旁板;4—尾端型材;5—垂直的间断隔板;6—长圆形塞焊缝;7—舵叶顶板;
8—水平隔板;9—舵杆承座;10—固定螺钉;11—端板;12—垂直的连续隔板;13—舵叶底板

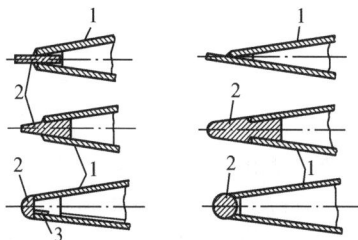

图 1-9 舵叶尾端的型材
1—舵叶旁板;2—尾端型材;3—安装板

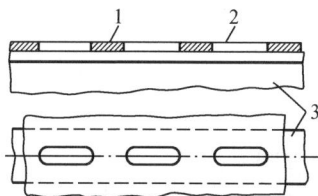

图 1-10 舵叶旁板与隔板的连接
1—舵叶旁板;2—长圆形塞焊孔;3—隔板

为了便于舵叶的安装和拆卸,在舵叶的适当位置处开孔安装钢管,供穿过吊索用。钢管的内径为 70~100 mm,钢管两端不应突出在舵叶旁板外面。

设置舵销的舵和采用锥形端舵杆与舵叶连接的舵,在舵叶上设有可拆盖板,该盖板与舵叶采用螺钉或焊接固定。

舵叶顶板及底板应设有放泄孔,配置用黄铜或不锈钢制作的放泄螺塞。

流线型剖面舵叶结构的具体要求如下:

(1)组成箱形结构的有效舵旁板的宽度应取不大于该处舵叶横向尺度的 2 倍,也不大于 2.5 倍的下舵承处的舵杆直径或舵顶部连接法兰的长度。

(2)舵旁板、顶板和底板的厚度 t(mm)应不小于按下式计算所得之值:

$$t = 5.5s\beta\sqrt{d + \frac{F}{A} \times 10^{-4}} + 2.5 \qquad (1-7)$$

式中　d——夏季载重线吃水,m;

　　　F——舵力,按 CCS《海船规范》公式计算,N;

　　　A——舵叶面积,m²;

　　　β——$\beta = \sqrt{1.1 - 0.5\left(\frac{s}{b}\right)^2}$,其中 s 和 b 分别为板格的短边长度和长边长度(m);如果 $b/s \geqslant 2.5$,则 β 取 1。

根据舵旁板的厚度可以得到其他一系列构件的尺寸如下:

①舵顶板和底板的厚度应不小于舵旁板的厚度。

②舵叶内部垂直隔板和水平隔板的厚度应不小于 0.7 倍的舵旁板厚度,且不小于 8 mm。

③舵叶的导边板厚度应不小于 1.2 倍的舵旁板厚度,但也不必大于 22 mm。

④半悬挂舵(图 1-8)在下舵销区域的舵旁板应加厚,其厚度应较按式(1-7)计算所得之厚度增加 80%。加厚的舵旁板应延伸超过连续垂直隔板和下舵销区域上下的水平隔板,在角隅处应有尽可能大的圆角。

(3)舵叶制作完成后应按规范要求做密性试验。密性试验合格后进行舵内涂装,具体方法为灌注沥青液,并使舵叶转动,以期沥青液能到达舵叶内各个部分,然后将剩余的沥青液倒出。有时在舵叶内部涂装后,填充聚氨酯自发泡沫塑料。

三、舵杆与舵叶的连接

(一)法兰连接

舵杆与舵叶的法兰连接中最常用的是水平法兰连接,很少采用垂直法兰连接。

连接法兰的形状和尺寸取决于连接的强度要求、法兰所在处的舵剖面的形状及螺栓布置的要求等因素。连接螺母应采用开口销或焊接的制动板紧固以防止螺母脱落。为了保护螺栓和螺母的外露部分,填敷水泥或其他填充物。水平法兰的连接面处,最好设置紧配键,以减少螺栓受力。

水平法兰连接按CCS《海船规范》的要求如下:

(1)连接法兰的螺栓直径 d_b(mm)应不小于按下式计算所得之值:

$$d_b = 0.62 \sqrt{\frac{D_c^3 K_s}{n E_b K_b}} \qquad (1-8)$$

式中 D_c——下舵承处舵杆直径,mm;

n——螺栓总数,至少有6个;

E_b——螺栓中心与螺栓系中心的平均距离,应不小于0.9倍的下舵承处的舵杆直径 D_c;如果连接法兰承受弯曲应力(如悬挂舵),则螺栓中心到法兰纵向中心线间的平均距离应不小于 $0.6D_c$;

K_s,K_b——分别为舵杆材料系数和螺栓材料系数。

(2)连接法兰的厚度 t(mm)应不小于按下式计算所得之值,但不小于 $0.9d_b$:

$$t = d_b \sqrt{\frac{K_b}{K_f}} \qquad (1-9)$$

式中 d_b——按不超过8个螺栓数计算所得之螺栓直径,mm;

K_b,K_f——分别为螺栓材料系数和法兰材料系数。

(3)螺栓外侧的宽度应不小于0.67倍的螺栓直径。

(4)连接法兰的螺栓应为铰孔螺栓,螺母应有可靠的制动装置。

(5)连接法兰应配有紧配键,以减轻螺栓的负荷。如果螺栓直径按式(1-8)计算所得值再增加10%,则可不装紧配键。

(6)如果舵杆与法兰分别锻制而以焊接连接时,则应在整个结合面内焊透,并应符合船级社规范对于焊接的要求。

BV《海船规范》规定,当舵杆直径不超过350 mm时,连接法兰和舵杆可以焊接,但法兰厚度应增加10%。

GL《海船规范》规定,悬挂舵只有连接法兰的规定厚度小于50 mm时,才允许使用水平法兰。

(二)锥体连接

舵杆与舵叶的锥体连接可分为有键锥体连接和无键锥体连接,其锥体长度一般应不小于1.5倍下舵承处的舵杆直径,且锥形部分应无阶梯地过渡到圆柱部分。

1. 有键锥体连接

采用键连接时,键沿着锥体的母线安装。键的材料总是比舵杆或承座(舵叶上部的铸钢件)的材料强度高。键的尺寸根据其受剪和侧面受挤压的情况确定,对于传递大扭矩的锥体连接应设置两个键,但在计算时只考虑一个半键起作用,因为键与键槽不可能制作得绝对精确。

有键锥体连接按 CCS《海船规范》的要求如下：

（1）锥体连接应具有 1∶8～1∶12 的锥度，锥体长度应不小于 1.5 倍的下舵承处的舵杆直径。舵杆下端应用螺母紧固，螺母应有可靠的止动装置。

（2）锥体连接应装有键，该键应安装在舵的前后方向上，键的剪切面积 A_s（cm^2）应不小于按下式计算所得之值：

$$A_s = \frac{16T_f}{D_k \sigma_s} \qquad (1-10)$$

键的受挤压面积 A_k（cm^2）（不计圆边部分）应不小于按下式计算所得之值：

$$A_k = \frac{5T_f}{D_k \sigma_s} \qquad (1-11)$$

式中　T_f——舵杆的设计屈服扭矩，按式（1-12）计算，N·m；

　　　D_k——舵杆锥体装键处的平均直径，mm；

　　　σ_s——键、舵杆或承座材料的屈服强度，取其中较小者，N/mm^2。

舵杆的设计屈服扭矩 T_f（N·m）应按下式计算：

$$T_f = 0.026\,64 D_t^3 K_s \qquad (1-12)$$

式中　D_t——按本节式（1-1）计算的舵杆直径，如果实际直径大于 D_t，应取实际直径，但不必大于 $1.15D_t$，mm；

　　　K_s——舵杆材料系数。

（3）锥体连接螺母的尺寸如图 1-11 所示，并应符合下列要求：

螺纹外径：$d_g \geq 0.65D_c$；

螺母长度：$h_n \geq 0.6d_g$；

螺母外径：$d_n \geq 1.2D_u$ 或 $1.5d_g$，取较大者。

（4）舵叶内的承座在其长度中点（不计及键槽）处的厚度不小于舵柄处舵杆直径的 0.5 倍或下舵承处舵杆直径的 0.3 倍，取其较大者。承座与垂直隔板应有良好的连接，以保证能承受承座受到的载荷。

2. 无键锥体连接

无键锥体连接是利用舵杆同舵叶上部的铸钢件的锥

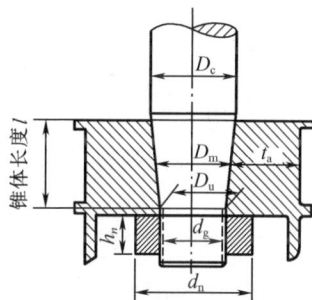

图 1-11　锥体连接螺母

形表面之间的摩擦力传递扭矩。为使这两个锥体表面之间有足够的摩擦力，须施加较高的压力。施力的方法目前常用的是液压螺母装配法，如图 1-12 所示。

CCS《海船规范》对于无键锥体连接的要求如下：

（1）舵杆与舵叶间采用液压装配或冷缩配合的无键锥体连接具有直径为 1∶12～1∶20 的锥度。锥体长度应不小于 1.5 倍的下舵承处的舵杆直径。

（2）舵叶内的承座在其长度中点处的厚度不小于舵柄处舵杆直径的 0.5 倍或下舵承处舵杆直径的 0.3 倍，取较大者。承座与垂直隔板和水平隔板应有良好的连接。

（3）为了使舵杆与舵叶之间的连接能安全地传递扭矩，应按下列要求确定推入长度的推入压力：

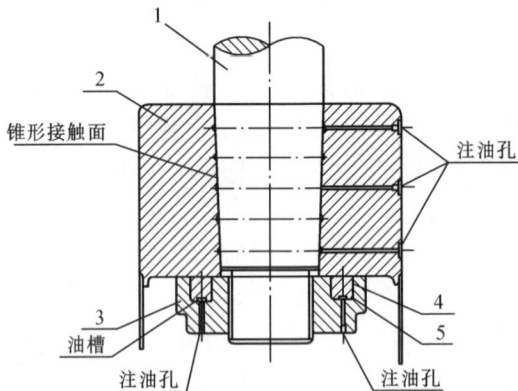

图 1 – 12 采用液压螺母装配的无键锥体连接

1—舵杆;2—舵叶上部铸钢体(承座);3—液压螺母本体;4—O 形密封圈;5—压紧环

推入长度 $S(\mathrm{mm})$ 应满足下式要求:

$$S_1 \leq S \leq S_2$$

最小推入长度 $S_1(\mathrm{mm})$ 为

$$S_1 = \frac{1}{k_1}\left(\frac{2pD_\mathrm{m}k_2^2}{E(k_2^2 - 1)} + 0.02\right) \qquad (1 - 13)$$

最大推入长度 $S_2(\mathrm{mm})$ 为

$$S_2 = \frac{1}{k_1}\left(\frac{1.4\sigma_\mathrm{s}D_\mathrm{m}k_2^2}{E\sqrt{3k_2^4 + 1}} + 0.02\right) \qquad (1 - 14)$$

式中　p——对于非悬挂舵,$p = \dfrac{8.5K_\mathrm{s}D_\mathrm{t}^3}{D_\mathrm{m}^2 f}$;对于悬挂舵,$p = \dfrac{6M_\mathrm{b}}{D_\mathrm{m}l^2} \times 10^3, \mathrm{N/mm}^2$;

　　　　k_1——锥体的直径锥度;

　　　　k_2——$k_2 = (D_\mathrm{m} + 2t_\mathrm{a})/D_\mathrm{m}$;

　　　　l——锥体长度,见图 1 – 11,mm;

　　　　D_m——锥体的平均直径见图 1 – 11,mm;

　　　　t_a——承座的平均厚度见图 1 – 11,mm;

　　　　D_t——舵柄处舵杆直径,按式(1 – 1)计算,mm;

　　　　M_b——下舵承处舵杆弯矩,见式(1 – 3)的说明,N·m;

　　　　K_s——舵杆材料系数;

　　　　σ_s——承座材料的屈服强度,N/mm²;

　　　　E——弹性模量,取 2.04×10^5 N/mm²;

　　　　f——摩擦系数,对于液压连接取 0.15,对于干式锥形连接取 0.18。

推入压力 $P(\mathrm{N/mm}^2)$ 应按下式计算:

$$P = \frac{SE(k_2^2 - 1)k_1}{2D_\mathrm{m}k_2^2} \qquad (1 - 15)$$

式中　k_1, k_2, D_m 及 E——计算方法与含义同上所述;

　　　　S——按上述确定的推入长度,mm。

此外,GL 对于无键锥体连接也有明确的要求,详见 GL《海船规范》。

六、舵销和舵钮

舵叶与舵柱或挂舵臂之间采用舵销连接时,舵叶及舵柱或挂舵臂上相应设置数个有孔的凸出物,即为舵钮。舵销插入舵钮孔中,使舵叶与舵柱或挂舵臂可靠地连接。图 1 – 13 为半悬挂舵与挂舵臂的连接。

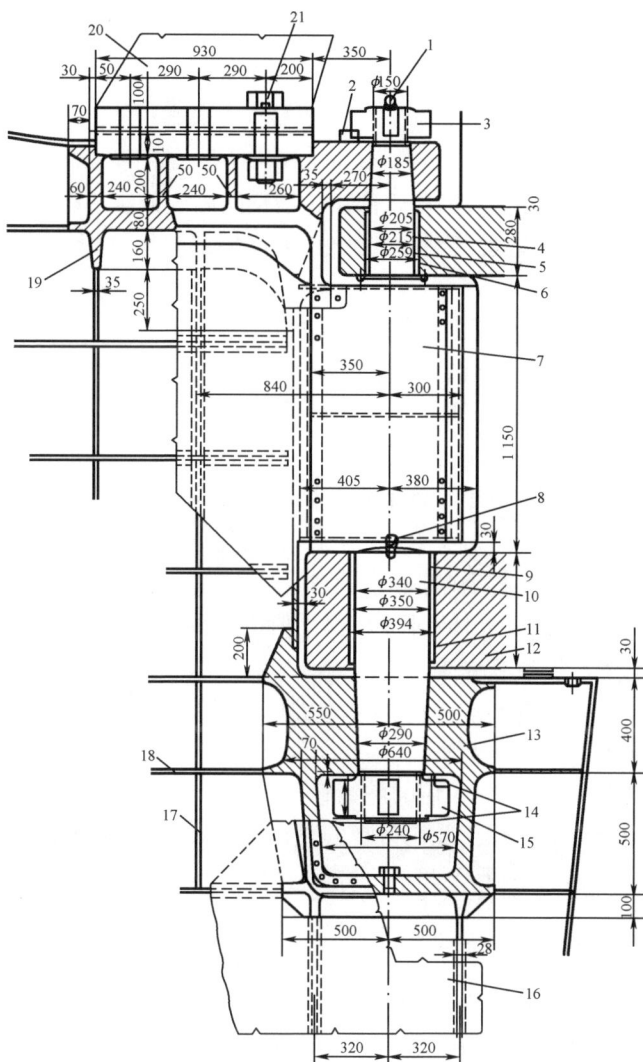

图 1 – 13 半悬挂舵与挂舵臂的连接

1—吊环螺钉;2、14—制动块;3—上舵销螺母;4—上舵销;5—上舵销轴套;6—上舵销衬套;7—可拆板;
8—下舵销吊环螺钉;9—下舵销轴套;10—下舵销;11—下舵销衬套;12—挂舵臂;13—舵叶铸钢件;14—下舵销螺母;
15—舵叶旁板;16—垂直隔板;17—水平隔板;18—连接法兰铸钢件;19—带法兰的舵杆;20—法兰连接螺栓

舵销通常用锥体连接方式固定,如同锥体连接的舵与舵杆,但很少用键。因为由舵销轴承产生的摩擦力矩不大,但由于锥体承受一定的弯矩,所以应按本节锥体连接的要求进行设计。

舵销的工作部位用耐磨和耐腐蚀的材料制成的轴套包覆,轴套的材料可以是青铜、黄铜和不锈钢。舵销与轴套采用过盈配合。轴套两端与舵销接触处,有时开槽并充填密封填料,如腻子、橡胶绳或环氧树脂,以防水进入它们的接触表面。

与轴套配合的轴承衬套材料有铁梨木、白合金、合成材料(如酚醛树脂热塑材料),以及钢(不锈钢、耐磨钢)、青铜和热压青铜 – 石墨材料等。铁梨木由于资源匮乏目前已很少采用,白合金必须用油润滑,合成材料通常用水润滑,金属衬套可用水润滑,也可用油润滑。一般合成材料的使用寿命为 10 年,且更换方便,因而得到广泛采用。轴套与轴承衬套匹配方式如下:

铁梨木对青铜或黄铜;

青铜对不锈钢;

合成材料对青铜或不锈钢。

衬套同舵钮孔采用过盈配合,轴承端部设止动垫圈固定或制成凸肩。

舵销锥体部分应无阶梯地过渡到圆柱部分,锥体端部有螺纹端,用螺母固紧,螺母应装设止动装置或开口销。

CCS《海船规范》对舵销及舵钮连接的要求如下:

(1)舵销与销座应为锥形配合,锥体长度应不小于舵销直径。对于键连接和其他人工装配并用制动螺母锁紧的舵销,应具有直径为 1∶8 ~ 1∶12 的锥度;对于用注油和液压螺母安装的舵销,应具有 1∶12 ~ 1∶20 的锥度。

(2)舵销直径 D_p(mm)应不小于按下式计算所得之值:

$$D_p = 0.35 \sqrt{PK_p} \qquad\qquad (1-16)$$

式中 P——舵销对舵叶的支持力(即舵销轴承支持力),N。

拖船的舵销直径应较式(1 – 16)计算所得之值增大5%,但对于有 B1*、B1、B2 和 B3 冰区加强的拖船,可不按本条要求增强。

(3)螺母的尺寸应按舵杆与舵叶的连接中锥体连接的要求予以确定,但在计算时以舵销直径 D_p 代替舵杆直径 D_c。

(4)销座的厚度应不小于 0.25 倍的舵销直径。

(5)舵销轴承的长度应不小于舵销衬套的直径,但不应超过舵销衬套直径的 1.2 倍,轴承衬套外侧的舵钮厚度应不小于 0.25 倍的舵销直径。

七、舵承

舵承按其受力状态可分为支承舵承及支承推力舵承;按其安装位置可分为上舵承、中间舵承及下舵承;按其密性可分为水密舵承及非水密舵承,舵承的摩擦副可采用滑动轴承或滚动轴承。

上舵承通常为支承推力舵承,它不仅承受由作用在舵上的水动力引起的径向负荷,还承受由舵杆和舵叶的重力引起的轴向力。某些船舶的上舵承已成为某种柱塞式舵机或转叶式舵机的一个组成部分时,可以不必设上舵承。

图 1 – 14 为非水密滚子上舵承,这种上舵承采用双列向心球面滚子轴承。

中间舵承和下舵承均为支承舵承,仅能承受径向负荷。中间舵承很少使用,设有两个以上舵销的舵有时不设下舵承(图 1 – 4)。图 1 – 15 为滑动的水密下舵承,其本体为铸钢件,同船体结构焊接固定,舵承下端设有密封圈和压盖,适用于浅水泥砂较多的水域。

通海的舵杆套筒,应在最大载重水线之上安装密封填料函,以防止海水进入舵机舱,冲

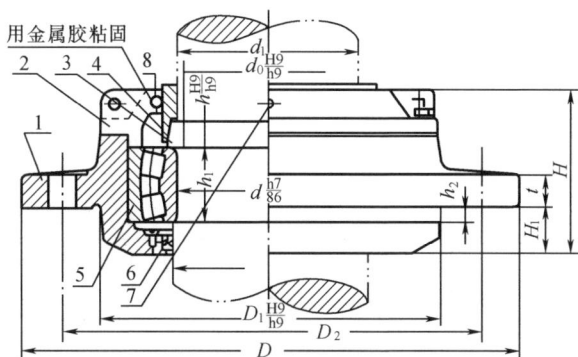

图 1-14 非水密滚子上舵承

1—舵承本体;2—压盖;3—挡圈;4—套圈;5—滚子舵承;6—毡封油圈;7—油杯;8—O 形密封圈

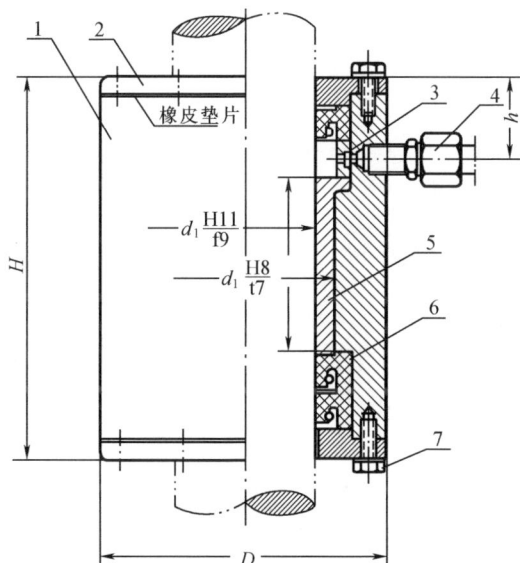

图 1-15 滑动水密下舵承

1—舵承本体;2—压盖;3—分油圈;4—旋入螺纹接头;5—衬套;6—胶质密封环;7—六角头螺栓

走舵承上的润滑剂。如果上舵承安装位置低于最深载重水线时,还须另设一道密封填料函。

1. CCS《海船规范》关于舵杆、舵销及舵轴的滑动轴承的要求

(1)轴承应有足够的润滑,其支承面积 A_b(mm²)即支承面的长度乘直径,该值应不小于下式计算所得之值:

$$A_b = \frac{P}{[P]} \qquad (1-17)$$

式中 P——轴承的支持力,N;

$[P]$——许用表面压力,见表 1-1,N/mm²。

表 1-1　轴承许用表面压力

轴承衬套材料	$[P]/(N/mm^{-2})$
铁梨木	2.5
白合金、油润滑	5.5
肖氏硬度①为 60~70 的合成材料	5.5
钢②、青铜及热压青铜-石墨材料	7

注：①压痕硬度试验应在 23 ℃ 及具有 50% 湿度情况下，按公认的标准进行，合成材料应是认可型的。
②指不锈钢和耐磨钢，并以认可方式同舵杆衬套组合。

（2）支承面的长度和直径之比不大于 1.2。

（3）金属轴承的径向间隙 δ(mm) 应不小于按下式计算所得之值：

$$\delta = \frac{d}{1\,000} + 1 \qquad\qquad (1-18)$$

式中　d——支承面的直径，mm。

如采用非金属轴承，轴承的径向间隙应考虑材料的膨胀和热膨胀特性，予以专门确定，无论如何该间隙应小于 1.5 mm。

2. 舵轴承采用滚动轴承时的安全系数

（1）支承轴承的安全系数 n_0 按下式计算：

$$n_0 = \frac{Q_c}{P_i} \qquad\qquad (1-19)$$

式中　Q_c——滚动轴承的允许静负荷，kN；

　　　P_i——轴承上的径向负荷，等于舵杆在该支点的支反力，kN。

对普通舵和辛浦莱舵：$n_0 = 2~3$；

对半悬挂舵：$n_0 = 3~4$；

对悬挂舵和转动导流管：$n_0 = 4~5$。

（2）支承-推力轴承的安全系数 n_y，按下式计算：

$$n_y = \frac{Q_c}{Q_p} \qquad\qquad (1-20)$$

式中　Q_c——滚动轴承的允许静负荷，kN；

　　　Q_p——换算工作负荷，按式（1-21）计算，kN。

$$Q_p = 1.3[P_i + m(P_t + P_s)] \qquad\qquad (1-21)$$

式中　P_i——轴承上的径向负荷，等于舵杆在该支点的反力，kN；

　　　$(P_t + P_s)$——舵叶和舵杆的质量组成的轴向负荷，kN；

　　　m——换算系数（按轴承标准选择）。

八、止跳装置

船舶在航行时，舵叶因受到波浪冲击和其他因素的影响，可能会发生垂向移动。为防止舵被抬升，应配有适当地防止舵上抬的止跳装置。

止跳装置根据舵的结构形式可以采取不同的方式。悬挂舵可在下舵承的下端面与舵叶上端面之间设置专用的止跳环,其构造如图 1 - 16 所示,止跳环或挡圈套制成对称形状,用螺栓连接成整圈,空套在舵杆上。

九、舵角机械止动装置

动力转舵的操舵装置,除装设限位开关或类似设备以限制最大的操舵角外,还应设置机械制动装置,以便限位开关失效时,能限制转舵角度。该角度应比最大操角大 1.5° ~ 2.0°。

液压舵机通常在液压缸内部设有机械制动装置,因此不必另行设置机械制动装置。电动舵机常在舵扇两侧设置机械制动装置。舵角机械制动装置设置设于舵柄两侧,制动装置应有坚固的结构,并同船体结构牢固地连接。

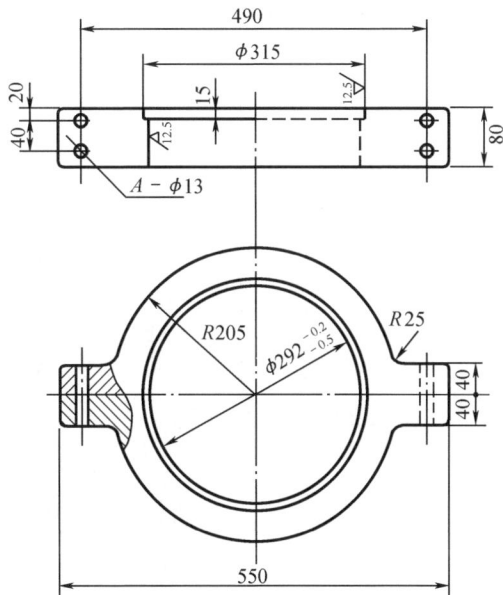

图 1 - 16 止跳环

任务三 舵叶制造检验

船舶航行时依靠舵叶的转动来控制航向。舵叶的结构、强度、面积、对称性和水密性是考核舵叶质量的四大要素。船舶的舵叶普遍采用流线型,现以半悬挂舵为例,说明舵叶制造的检验方法。

一、舵叶胎架检验

舵叶胎架为卧式胎架,即舵的中心线剖面处于水平状态,其检验内容和要求如下:

(1)设置胎架的平台应平整牢固。

(2)胎架制造前应先检验平台上的舵中心线、垂直线、长度和宽度等舵叶外形线的正确性,如图 1 - 17 所示。用钢卷尺测量平台上画线尺寸,包括长、宽、舵中心线位置等,其偏差均不得大于 0.5 mm。

(3)胎架的模板检验内容和要求:

舵叶胎架的模板检验,如图 1 - 18 所示。

①检查胎架模板牢固性;

②按舵剖面样板(包含舵叶旁板厚度)检查胎架模板线型的准确性,胎架中心线应用线锤挂至平台上与中心线相吻合,样板上的水平线(即舵中心线)与胎架模板上水平线相吻合。胎架模板上的水平线应事先用水平软管或激光经纬仪进行检查,应处于同一水平面内。

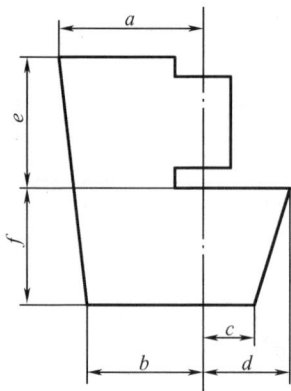

图 1 – 17　舵叶平台划线

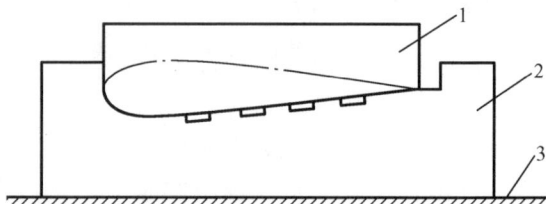

图 1 – 18　舵叶胎架的模板检查
1—样板;2—胎架模板;3—平台

二、舵叶旁板、构件和铸钢件装配检验

（1）检查舵叶旁板与胎架模板的紧贴度、舵叶旁板定位焊和旁板对接缝的装配质量。

（2）检查构件划线位置的正确性。

（3）铸钢件安装前,须核对船检认可的钢印标记和材质证书。

（4）按划线检查构件和舵钮等装配位置的正确性。舵轴中心线位置应按拉紧的钢丝检查上舵钮孔内侧四周距钢丝的距离,同时注意加工面的余量配置状况。

（5）检查构件间的装配连接形式和坡口形式等是否符合图纸规定。

（6）最后覆盖的舵叶旁板装配后,检查旁板与其他构件的装配紧密性,特别是塞焊孔处舵叶旁板与内部构件的装配紧密性。

三、焊接检验

（1）检查舵叶旁板对接焊缝、构件和舵钮等相互间的角焊缝质量。

（2）最后封装的旁板焊接后,检验舵叶外部各种焊缝的焊接质量。

（3）舵叶制造完工后若有挠曲变形,则焊缝检验应在变形矫正后进行。

四、舵叶制造质量检验

1. 检验标准

舵叶制造质量检验标准见表 1 – 2。

表 1 – 2　舵叶制造质量检验标准　　　　　　　　　　　　　　　　　单位:mm

项目	标准范围	允许极限	备注
舵叶旁板与胎架模板空隙	0	2	
构件安装位置偏差	±2	±3	
角接缝间隙	≤2	≤3	
构件上开孔和切角	正确	正确	
上下封板垂直度	≤1	≤2	

表 1－2（续）

项目		标准范围	允许极限	备注
完工测量	平面度	±1	±3	1. 舵与胎架的定位焊拆除后测量 2. 高、宽、垂直度等均用线锤按平台上中心线及垂直线等测定
	舵轴中心线偏差	±1	±2	
	舵宽偏差	+4～0	+6～0	
	舵高偏差	+4～0	+6～0	
	上下封板与舵轴中心线的垂直度	≤2	≤3	
	舵尾边 直线度偏差	≤3	≤5	
	舵尾边 与中心线偏差	≤0.5	≤1	
	上下封板左右对称度偏差	≤3	≤5	

2. 完工检验

完工检验在所有装配、焊接和矫正工作结束后进行。首先按图样查对所有零件是否装焊齐全，然后对舵叶的外观质量进行检查，舵叶旁板外表不得有伤痕、焊疤等缺陷。最后对舵叶进行完工测量，此时舵叶应处于自由状态，即不在强制状态下进行测量。测量记录见表 1－3 所示。

表 1－3 测量记录

项目		理论值	实测值	备 注
平面度	A			
	B			
	C			
	D			
上下铸钢件中心偏差	r_1			
	r_2			
	r_3			
	r_4			
	r_5			
	r_6			
	r_7			
	r_8			
舵叶宽度	B_1			
	B_2			
	B_3			
	B_4			
舵叶高度	h_1			
	h_2			
	h_3			
	h_4			
上下封板与舵轴中心线的垂直度	h_1-h_3			1. 四角水平按上下封板处原中心线测定
	h_2-h_4			2. 四角置水平后修改舵轴和舵叶中心线并据此测定其他各值
上下封板左右对称度	b_1-b_2			
	b_3-b_4			

五、舵叶密性试验

舵叶用水压试验检查密性,即将水罐至顶板以上2.5 m(舵叶可横放),检查是否有渗漏现象。也可用充气试验检验其密性,一般用压缩空气充入舵叶内部,在外表涂以肥皂水进行密性试验。充气试验的气压应不小于0.02 MPa,但不大于0.03 MPa。充气试验时若无肥皂泡产生,即无泄漏,为合格。若发现泄漏必须补焊,直至无泄漏为止。密性试验合格后,将试验工艺孔焊封,并目视检查封孔焊缝质量。

六、导流管制造与安装检查

在拖船及限制吃水的船舶上,常使用导流管以提高推进效率。当采用转动导流管时,能改变螺旋桨尾流的方向,同普通舵相比,提高了船舶的操纵性,特别是低速航行时的机动能力。

转动导流管是具有特定剖面形状的管状体,同螺旋桨安装在同一轴线上,螺旋桨位于导流管最小截面处。导流管的转动轴线通过螺旋桨圆盘面,桨叶端部同该处导流管内壁之间的间隙应尽可能地小,通常不超过螺旋桨直径的0.5%或1 cm。

导流管的稳向叶是平板或流线型的翼,垂直设置于导流管尾端后面(图1-19),处于舵杆轴线平面内。设置稳向叶的导流管具有明显的优点,诸如可提高推进效率及降低舵杆力矩等。因此,除了小艇中采用不带稳向叶的导流管外,大多数导流管均配有稳向叶。

导流管的制造或安装位置的偏差,都有可能影响螺旋桨的安装质量及导流管的功能。

(一)导流管制造检验

检验内容:

(1)核查钢板和铸锻件的材质证书。

(2)检查导流管内圈围板和筋板等在胎架上装配的正确性。

(3)焊接如有特殊要求时,对焊缝应进行无损探伤。

(4)按船级社有关规定进行充气试验。试验气压为0.02~0.03 MPa。

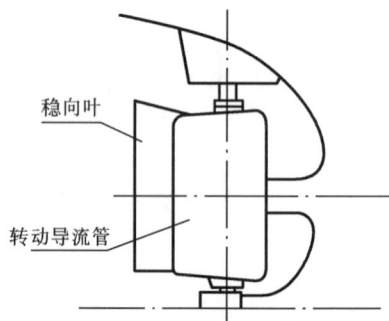

图1-19 带有稳向叶的导流管

如因结构原因,气压试验也可在船上安装后进行。气压试验结果不应有变形和渗漏现象。

(二)导流管安装检验

1. 导流管安装检验内容

(1)导流管安装后应检查导流管与船体结构的吻合状态;

(2)按轴线测量导流管的安装位置;

(3)检查工艺上规定的反变形措施是否已经落实;

(4)检查焊缝质量。

2. 导流管安装检验标准

导流管安装检验标准见表1-4。

表 1 - 4　导流管安装检验标准　　　　　　　　　　　　　　单位:mm

项目	标准范围	允许极限	备注
导流管导边距艉轴壳后端面的尺寸偏差	±3	±5	扣除艉轴壳后端面加工余量
导流管中心与轴线高度的偏差	±2	±3	
导流管中心距离基线高度偏差	±2	±3	
导流管中心距船台中心线偏差	±2	±3	
角接缝间隙	≤2	≤3	
十字形接头错位	≤1/4t	≤1/3t	
与船体结合部线型光顺	光顺	和顺	

任务四　舵叶零部件加工和装配检验

舵系的形式较多,下面将着重介绍常用的悬挂舵及半悬挂舵舵系零部件的机械加工和装配检验。

一、舵杆加工检验

舵杆形式较多,下面仅介绍带有偏心水平法兰的舵杆加工检验,如图 1 - 20 所示,此种舵杆的加工难度较大,其他形式舵杆的加工检验均可参照此方法和有关要求进行。

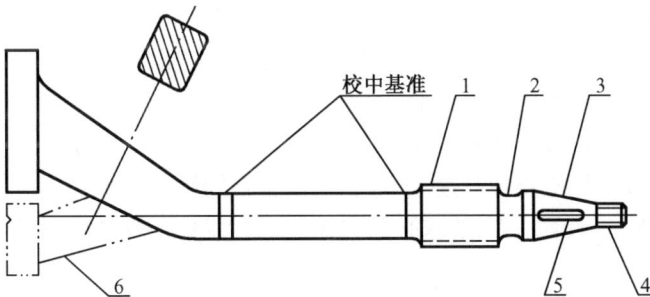

图 1 - 20　舵杆和临时支架图
1—上轴套;2—上舵承槽;3—锥体;4—螺纹;5—键槽;6—加工用临时支架

(一)舵杆的粗加工检验

1. 加工前应具备的条件

(1)舵杆毛坯件应具有船检证书及原材料材质报告。

(2)舵杆上应有船检钢印标记,加工前应在验船师在场时抄录钢印内容或拓印钢印。

(3)加工前对舵杆进行画线,应具有按图加工的余量。

(4)上轴套材料报告。

2. 舵杆粗加工内容

(1)舵杆下端方体部位,包括连接平面的四个侧面按图样尺寸要求加工。

（2）舵杆连接平面粗加工（须按图纸尺寸留有约 10 mm 的加工余量）。

（3）舵杆上端圆体部位，包括上轴套颈、锥体等处进行粗加工（按图纸尺寸每边留有约 10 mm 的加工余量），加工前应在舵杆下端焊接临时支架，便于车床切削时安装顶针及起到平衡的作用。

3. 舵杆粗加工的检验标准

舵杆下端方体部位包括连接平面的四个侧面，其加工后的尺寸和表面粗糙度应符合图纸规定的要求。舵杆上端圆体部位粗加工尺寸复测，应有足够的加工余量。

4. 检验方法

舵杆方体部位尺寸用钢直尺测量，舵杆上端圆体部位用外卡钳及钢直尺测量，表面粗糙度用目测法进行检验（此表面粗糙度要满足超声波探伤要求）。

（二）舵杆的精加工检验

1. 精加工前的检验

（1）舵杆粗加工后，其表面应进行超声波探伤检验，须符合要求并具有探伤报告。

（2）舵杆粗加工后应进行回火处理，以消除舵杆内应力，须符合要求并具有热处理报告。

2. 舵杆精加工内容

（1）舵杆的圆体部位，包括上轴套颈和上舵承槽按图纸要求的尺寸加工，加工部位应达到表面粗糙度的要求。

（2）舵杆锥体部位按锥度样板加工，并达到粗糙度要求。

（3）舵杆螺纹按预先制作的螺母加工配置。

（4）舵杆法兰连接平面加工。

（5）舵杆锥体部位键槽及上舵承键槽加工。

3. 舵杆精加工检验标准

（1）舵杆的圆体部位、上轴颈、上舵承槽符合图纸尺寸及精度要求。

（2）舵杆锥体部位按锥度样板检验。

（3）舵杆轴向各挡长度尺寸测量应符合图纸要求。

（4）舵杆螺纹按螺母检验螺纹之间的间隙，应符合螺纹公差要求。

（5）舵杆法兰连接平面加工，要求平面与舵杆中心线的垂直度不大于 0.05 mm（指法兰平面范围内）。

（6）舵杆键槽宽度、深度应符合图纸要求的尺寸公差。

（7）舵杆法兰连接平面螺孔粗加工按图纸尺寸检查，并应留有足够的加工余量。

4. 舵杆精加工检验方法

（1）用外径千分尺测量舵杆圆体部位、上轴颈和上舵承槽加工尺寸，轴颈同一断面处相互成 90° 的两个直径之差即为圆度，轴颈同一方向两端处直径之差即为圆柱度，其测得的结果应符合图纸规定的要求。

（2）舵杆轴向各挡长度尺寸用钢直尺测量，应符合图纸要求。

（3）舵杆锥体部位用锥度样板检验，舵杆锥体部位大小端尺寸及距离与锥度样板相一致时，可认为锥度合格。

（4）舵杆螺纹间隙测量。将检验合格的螺母旋入舵杆，在螺母上部放一只百分表，下部用千斤顶顶高，然后松掉千斤顶，观察百分表读数值变化，此值即为螺纹总间隙，应符合图纸要求。

（5）舵杆法兰平面与舵杆中心线垂直度检查。由于舵杆工件较大，加工时一般采取现场检验。其方法是在舵杆本体机加工时，在舵杆本体两端预先加工两道粗糙度要求较高的校中基准。检验时舵杆应水平放置，在机床头上装一只百分表，测量两基准圆水平，使舵杆与机床平面、导轨平行，当确认已校中时，即可用机床动力头加工舵杆下端连接平面。各厂在加工时，可根据机床条件制定具体的检验方法。

（6）在上述舵杆与机床平行的状态下进行上舵承的键槽加工。然后使舵杆锥体的一边与机床相平行，加工锥体部位键槽。键槽宽度用内径千分尺测量，键槽深度用游标深度尺测量，测量结果应符合图纸尺寸与公差要求。

（7）舵杆加工后，按中国船级社的《船用产品检验规则（2018）》的规定进行舵杆船检钢印标记移植。钢印标记移植的内容包括产品证书编号、船检标志、检验港口、验船师姓名的首字、日期。钢印的位置一般在舵杆顶端，如舵杆安装后顶端不能显露在外时，则打在舵杆与舵扇或舵柄接触部位的下方。

5. 不锈钢轴套加工检验

舵杆轴套内孔与外圆按图纸（或工艺尺寸）加工。轴套在加热套至舵杆之前，应用内、外径千分尺分别复测轴套内孔与舵杆轴径尺寸，其过盈量应符合要求。

6. 测量记录

舵杆加工位置如图 1-21 所示；测量并记录舵杆加工数据，见表 1-5。

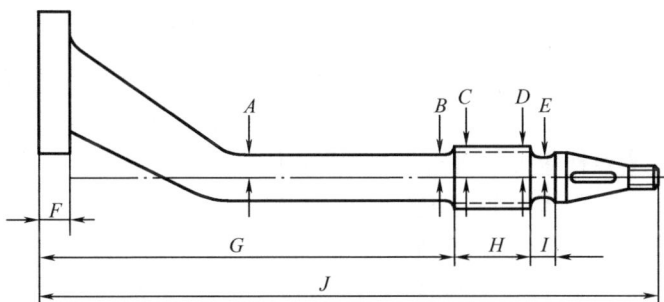

图 1-21　舵杆加工位置图

表 1-5　舵杆加工测量记录表　　　　　　　　　　　　　单位：mm

测量位置		规定尺寸	垂向	水平
轴颈	A			
	B			
	C			
	D			
	E			
轴向长度	F			
	G			
	H			
	I			
	J			

二、舵叶加工检验

(一)舵叶销孔加工检验

半悬挂舵的上、下销孔的加工难度较大,主要是上、下销孔间有舵叶结构件使上、下销孔隔开,加工销孔时只能分别加工,并要保证上、下舵销中心在一直线上。图1-22为悬挂舵的舵叶销孔结构图。

1. 加工前应具备的条件

(1)舵叶制造尺寸符合要求;

(2)舵叶密性试验合格,并具有试验报告;

(3)画线确定舵叶中心及上、下销孔镗孔线。

2. 舵叶销孔加工检验标准

(1)上、下销孔锥度符合图纸尺寸公差及表面粗糙度要求;

(2)上、下销孔中心应在一条直线上,同轴度偏差不大于0.12 mm;

(3)锥孔端面环槽加工尺寸符合图纸尺寸公差。

3. 舵叶销孔检验方法

(1)一般使用锥形铣刀加工,可用游标卡尺复测锥形铣刀锥度或测量锥孔锥度,表面粗糙度应符合要求。

(2)上、下锥孔直线性主要靠机床保证,其方法是在上、下销孔镗孔前,调整舵叶销孔中心线与机床中心线的平行度,即在进行第一只销孔镗孔时,用内径分厘卡测量机床镗杆离机床平面的距离与镗杆伸出机床距离,当移到另一只锥孔加工时,再复测机床镗杆离机床平面的距离与镗杆伸出机床距离,其复测数据应与加工第一只锥孔时的数据相同。用此方法加工的上、下锥形销孔中心线可认为是一条直线。如厂内有高精度机床,也可利用机床的上下升降及进刀刻度来保证。

(3)用游标深度尺测量锥孔端面凹形槽的深度,用内径千分尺测量其孔径,所测得尺寸应符合图纸要求。

4. 检验记录

舵叶销孔加工后,应测量上、下锥孔的各项尺寸,以及锥孔端面凹槽宽度及直径,并做好记录。

(二)舵叶连接平面加工检验

连接平面加工内容包括平面机加工、连接平面螺孔粗加工和平面手工修刮。

1. 检验标准

(1)连接平面与上、下舵销孔中心线要求互相垂直,垂直度应不大于0.05 mm(指法兰平面范围)。

(2)螺孔粗加工应留有足够的加工余量,孔的直径一般应比图纸尺寸小5 mm以上。

(3)连接平面手工修刮的要求:色油接触均匀,在每(25×25)mm² 面积上不少于2～3

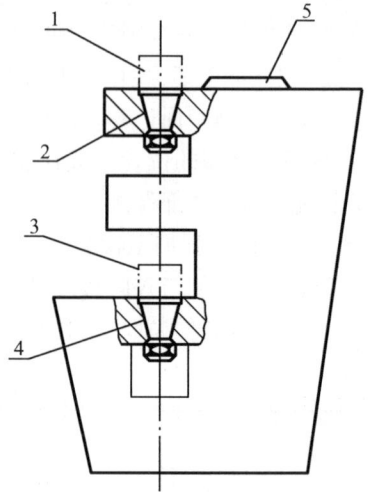

图1-22　舵叶销孔结构图

1—上舵销;2—上销孔;3—下舵销;
4—下销孔;5—舵叶连接平面

点,接触面积大于60%;用0.03 mm塞尺检查不能插入,如能插入,则深度不大于20 mm。

2. 检验方法

(1)舵叶连接平面与上、下舵销孔的垂直度主要靠机床加工来保证。其方法是机床在加工上、下销孔后,在工件不移动的情况下,即由该机床加工连接平面。

(2)螺孔粗加工后用钢直尺测量孔距及螺孔尺寸。

(3)舵叶连接平面机加工完工后,用平板对连接平面进行接触检验。

3. 检验记录

测量螺孔中心距及螺孔尺寸,并做好原始记录。

三、舵销加工检验

1. 加工前应具备的条件

(1)舵销毛坯件应有原材料报告、船舶检验部门的合格证书及产品检验钢印标记;

(2)舵销应有原材料报告,不锈钢销套也应有原材料报告;

(3)毛坯件的船检钢印抄件或拓印件。

2. 加工及安装检验标准

(1)按图纸尺寸公差及表面粗糙度要求加工。舵销锥体部位按舵叶锥孔锥度配制,舵销螺纹按螺母配车,螺纹间隙应符合螺纹标准要求。

(2)舵销机加工后进行无损探伤,应无裂纹。

(3)舵销孔锥体部位用手工修正,要求有良好接触,每(25×25) mm^{2}面积上应有$2 \sim 3$个接触点,接触面应大于60%。

(4)舵销衬套与销配合的过盈量应符合图纸或工艺文件要求。

不锈钢衬套与销配合过盈量:$d_1 - d_2 = (5 \sim 10)d_1/10\,000$;青铜衬套与销配合过盈量:$d_1 - d_2 = (10 \sim 20)d_1/10\,000$。其中,$d_1$为舵销外径,mm;$d_2$为衬套内径,mm。

(5)衬套热套入销后,外圆加工尺寸应符合图纸尺寸公差及表面粗糙度要求。

(6)舵销在舵叶上安装有两种方法:一种是用锤敲紧螺母,凭经验检验螺母敲紧的程度;另一种是采用专用液压螺母或油泵压入(以技术部门提供的轴向压入力及压入量作为压入依据)。

3. 检验方法

(1)用外径千分尺测量舵销圆柱体两端的垂直与水平两组尺寸,计算出圆柱度、圆度,所测结果均应符合图纸要求;用样板对比,目测检验表面粗糙度;舵销锥体应按舵叶锥孔配制;舵销螺纹检验方法是将螺母旋入,下部用千斤顶顶,上面放百分表,观察百分表数值变化,所测得的间隙应符合螺纹间隙要求。

(2)舵销机加工结束后,其表面应进行无损探伤,一般采用磁粉探伤,应无裂纹。

(3)用内径千分尺测量不锈钢套内孔两端的垂直与水平两组尺寸,计算出圆柱度、圆度,所测结果应与舵销外圆有足够的过盈量。用粗糙度样板对比,目测检验内表面粗糙度。

(4)舵销孔锥体部位用手工修正后,用色油涂于舵销锥体部位,检查舵销孔锥体部位的色油接触情况,要求均匀,其单位面积上的接触点及接触面积应符合要求。

(5)不锈钢套热套入销后,用外径千分尺测量舵销外圆尺寸、圆柱度与圆度,所测结果应符合要求。用粗糙度样板对比,目测检验表面粗糙度。

(6)舵销在舵叶上装配后,为了保证锥体部位水密,要求修刮后的锥孔大小端处应保证

图 1－23 中所示的 A、B 两处尺寸，以便安装橡胶密封环。锥孔修刮好后，再机加工，锥体大端不锈钢套端面尺寸 A 和锥体小端面尺寸 B，满足密配要求。上、下舵销 A、B 尺寸为 12 mm 时，一般放入 ϕ15 mm 密封橡胶环；上、下舵销 A、B 尺寸为 17 mm 时，一般放入 ϕ20 mm 密封橡胶环。

（7）舵销加工后应进行船检产品钢印标记移植，钢印位于销顶部。

（8）舵销安装时螺母须敲紧，小螺母一般用锤敲击板后方法旋紧，大螺母用悬挂锤撞击扳手旋紧，旋紧时检验人员及验船师应在场确认。

目前有些船上舵销安装使用液压螺母或用千斤顶的方法，即顶紧锥面，按技术部门提供的压入力及压进量要求进行。在实际施工时，可根据液压螺母活塞面积计算出油压力，安装时，压入力及压进量两项要求到位时即可认为已达到要求，然后旋紧螺母，使螺母再往旋紧方向转过 10° ~ 15°，最后在螺母处安装防松装置。

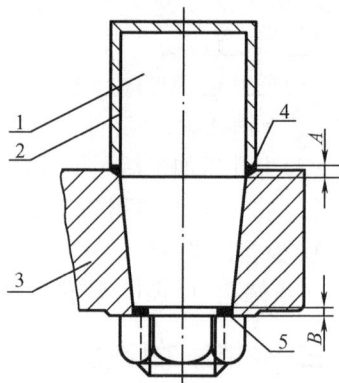

图 1－23 舵销装配结构

1—下舵销；2—不锈钢套；3—下部铸件；
4—大端密封橡胶环；5—小端密封橡胶环

4. 测量记录

（1）舵销外圆尺寸、套内孔尺寸及热套后不锈钢套外圆的加工位置如图 1－24 所示，加工尺寸应做好测量记录，表 1－6 为舵销测量记录表。

（2）舵销在舵叶上安装时，应测量液压压入力及压进量，并做好原始记录。

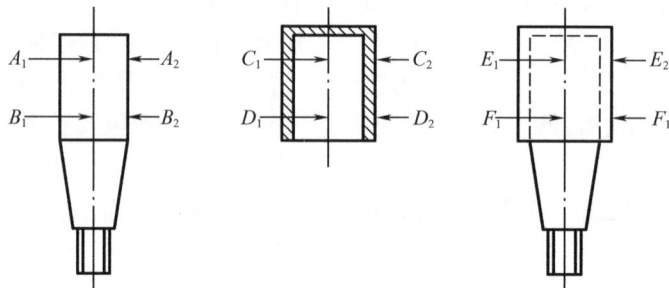

图 1－24 舵销外圆尺寸、套内孔尺寸及热套后不锈钢套外圆的加工位置图

表 1－6 舵销测量记录表 单位：mm

测量名称		上舵销	下舵销
舵销外圆	A_1		
	A_2		
	B_1		
	B_2		

表 1 −6(续)

测量名称		上舵销	下舵销
舵销衬套内孔直径	C_1		
	C_2		
	D_1		
	D_2		
舵销不锈钢套外圆	E_1		
	E_2		
	F_1		
	F_2		

四、舵杆与舵叶连接检查

舵杆与舵叶连接时,要求舵杆中心与舵销中心在同一中心线上。

1. 连接前应具备的条件

(1)舵叶应呈水平状态(或垂直)放置,使舵销呈水平(或垂直)状态。

(2)准备照光仪一台,照光靶及架两套。

(3)若舵销轴径小于舵杆轴径时,应在舵销上临时镶套,使之与轴径相同,以便光靶安放时受轴径不同的影响。

(4)准备好连接舵杆与舵叶的临时螺栓。

(5)连接螺栓应具有材料报告并经验船部门确认。

2. 检验要求

(1)舵杆与舵叶连接时(图 1 −25),要求舵销与舵杆同轴度不大于 0.30 mm,对中采用手工修正舵杆平面的方法来满足要求。舵杆平面手工修正后,要求用平板检验色油接触,应均匀,其每 $(25 \times 25)\,mm^2$ 面积上不少于 2 ~3 点,接触面积大于 60%。用 0.03 mm 塞尺检查,应不能插入,如能插入,则深度不大于 20 mm,且在 90% 以上周长的范围内应插不进。

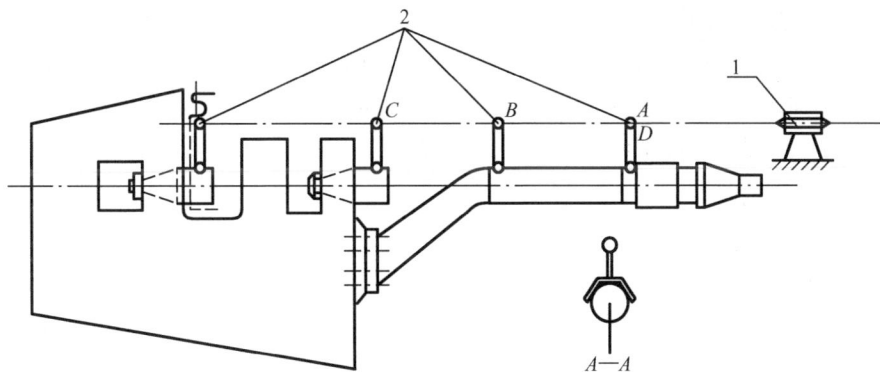

图 1 −25　舵杆与舵销对中检验

1—光学准直仪;2—十字光靶

（2）舵杆与舵叶连接螺孔加工，要求铰孔圆度小于 0.01 mm，圆柱度小于 0.02 mm，且无倒锥度。孔表面粗糙度应符合要求。螺栓中心距法兰边缘的距离应不小于螺栓直径的 1.2 倍。垂直法兰的厚度应等于螺栓直径的 90%。

（3）精制螺栓加工直径按铰孔尺寸加放 0.005～0.015 mm 过盈量。其螺栓圆度小于 0.01 mm、圆柱度小于 0.02 mm，螺栓只能是顺锥，不允许倒锥，螺栓表面粗糙度应符合图纸要求。

3. 检验方法

如图 1-25 所示，将舵叶放成水平状态，水平仪置于舵销上，要求舵销水平偏差不大于 0.06 mm/m。舵销 C、D 位置上放置光靶架及光靶，光靶架上平面用水平仪校准水平，然后在舵杆顶部处放一台光学准直仪，按 C、D 光靶中心调整光学准直仪中心，使其在 C、D 中心延长线上，在此基础上，将舵杆与舵叶用临时螺栓连接，连接后在舵杆 A、B 位置上放置光靶架及光靶(此靶从 C、D 处移过来)，调整舵杆中心，然后用光学准直仪检查 A、B 两点处中心，要求不同轴度不大于 0.30 mm。如超过要求时，应用手工修刮舵杆连接平面，修正时用平板为依据，舵杆平面色油接触应均匀，接触面积大于 60%。用平板检查，0.03 mm 塞尺应不能插入；舵杆与舵叶的接合面用 0.05 mm 塞尺检查，在 90% 的周长的范围内应不能插入，个别处塞入的深度也不应超过法兰边缘到螺孔距离的 1/2。螺孔和螺栓加工完后，用内、外径千分尺测量其尺寸，要求不允许有倒锥度，圆度、圆柱度应符合要求，螺栓与螺孔配合应有足够过盈量。表面粗糙度用目测检查，应符合要求。螺栓加工完成后进行磁粉探伤检查，表面应无裂纹。

4. 测量记录

（1）照光时应记录对中同轴度，以及垂直与水平两个方向的数据。

（2）螺孔与螺栓直径测量记录。

（3）螺栓无损探伤报告(该报告要提交给验船师，作为产品检验报告之一)。

五、舵柄及上舵承加工

1. 加工前应具备的条件

（1）舵柄应具有原材料报告、验船部门的合格证书及钢印标志。

（2）舵杆和舵柄连接键的材料报告。

2. 检验标准

（1）舵柄与舵杆为圆锥形配合，其锥度一般为 1:100，舵柄锥孔按舵杆锥体为基准加工。锥孔修刮后，要求色油接触均匀，在 (25×25) mm² 面积上接触点大于 3 点，接触面大于 70%。锥体小端应与平面有 6～9 mm 间隙，作为旋紧螺母及以后修理用的余量。

（2）舵柄与舵杆另一种结构为圆柱形过盈配合，其过盈量值可参见表 1-7 的规定。

表 1-7 舵柄与舵杆配合公差   单位:mm

舵杆直径	<80	80～120	120～180	180～260	260～360	360～500
配合过盈量	0.04～0.06	0.05～0.08	0.06～0.09	0.08～0.11	0.10～0.14	0.12～0.16

（3）平键安装后，用 0.05 mm 塞尺检查键的两侧，应不能插入，如能插入，则深度应不大于 20 mm，键顶部间隙为 0.5～0.8 mm 或取键高的 2%。

斜键安装后，用 0.05 mm 塞尺检查键两侧，应不能插入，如能插入，则深度应不大于 20 mm，键上、下面应接触，此时应留有部分斜键没有敲入，以备必要时再可敲紧。

（4）上舵承本体内孔在舵杆上安装滚动轴承的部位，与滚动轴承内外径的配合公差应按表 1 - 8 的规定选用。

表 1 - 8　滚动轴承内外径配合公差　　　　　　　　　　单位:mm

内外圆直径	< 80	80 ~ 120	120 ~ 180	180 ~ 260	260 ~ 360	360 ~ 500
舵杆配合内孔	0 ~ - 0.02	- 0.01 ~ - 0.03	- 0.02 ~ - 0.04	- 0.03 ~ - 0.05	- 0.04 ~ - 0.06	- 0.05 ~ - 0.08
舵承座孔配合外圆	+ 0.015 ~ - 0.01	+ 0.01 ~ - 0.02	0 ~ - 0.03	- 0.01 ~ - 0.04	- 0.02 ~ - 0.05	- 0.025 ~ - 0.06

（5）上舵承摩擦平面修刮后，要求用色油检查接触情况，在 (25×25) mm^2 面积上应大于 3 点，接触均匀，接触面应大于 70% 。

3. 检验方法

（1）舵柄锥孔手工修刮后，色油接触用目测检查，锥体小端离平面的尺寸用游标深度尺测量。

（2）舵柄圆柱孔用内径千分尺测量，其过盈量应符合表 1 - 7 的要求。

（3）键两侧及顶部用塞尺检查。

（4）上舵承筒体轴承内孔用内径千分尺测量，按图纸要求测量直径、圆度、圆柱度，孔表面粗糙度用目测，并用粗糙度样板对照。

舵承筒体采用滚动轴轴承时，本体内孔用内径千分尺测量，舵杆轴承处于外径千分尺测量，其与滚动轴承配合公差应符合表 1 - 8 的要求。

（5）上舵承磨控平面修刮检查方法:在上舵承平面涂以薄薄一层色油，然后放下，使之与磨控面相接触，转动舵杆。平面色油接触应符合要求。

4. 检验记录

上舵承筒体轴承内孔直径、上舵杆轴颈外圆直径、舵柄内孔与舵杆外径应做好测量记录。

任务五　舵系安装检验

一、舵系中心线检验

1. 检验前应具备的条件

（1）舵系中心拉线应与轴系中心拉线同时进行，应在船体不受阳光曝晒的情况下进行，一般以清晨、傍晚或阴天为宜。

（2）船体尾部结构装焊应完整(区域范围按技术文件规定)。

（3）舵系应经过初步拉线，划制样棒，确定上舵承基座、舵机机座位置，并焊装结束，同时已确定各轴承端面的加工余量。

(4)在上舵承上方及舵销承座的下方,应临时安装拉钢丝的支架,钢丝直径应能承受足够的拉力。拉线时,船上会产生振动的作业必须停止。

(5)拉线时,舵系基准点应经检验认可。

(6)拉线前,应在上舵承及下舵销处各预先安装一个照光架,拉线时钢丝穿在照光孔内。

2. 检验要求

(1)钢丝线的拉力,一般取钢丝拉断力的70% ~ 80%,例如采用19号钢丝(直径 $d = 1$ mm),常用拉力 $P = 900$ N。

(2)舵系中心线与轴系中心线的相交度应不大于3 mm,垂直度为1:1 000。

(3)通过拉舵系钢丝,确定上舵承、下舵销照光靶中心,将其作为舵系照光的两个基准点。

3. 检验方法

(1)钢丝拉力可用拉线架弹簧或用重锤法达到。

(2)舵系中心线与轴系中心线相交度可用钢直尺测量或塞尺测量。

(3)舵系与轴系中心线垂直度可用预先制作的十字形样板检查。

(4)按照舵钢丝线中心,调整上舵承及下舵销两端的照光基准靶,其方法是用内径千分尺测量钢丝线至照光靶管孔前、后、左、右四个方向的尺寸,这些尺寸应相同,如有偏差,应调整光靶管孔中心,使之达到与钢丝线同心。

二、舵系中心照光检验

舵系中心照光检验是在舵系中心拉线基础上确定舵各道轴承的镗孔中心。

1. 照光前应具备的条件

(1)在舵各道轴承销孔的两端预先放入照光架。

(2)准备好准直照光仪及照光仪架,并固定。

(3)准备好两只经认可的计量部门校准合格的光靶。

(4)照光应在不受阳光曝晒的情况下进行,一般以清晨、傍晚或阴天为宜。

(5)复验拉线所确定的上舵承、下舵销两个基准点中心。

2. 照光检验要求

(1)准直照光仪应按上舵承及下舵销两个基准点中心调整,应无明显偏差。

(2)按准直照光仪十字线中心,调整舵各道轴承与销孔两端的照光靶,应无明显偏差。

(3)按照光靶中心画出各道轴承端面的切削圆及检查圆。

3. 检验方法

(1)在上舵承上方安装照光仪架,装入准直照光仪,调整准直照光仪位置,使照光仪中心与上舵承、下舵销两个基准光靶所确定的中心一致。

(2)按已调整好的准直照光仪中心,将光投入各道舵轴承两端的光靶上,并调整各道光靶中心,直到目测无明显偏差为止。

(3)对已调整好的各道舵轴承,使用专门画线规,按图样尺寸在轴承平面画切削圆,同时画一个直径略大一些的检验圆,并敲上圆冲标记,作为镗孔和检验镗孔中心的依据。

三、舵承镗孔检验

1. 镗孔前的准备工作

镗孔所使用的镗排圆度不大于 0.03 mm,圆柱度不大于 0.03 mm,挠度不大于 0.04 mm。

2. 镗孔要求

(1)精镗前,按各道轴承端面检查圆线,使镗排中心与其同心,其偏差应在0.03 ~ 0.1 mm。

(2)镗孔后检查各轴承孔,孔径、圆度、圆柱度及表面粗糙度应符合图纸要求。若有锥度,要与压入衬套同方向,即顺锥度,不允许倒锥度。上、下舵孔的圆度、圆柱度的公差值参见表1-9。内孔镗削经检验认可后方允许切削端部平面,其外形按施工图纸,所镗平面必须垂直中心线,垂直度公差不大于0.01 mm/m。

表1-9　舵承镗孔圆度、圆柱度公差值　　　　　单位:mm

轴径	公差
≤120	≤0.015
120 ~ 180	≤0.020
180 ~ 260	≤0.025
260 ~ 360	≤0.030
360 ~ 500	≤0.035
500 ~ 700	≤0.040
700 ~ 900	≤0.050

(3)镗孔后,舵的各道轴承的同轴度应不大于0.3 mm。

(4)精镗前应检查镗排中心,一般采用V形划针工具环绕镗排轴线一周检查,如图1-26所示。要求镗排中心与检验圆同心,中心偏差应在规定范围内。

(5)在内孔镗削验收合格后,进行轴承端面切削,所镗平面必须垂直于中心线,各道轴承端面切削量按样棒。

(6)镗孔后,用内径千分尺测量孔的直径、圆度、圆柱度,并目测表面粗糙度。

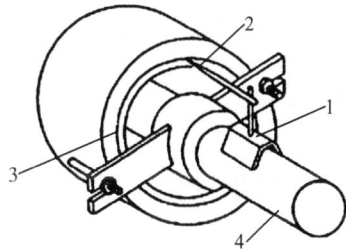

图1-26　用划针检验镗排中心方法
1—V形划针座;2—划针;
3—检验圆线;4—镗排

(7)镗孔后,用准直照光仪检验所镗削的各道轴承中心,其方法是在每道轴承孔两端安装照光靶架,并用百分表校准照光靶中心,使之与轴承孔同心。根据上舵承及下舵销两端的光靶中心,调整准直照光仪中心,然后检查各道轴承端面光靶十字线的偏差是否符合要求。检验时应记录左、右、前、后方向的偏差。

3. 测量记录

（1）舵承镗孔及衬套测量记录可参见表1-10。

表1-10　舵承镗孔及衬套测量记录表　　　　　　　　单位:mm

测量部位		上舵承		上舵销		下舵销	
		前后	左右	前后	左右	前后	左右
舵承镗孔测量	A						
舵承衬套外圆测量	B						
	C						
舵承衬套内孔测量	D						
	E						

（2）舵承镗孔复照光示意图如图1-27所示。图中虚线为光靶中心线,实线为光学仪中心线。

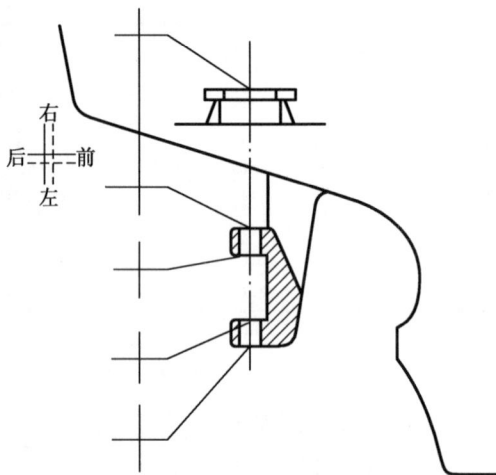

图1-27　舵承镗孔复光照示意图

四、舵承衬套加工与安装检验

（一）舵承衬套加工检验

1. 检验要求

（1）上、下舵销衬套外圆按镗孔尺寸配制。过盈量、圆度及圆柱度按图纸要求,不允许有倒锥度,表面粗糙度应符合要求。

（2）衬套内孔加工尺寸按舵叶上、下舵销外圆配制,按图纸及工艺要求加放轴承间隙。由于衬套内孔镶配的轴承材料(有铁梨木、层压板、铜或白合金)及舵系结构形式的不同,其轴承间隙也不同。

2. 检验方法

(1)用外径千分尺测量舵承衬套外圆直径(测量上、下部位),计算出圆度及圆柱度,不允许倒锥度,其尺寸应符合过盈配合要求用视觉检查表面粗糙度。

(2)用内径千分尺测量舵承衬套内孔(测量上、下部位),其圆度及圆柱度应符合要求。

(3)检验记录。

(二)舵承衬套安装检验

1. 检验要求

舵销轴承安装前,复测轴承衬套外径与舵钮孔的配合过盈量。轴承衬套安装一般采用液压压入方法,压入力应符合技术部门提供的压入力要求。

2. 检验方法

(1)舵上、下轴承衬套安装前,须用内径千分尺复测舵钮镗孔直径,用外径千分尺复测衬套外圆,其测得的实际配合过盈量应符合图样要求。测量前,内、外径千分尺应进行核对。

(2)舵上、下衬套安装一般采用油泵压入,压入时应根据油泵的活塞面积及油泵压力计算出压入力,压入力应符合技术要求。一般实际压入力应大于规定的压入力。

(三)检验记录

舵上、下衬套压装如图1-28所示。应做好压入力与压进距离的记录,参见表1-11,也可按记录绘制压入力与压入量曲线。

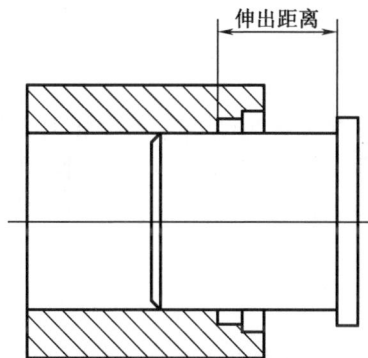

图1-28 舵上、下衬套压装图

表1-11 舵衬套压入记录表

前衬套温度: ℃ | 舵承温度: ℃ | 环境温度: ℃

伸出距离/mm						
油泵压力/MPa						
压紧负荷/t						

五、舵系安装检验

(一)检验内容

(1)上舵承本体安装;

(2)杆与舵叶安装;

（3）舵柄安装；

（4）舵机安装。

（二）检验标准与要求

1. 上舵承本体基座绞孔及螺栓加工要求

螺栓表面粗糙度、圆柱度、圆度及螺栓与绞孔的配合过盈量，参见表 1-12 所示规定，螺栓与螺孔不允许有倒锥度，上舵承摩擦接触面应大于 60%，用 0.03 mm 塞尺检验，在 90% 以上周长的范围内应不能插入。

表 1-12　螺孔及螺栓加工及配合要求　　　　单位：mm

直径		< 30	30 ~ 50	50 ~ 70
配合值		0 ~ 0.01	− 0.005 ~ + 0.005	− 0.01 ~ 0
螺孔	圆柱度	0.02	0.02	0.03
	圆度	0.01	0.01	0.02
螺栓	圆柱度	0.015	0.015	0.02
	圆度	0.01	0.01	0.015

2. 舵杆与舵叶安装要求

舵杆与舵叶连接螺栓安装可采用锤击法安装，也可采用二氧化碳干冰冷冻法安装。若采用冷冻法安装，螺母应在螺栓安装后，待温度恢复到外界温度时再安装，一般为隔天敲紧，并装上防松装置。

舵杆与舵叶连接后，检查舵各道轴承的间隙，要求舵中心偏差不大于 0.5 mm 或 1/2 的装配间隙，并测量舵间隙，测量记录参见图 1-29；舵销平面的装配间隙，如图 1-30 所示，其标准参照表 1-13。舵组装后应进行转动轻便性、灵活性检查。

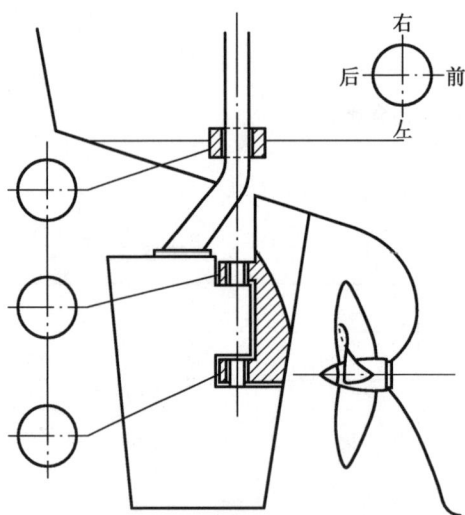

图 1-29　舵间隙测量示意图　　　　图 1-30　舵销平面的装配间隙示意图

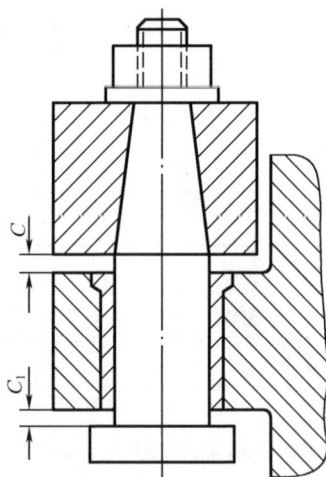

表 1 – 13 舵销平面的装配间隙　　　　　　单位:mm

上舵杆直径 d	闭锁舵销安装间隙 C_1	舵钮与舵钮或舵叶与艉底托平面间隙 C
< 80	16 ~ 21	12 ~ 17
80 ~ 120	18 ~ 23	15 ~ 20
120 ~ 180	20 ~ 25	18 ~ 23
180 ~ 260	22 ~ 27	22 ~ 27
260 ~ 360	24 ~ 29	26 ~ 31
360 ~ 500	26 ~ 31	30 ~ 35

3. 舵柄安装

舵杆与舵柄的结构形式有两种:一种是圆柱体连接结构,另一种是圆锥体连接结构,其中圆锥体连接结构在目前建造的船舶中被普遍采用。圆柱体连接结构的舵柄,安装前应复测舵杆与舵柄的装配过盈量,其值应符合表 1 – 13 所示规定值。圆锥体连接结构的舵柄,采用专用液压螺母压入安装,可参见图 1 – 31。技术部门在安装舵柄前应提供压入力与压入量的数值,安装时舵柄应按此要求安装到位。最后将舵叶转至零度,制作舵柄至基准点处的舵零度样棒。

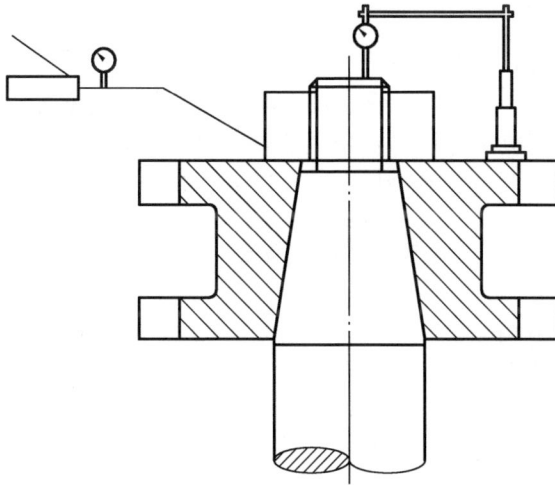

图 1 – 31　采用专用液压螺母压入安装舵柄

4. 舵机安装要求

(1)舵机基座焊接垫块加工后,要求用色油检查,在每 (25×25) mm² 面积上应有色油接触 2 ~ 3 点,且平面应向外倾斜 1:100。

(2)在舵叶处于零度位置时,舵机液压缸应处于中间位置,用舵杆上端安装的专用工具,检查舵机液压缸的中心线是否在同一个平面内,其偏差应不大于 0.5 mm。

(3)舵机基座垫片用色油检查,在每 (25×25) mm² 面积上应有色油接触 2 ~ 3 点,用 0.05 mm 塞尺检查应不能插入,局部插入深度不大于 10 mm。

（三）检验方法

1. 上舵承本体安装与基座绞孔检查

用内径千分尺测量孔径、圆柱度、圆度，用视觉检验孔表面粗糙度，并按孔径尺寸加放过盈量配制螺栓。用外径千分尺测量螺栓，其圆柱度、圆度、表面粗糙度及螺栓过盈量应符合要求。测量时应做好原始记录，安装时应旋紧螺母。

2. 舵杆与舵叶连接螺栓安装

螺栓直径较小的常用锤敲入法，螺栓直径大一些的，常用二氧化碳干冰冷却螺栓的方法安装。若采用干冰等冷却方法安装，一般将螺栓放入螺孔内，螺母随手旋紧，待螺栓温度恢复到外界温度时，方可用锤敲紧螺母，并装上防松螺母或焊接防松止块。在舵杆与舵叶连接成一体后，即可用塞尺检查舵系各道轴承前、后、左、右四个方向的间隙，根据间隙分析舵系中心是否符合要求，并用钢皮尺测量舵销平面间隙，做好测量记录。最后进行舵转动轻便性检查，用绳固定在舵叶叶尾处，一般用 2～5 人拉动舵叶，使舵左右转动大于 37°，转动应灵活。

3. 舵柄安装检验

对于孔为圆柱体的舵柄，安装前应用外径千分尺复测舵杆轴径，用内径千分尺复测舵柄内孔，测得结果应满足过盈配合要求。此种结构安装时一般采用热套法安装，也可采用油泵压入法，但装配要到位。对于孔为锥体的舵柄，安装时一般采用专用液压螺母压紧，其压紧要求按技术部门提供的压入量与压入力进行。压入力可按专用液压螺母的有效液压面积乘油压力计算得出。舵柄压入量起始点以舵柄与舵杆贴合算起，一般按压力表起压至 2～3 MPa 为压入量起始点，此时将百分表调整为零。在压入过程中，记录压入时百分表读数及油压。压装时，一般压到压入量或轴向压入力有一个先到位时为止。待稳定一段时间后将螺母内油压放掉，用扳手将螺母从旋紧方向敲紧。舵柄压入时应做好液压压力、压入量记录，参见表 1–14，并按记录绘制压入力与压入量曲线。

表 1–14　舵柄压入记录表

液压螺母活塞面积：　　　cm^2

液压压力/MPa	
压入力/kN	
压入量/mm	

4. 舵机安装检验

舵机安装前，应对舵机基座焊接垫块进行检验。舵机安装定位采用样棒检查，舵处于零度状态时，舵机的液缸应处于中间位置。检验方法：在舵杆上端的吊装螺孔处安装专用指针式工具，并在其指针的端部安装一只百分表，转动指针，检查舵机液缸的基准平面 A、B、C、D 四处的百分表读数，偏差应在 0.05 mm 以内，并检查液缸在 A、B、C、D 四个基准平面的基准点至舵杆中心处的尺寸 a、b、c、d，应基本相等。此时，还应检验舵柄与滚柱的间隙 g_1、g_2、g_3、g_4，应基本相等。舵柄至液压柱塞十字头平面的间隙，其上平面间隙应略大于下平面间隙（主要是考虑舵经长期使用，上舵承止推轴承会产生一些磨损，而导致舵杆向下）。舵机按上述要求定位安装后，应用色油检验舵机与基座垫片接触面，每（25×25）mm^2 面积上应有 2～3 点，垫片上、下平面处用 0.05 mm 塞尺检查，应不能插入，如局部插入，深度不大于10 mm。舵机基座处四个侧面应安装侧向塞铁,此塞铁应有一定的斜度,其检验要求同基座垫片,检验合格后,在侧向塞铁处用电焊焊牢。舵机安装应做好各记录。

工程案例1-1:36 客位仿古商务接待船舵设计(基本参数)

1. 舵面积的确定

舵面积系数 μ 根据资料得知范围为2.1%~5.0%,参照母型船,本船取 μ = 3%。

在舵面积选择中经常采用的参数为舵面积比 μ:

$$\mu = \frac{A}{LT} \times 100\% \qquad (1-22)$$

式中 L——船长,m;

T——夏季载重线的吃水,m;

A——舵面积,m^2。

舵面积估算见表1-15。

表1-15 舵面积估算

L/m	24
T/m	1.25
μ	3%
$A = \mu LT/m^2$	1.8

由于表1-15中舵面积的估算采用的是双舵,因此单舵面积为0.9 m^2。

2. 舵的几何参数的确定

参照艉部结构,舵高取0.787 m。

舵高(翼展)h——对于矩形舵和梯形舵,舵高为舵叶上边缘与下边缘之间的距离;对于其他形状舵,舵高应取上、下边缘之间的平均距离,即平均高度 h_m。

舵宽为0.572 m。

舵宽(弦长)b——在垂直于舵杆轴线的舵叶剖面上,舵宽为导缘(前缘)与随缘(后缘)之间的距离。对于非矩形舵,舵宽应取平均宽度 b_m。

展弦比为1.376。

舵的展弦比 λ——舵的高度(翼展)h 与宽度(弦长)b 之比值,即 $\lambda = h/b$;对于非矩形舵:$\lambda = h_m/b_m = h_m^2/A$。

平衡比 β 为0.2。

舵的平衡比 β——$\beta = A_f/A$。其中,A_f 为舵的平衡面积,指位于舵杆轴线之前的舵叶面积。

舵叶前缘离舵杆轴线0.114 4 m。

3. 翼型的确定

NACA00、HEK 和 JIS 3 种翼型比较适用于平衡舵,TMB 翼型适用于呆木后的不平衡舵。从工艺角度来说,NACA00 翼型较易施工,HEK 翼型随边厚度为零且略呈凹形,强度较差又不便施工,JIS 翼型弦长中后部较薄,结构上需要特别加强。从流体动力特性来看,JIS 翼型较好,NACA00 次之。但是总的说来,在常用舵角范围内因翼型所致的流体动力差别是不大的。所以目前多数仍采用强度较好便于施工的 NACA00 翼型。所以本船选用 NACA00 翼型。

NACA00 翼型(图 1 – 32)是一种常用的舵叶翼型,其几何特征:

图 1 – 32　NACA00 翼型剖面

常用的舵剖面厚度比 $\bar{t} = 0.12 \sim 0.21$。

厚度比 $\bar{t} = \dfrac{t}{b}$,t 为舵叶的最大厚度;本船 $\bar{t}$ 取 0.21。

剖面最大厚度 $t = \bar{t} \times b = 120.12$ mm。

最大厚度离前缘的距离 $n_t = 0.3b = 171.6$ mm。

前缘鼻端半径 $r_n = 1.1t^2/b = 27.748$ m。

随边厚度 $t_e = 2.1\% t = 2.5225$ mm。

设计舵的翼型坐标见表 1 – 16,设计舵翼型剖面如图 1 – 33 所示。

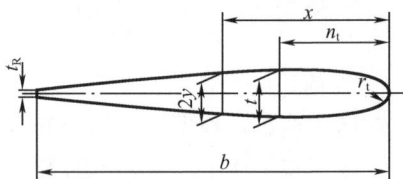

表 1 – 16　设计舵的翼型坐标

距舵导边的距离（以舷长的%计）	0	1.25	2.5	5	10	20	30	40	50	60	70	80	90	100
厚度（以最大厚度的%计）	0	31.6	43.6	59	78	95.6	100	97	88	76	61	44	24.1	2.1
距舵导边的距离/mm	0	7.15	14.3	29	57	114	172	229	286	343	400	458	515	572
厚度/mm	0	37.9	52.3	71.1	93.7	114	120	116	105	91	73	52	28	2.5

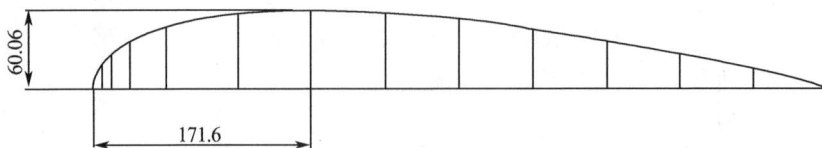

图 1 – 33　设计舵翼型剖面

4. 舵的布置

本船为双桨船,双舵置于双桨的后方,这样有利于提高舵效。另外,舵的位置应与桨和船尾型线配合良好。

工程案例 1 – 2:36 客位仿古商务接待船舵设计(舵力计算)

1. 单独舵舵力

翼型正航压力中心系数和失举角对展弦比的关系,如图 1 – 34 所示。

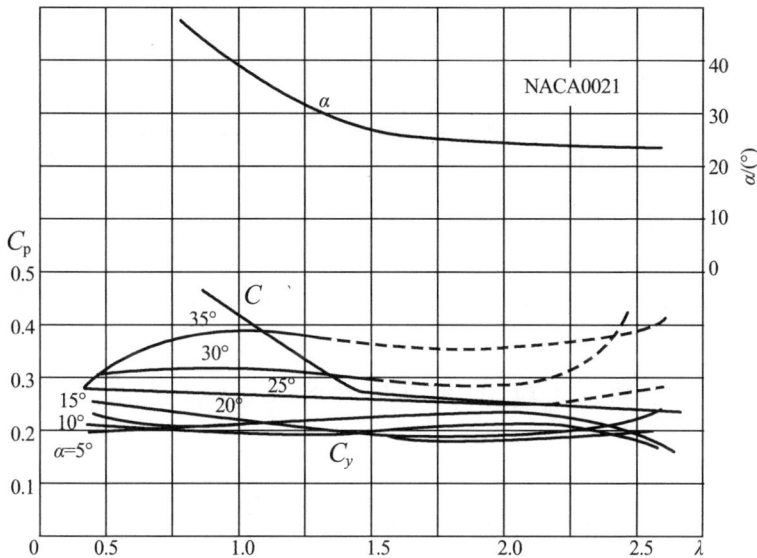

图 1 – 34 翼型正航压力中心系数和失举角对展弦比的关系

查 NACA 对称机翼的水动力特性表得无因次水动力系数 C_x,C_y,C_p,有关计算数据见表 1 – 17。

表 1 – 17 计算数据

攻角 $\alpha/(\degree)$	5	10	15	20	25	30	35
C_x	0.03	0.05	0.09	0.16	0.22	0.32	0.45
C_y				0.32			
C_n	0.003 169	0.008 678	0.023 282	0.054 697	0.092 932	0.159 926	0.257 995
C_p	0.23	0.205	0.21	0.21	0.27	0.3	0.37

2. 船桨后舵力

船体伴流系数 $\psi_R = 0.261$;

船体影响系数 $k_n = (1 - \psi_R)^2 = 0.546$;

桨推力系数 $\sigma_p = 3.717$;

螺旋桨尾流影响系数 $k_s = 1 + \dfrac{A_1}{A}\left[(1 + \sigma_p)\left(\dfrac{1 - \psi_s}{1 - \psi_R}\right) - 1\right] = 4.017$。

3. 正车时舵杆扭矩计算

从偏于安全考虑,可不考虑船桨对来流速度及有效攻角的影响,有关计算数据见表 1 – 18。

表 1 - 18 计算数据 2

攻角 α/(°)	5	10	15	20	25	30	35
舵法向力 N/N	139.650 4	382.421 4	1 025.99 1	2 410.351	4 095.291	7 047.582	11 369.24
舵杆扭矩 M_r/N·m	2.396 401	1.093 725	5.868 668	13.787 21	163.975 5	403.121 8	1 105.545

4. 倒航时舵杆扭矩计算

倒航速度 V' 取正航速度 V 的 55%,有关计算数据为表 1 - 19。

表 1 - 19 计算数据 3

攻角 α	5	10	15	20	25	30	35
C_n'	0.002 377	0.006 509	0.017 462	0.041 022	0.069 699	0.119 945	0.193 496
P_n'	10.920 83	29.905 83	80.233 75	188.492 5	320.256 8	551.129 7	889.089
M_r'/N·m	-3.560 63	-10.178 1	-27.077 3	-63.612 4	-97.089 1	-157.623	-218.68

平衡舵的舵杆摩擦扭矩 M_f 取 $20\% M_r$,同时考虑必要的裕度 50%,因此舵杆的最大扭矩为 $M_t = 1$ 989.982 N·m。

工程案例 1 - 3:舵装置制作安装工艺

一、舵叶制作

(1)舵叶按图制作,充分注意技术要求内容,合理安排各项工作的施工顺序。其中部分构件待在船台舵杆及上、下舵销装配完工后封焊。

舵叶制作完工后做气密试验,压力为 0.02 MPa。

(2)舵叶的建造精度应满足表 1 - 20 的要求。

表 1 - 20 舵叶制造要求

单位:mm

项目		标准范围	最大值
舵叶 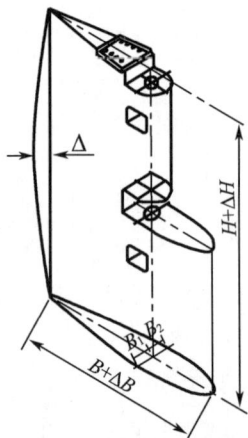	四角水平度偏差	±5	
	上、下铸件上端面与舵轴中心线垂直度偏差	≤3	
	舵宽偏差 ΔB	≤6	
	舵高偏差 ΔH	≤6	
	上、下封板与舵轴中心线垂直度	≤5	
	舵尾边板直线度偏差	≤5	
	舵的对称度偏差 $B_1 - B_2$	≤5	

二、舵叶机加工要求

1. 舵叶画线

舵叶在画线平台找正画线。确定中剖面线和上、下锥孔位置,并画出加工圆线和检验圆线,按加工圆线安装锥孔轴线基准点,并在舵叶法兰前后端面打上中剖线标记(作为舵叶和舵杆安装对中的依据),交船东,船检认可。舵叶画线如图 1 - 35 所示。

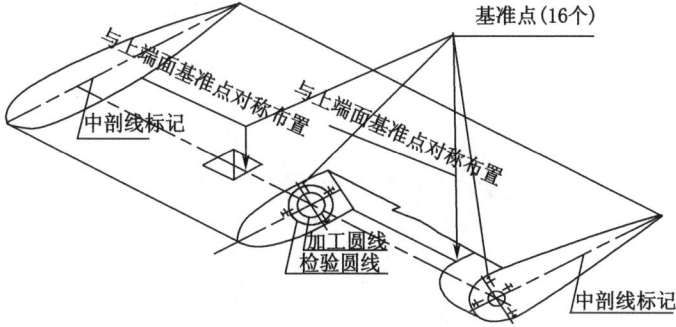

图 1 - 35　舵叶画线

2. 舵叶法兰加工

如图 1 - 36 所示,在躺床平台,按上、下部铸件 8 个基准点调整舵叶,使锥孔轴线与镗杆轴线同轴,然后加工舵叶法兰面。法兰加工后,表面平面度不大于 0. 05 mm,只允许凹,要求法兰面与销孔轴线垂直。

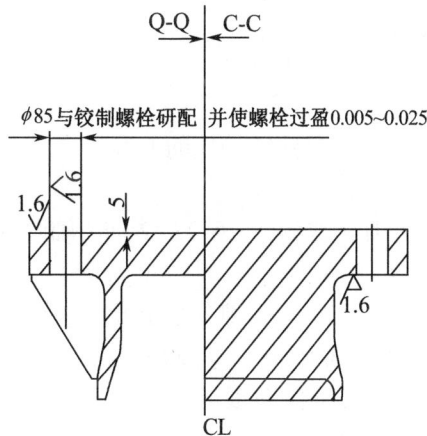

图 1 - 36　舵叶法兰加工

3. 舵叶上、下锥孔机加工

如图 1 - 37 所示,镗锥孔时,按舵叶上、下锥孔基准点校正镗杆,加工后上、下锥孔轴线同轴度偏差不大于 0. 15 mm,表面粗糙度为 6. 3 μm。

4. 舵叶上、下锥孔下端面加工

加工后下端面与上、下锥孔线垂直度偏差不大于 0. 05 mm。

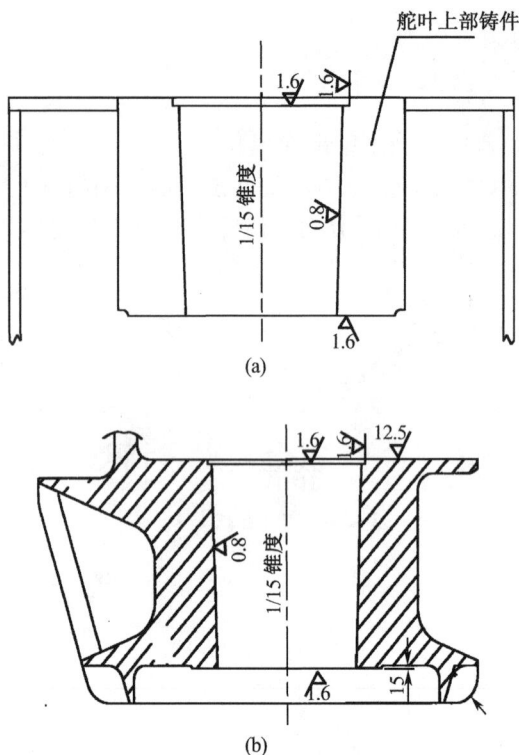

(a)

(b)

图 1-37　舵叶上、下锥孔机加工

(a)舵叶上部铸件;(b)舵叶下部铸件

三、舵销、螺母及套的加工

1. 舵销螺母加工

舵销螺母按图加工,螺纹尺寸偏差接近 6H 的上偏差。

2. 舵销套加工

上、下舵销按图加工,内径加工成品,外径留荒 2 mm,轴向留 10 mm 的余量。

3. 舵销加工

上舵销加工参照图纸及图 1-38,锥体部分按图纸尺寸加工,舵销直体部分外圆按照舵销轴套圆配,过盈尺寸为 0.245～0.49 mm,螺纹加工按螺母配,螺纹尺寸接近 6 g 的下偏差。下舵销加工参照图纸,锥体部分按图纸尺寸加工,舵销直体部分外圆按照舵销轴套内圆配,过盈尺寸为 0.375～0.580 mm,螺纹加工按螺母配,螺纹尺寸接近 6 g 的下偏差。

4. 舵销套的安装

上舵销套安装位置参照图纸。舵销套安装时,先将套加热至约 300 ℃,与室温 20 ℃时比较,舵销轴套孔相应膨胀约 1.5 mm,安装后,外圆按照图纸加工至成品尺寸。轴套长度方向锥体端留 10 mm 的余量,待舵销与

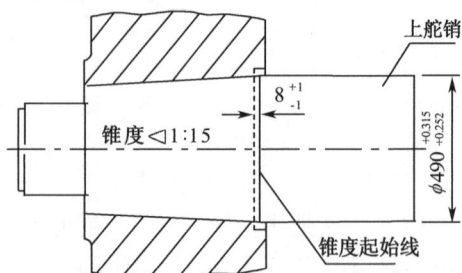

图 1-38　上舵销加工

铸件预装后再去除以保留密封圈压缩量的余量。下舵销套安装位置参照图纸。舵销套安装时,先将套加热至约300 ℃,与室温20 ℃时比较,舵销轴套孔相应膨胀约2.0 mm,安装后,外圆按照图纸加工至成品尺寸。轴套长度方向锥体端留10 mm的余量,待舵销与铸件预装后再去除以保证密封圈压缩量的余量。舵销套轴上口应填充硫化橡胶。

四、舵销与舵叶预装

(1)上、下舵销锥体与舵叶锥孔接触面积大于70%,用0.05 mm塞尺检查锥孔端部与锥体结合情况,在锥孔一周允许插入深度不超过15 mm。

(2)舵销预装后,依据轴线基准点检查上、下舵销同轴度,偏差不大于0.20 mm。

五、舵杆螺母的加工

舵杆螺母按图纸加工,螺纹尺寸偏差接近6H的上偏差。

六、舵杆与舵叶预装

1. 校验舵杆

如图1-39所示,将舵杆水平放在平台上,在舵杆外侧沿舵杆轴线方向拉两根钢丝线或架设经纬仪,调整舵杆轴线与水平面平行,即与两根钢丝线所拉直线或经纬仪平行,然后测量舵杆与检验钢丝线之间的相关数据填入表1-21,并且依照图纸要求检验法兰面与舵杆中心线的垂直度。

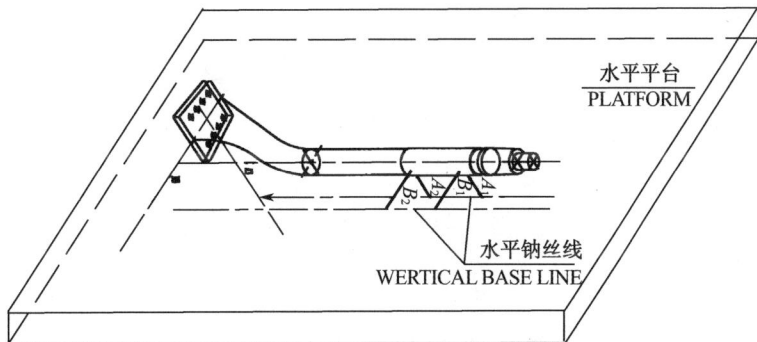

图1-39　舵杆校验

表1-21　测量记录表

测量点	数值
A_1	
A_2	
A_3	
B_1	
B_2	
B_3	
$|A_1-A_2| \leqslant 0.03$	$|B_1-B_2| \leqslant 0.03$

2. 平置预装舵杆

如图 1-40 所示,将舵杆与舵叶平置预装。舵叶支撑点与加工锥孔时的支撑点位置相同,在舵杆下方适当位置设置支撑点。以上、下舵销轴线中心为基准复制两根基准线并延伸至舵杆顶端,按舵叶中剖线为基准校正舵杆(舵叶方法兰和舵杆方法兰的中剖线标记对正)。此时舵杆中心线与舵销轴中心线同轴度偏差(A、B、C 三点)不大于 0.5 mm。用螺栓将两法兰把紧,舵叶和舵杆法兰面连接后接触面积不大于 70%,间隙不大于 0.03 mm,沿法兰四周 0.05 mm 塞尺检查,允许局部插入,插入深度不大于 15 mm。

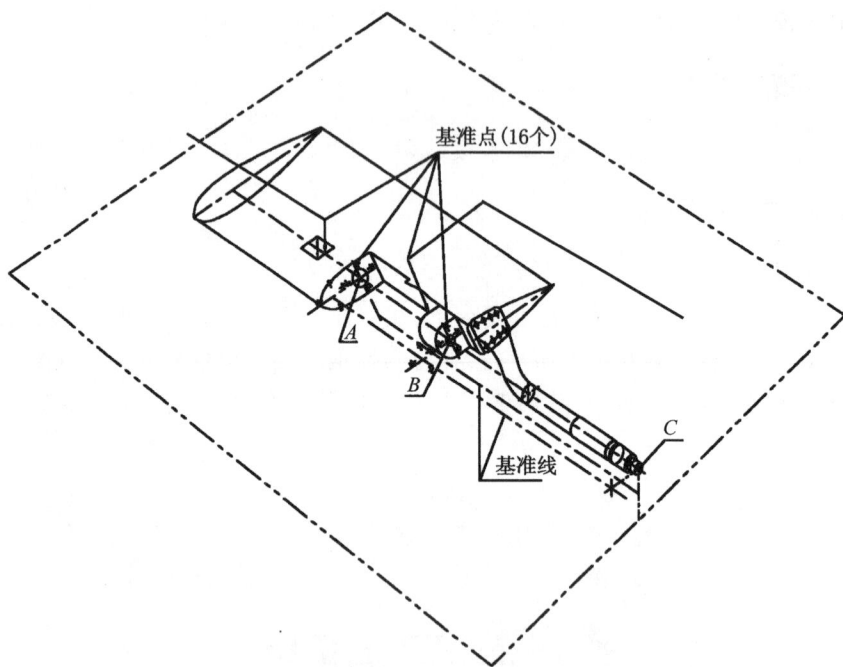

图 1-40 平置预装舵杆

3. 铰制螺栓加工

舵杆法兰与舵叶法兰配合铰孔,使之达到图纸要求,铰孔后的圆度 ≤0.01 mm,圆柱度 ≤0.02 mm。铰孔加工完毕后,铰制孔轴线与上、下两端面垂直度 ≤0.02 mm。依据铰孔尺寸加工连接舵杆与舵叶的铰制螺栓,具体参见图纸。铰制螺栓加工后圆度 ≤0.02 mm,圆柱度 ≤0.02 mm。

七、舵杆与舵机预装

锥体与舵柄接触面积不小于 70%,沿舵柄上、下锥孔的一周用 0.05 mm 塞尺检查时,允许插入深度不超过 15 mm。

参照 POSSGRUNN 舵机厂的压装指导舵杆,具体安装参见图 1-41。

安装:

(1)转子和舵杆的锥面用润滑油清洁。

(2)将舵机穿入舵并用量规量"X"标记处直至没有间隙。

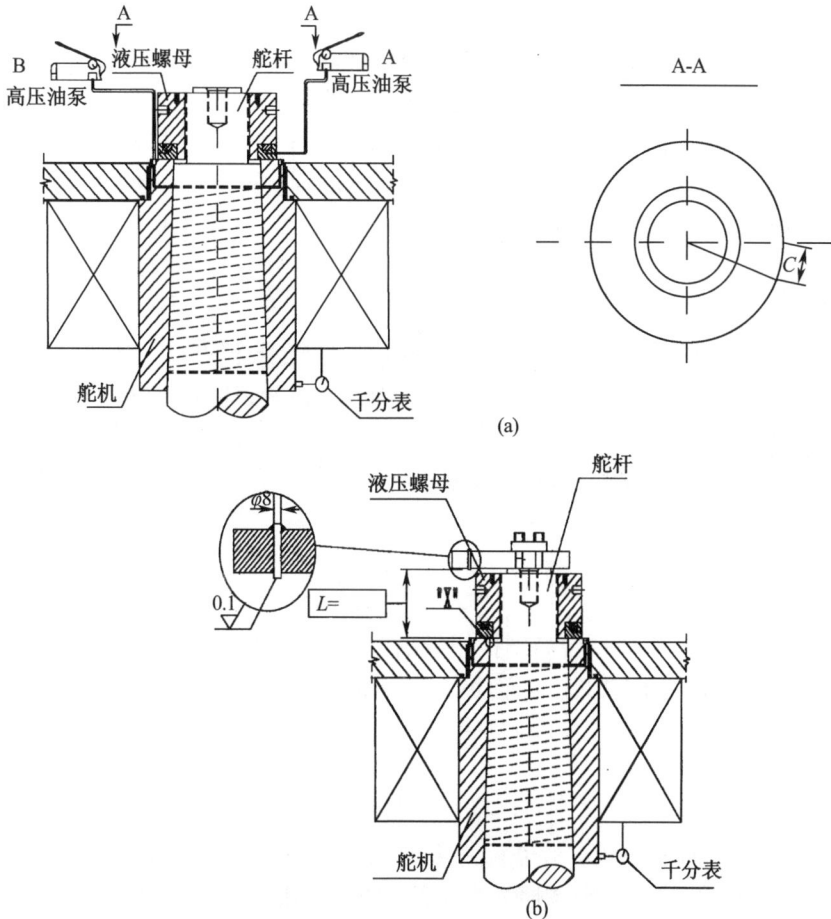

图 1-41 舵杆与舵机预装

(3)用泵 A 对活塞环施加 50 bar①压力,以这个位置作为零点,测量压入长度。

(4)在舵杆顶部加设一块肘板(图 1-41(b)),用千分尺或千分表测量从转子顶部到肘板距离 L。

(5)用泵 B 向转子区域内泵油直至空气塞处排光位置,然后缓慢地增加泵 A 的压力,当活塞中压力约为 200 bar 时停止工作,开始用泵 B 向转子内施加压力。泵 A 和泵 B 持续交替工作缓慢地将舵杆压入转子,在此过程中始终保持泵 A 的压力高于泵 B 的压力。继续工作直至舵杆的压入长度达到要求的压入长度,按照规定长度压入后测量转子颈部与上部轴承的径向距离为 0.15~0.25 mm。

(6)当达到规定压入长度后,缓慢释放泵 B 的压力并将其移开。

(7)大约两个小时后,排干活塞的油然后移开泵 A,并且拆下油管和连接管塞。

(8)压入长度弹性偿量 0.15 mm,拧紧舵杆液压螺母,做标记点,并且按照图 1-41(a)中 A-A 所示,拧紧距离 C 大约 50 mm。

拆下:

---

① 1 bar = 10^5 Pa。

（1）松开舵杆液压螺母：压入长度 +2 mm。

（2）用泵 A 向活塞中泵油，直到压力达到 10 bar。

（3）用泵 B 扩张转子直到舵杆松动，然后缓慢释放泵 A 的压力。

舵杆预装后，参照图 1 - 41 依据轴线基准点检查舵杆轴中心线与舵销轴中心线同轴度偏差（A、B、C 三点）不大于 0.5 mm，同时测量舵叶上端面至舵杆上锥度起始线的距离，并向船厂生产人员交接，交验后拆下舵杆。

八、键的预装

键与舵杆键槽研配后，键与键槽两侧面着色均匀，贴合面积不小于 60%，用 0.05 mm 塞尺检查，应不能，键与槽底要贴实，用锤敲击不应有悬空声音，其沾油面积不小于 40%。

键与舵承键槽研配后，键与键槽两侧面着色均匀，用 0.05 mm 塞尺检查，允许局部插入，插入深度不超过键槽深度的 20%，长度小于键周长的 20%，键与键槽顶部间隙 0.3 ~ 0.5 mm。

九、舵机座的安装

舵机座上端面距舵机舱平台高度按图纸确定，结构与平台下部加强对位，内孔按舵系基准点定位，保证内孔有足够加工量，面板上端面留 10 mm 的余量，如图 1 - 42 所示。

十、舵系照光

（1）舵系照光条件：

舵轴系照光定位应在机舱前臂以后，舵机平台及二甲板以下，主船体结构装焊完工，艉尖舱密性试验结束后，与推进轴系照光定位同时进行。照光应尽量在无干扰的条件下进行，照光器件禁止振动较大的捶击和吊进吊出重大设备。

（2）舵轴系船台基准点和舵机平台上方工装架上基准点由船体分厂提供给机装分厂，基准点应标出十字线标记并检查验收。

（3）照光方法：

在舵机座上方设置照光仪，在挂舵臂上设置工装支架，将地上的理论基准点转移到工装支架上及舵承座上方的工装支架上。并设置 6 组光靶，分别为挂舵臂上舵钮孔的上、下部各一组，挂舵臂下舵钮孔的上、下部各一组，舵承座上一组，舵隧内一组。调整照光仪及光靶，使光束通过上、下光靶中心，该光束即为舵轴系中心线。要求舵轴线与螺旋桨轴线不相交距离 ≤4 mm，极限 ≤8 mm。具体照光方法参见图 1 - 43。基准点应标出标记并交至管理人员、船东、船检验收。其中舵隧内靠近舵机平台下方的基准为舵承座以及挂舵臂上、下舵钮孔加工后的复船检光检测的理论基准。

十一、挂舵臂上、下舵钮加工

（1）在加工孔的上、下端面适当位置布置支架座和光靶，通过照光方法以上、下基准点的轴线为准，确定镗孔基准点，同时检查上、下舵钮孔的加工裕度及轴间距离，当满足施工图纸要求后，焊固定位基准点，并校正镗杆的基准点，尺寸允许差 ±0.3 mm，交验验收。

（2）镗孔按基准点找正，尺寸允许差 ±0.3 mm，交验验收。

（3）按图加工舵钮孔。

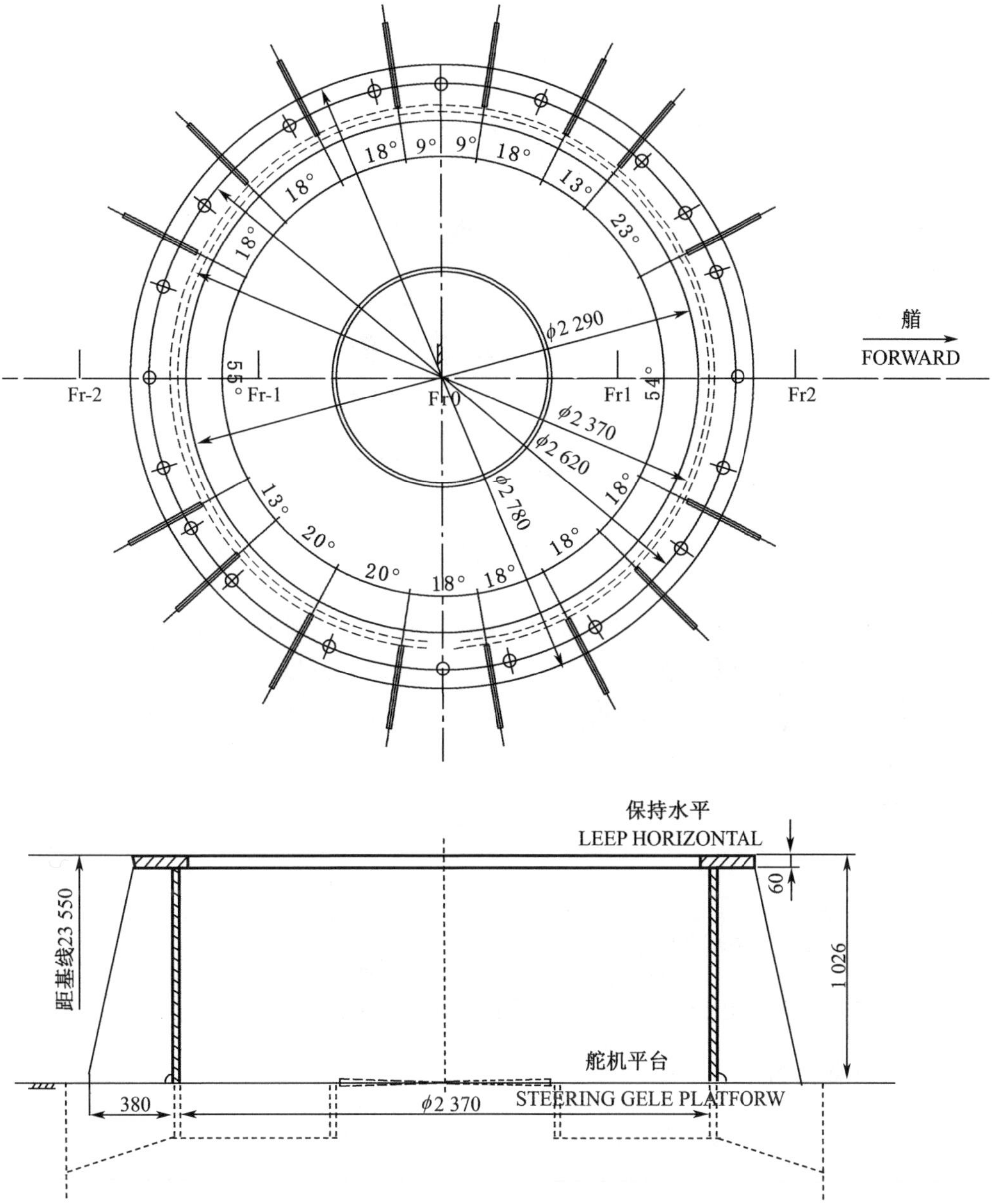

图 1 - 42 舵机座的安装图

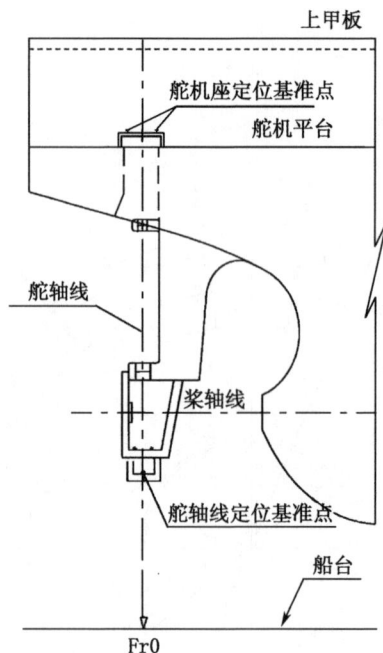

图 1 – 43　照光方法

（4）上舵钮孔 $\phi544(0, +0.11)/\phi540(0, +0.11)$，下舵钮孔 $\phi829(0, +0.14)/\phi825$ $(0, +0.14)$，上舵钮孔圆度和圆柱度 $\leqslant 0.05$ mm，下舵钮孔圆度和圆柱度 $\leqslant 0.08$ mm，其圆柱度方向顺着安装方向。表面粗糙度为 6.3 μm，做复光检测，上、下舵钮孔的中心线及舵承座中心线与轴线不同心度 $\leqslant 0.03$ mm。

工程案例 1 –4：舵机及舵装置系泊试验

一、舵机及舵装置系泊试验范围

这个试验程序将适用于电动液压双柱塞四油缸式舵机。

二、数量及特性

（1）制造厂和型号：武汉船用机械有限责任公司，电制 Power AC440 V，60 Hz，3 Ph。
（2）技术参数：
舵机在最大工作压力和 $35°$ 舵角时的扭矩：126 kN·m
舵转角：$2 \times 35°$；
极限舵角：$2 \times 37°$；
舵的转速：$65°/28$ s（一台泵组）；
舵柄名义半径：580 mm；
柱塞直径：212 mm；
最大工作压力：23.5 MPa（240 kgf/cm^2）；

安全阀调定压力(设计压力)：29.4 MPa (300 kgf/cm²)；

动力：电动 – 液压(相同两台泵组，其中一台备用)。

三、试验前准备工作检查液压及电气回路的完整性

检查机械舵角指示器和舵零位的一致性；

检查舵角机械指示器与操舵装置的误差，该误差应不大于 ±1°；

检查舵机的限位角度(±37°)；

在实际系统中检查安全阀调定压力，并做压力突然超过时的试验，以验证安全阀设定是否有效；

测量电动机和电控设备的冷态绝缘电阻，应不小于 1 MΩ。

模拟报警试验：主油泵过载；马达断相；动力单元电源故障；控制电源故障；舵机指示泵公共故障，油箱低油位；滤器堵塞高压差报警。

四、操舵试验(steering test)

在驾驶室进行连续操舵试验。在此期间泵组做转换试验，并做如下检查：

(1)测定单泵、双泵工作时自一舷35°转至另一舷30°所需的时间；

(2)检查操舵装置的电气设备、液压泵及液压系统的工作情况；

(3)记录电动机的启动电流、工作电流和系统的工作油压；

(4)测量各电动机和电控设备的热态绝缘电阻；

(5)在舵机舱连续操舵试验 10 min，试验方法和检查项目同上。

五、应急操舵试验

将控制箱上开关切换至"就地控制"，手动操作运转泵上的电磁换向阀左、右按钮进行应急操舵的效用试验，以检查其操作的可靠性；切断自动舵电源，在舵机舱手动操作泵控旋钮。

六、油泵转换试验

当一台主油泵失电时，应自动转换到另一台主油泵工作(各试一次)。

七、试验记录

将试验结果填入表 1 – 22。

表 1 – 22　试验记录表 1

船号		船东		船检	
项目:舵机			场所:船上		
检查内容:操舵试验			日期:		

表 1 – 22（续）

随动操舵		S35° – P30°	S35° – P30°	附注
一号泵	时间/s			
	电流/A			
	油压/（kg/cm²）			
二号泵	时间/s			
	电流/A			
	油压/（kg/cm²）			
双泵运行	时间/s			
	电流/A			
	油压/（kg/cm²）			

序号	描述	试验结果	备注
1	电动机和电控设备的热态绝缘电阻		
2	应急操舵的可靠性		

工程案例 1 – 5：操舵试验

一、试验条件

1. 试验海区有足够的回旋余地。
2. 水深不影响船舶操纵。
3. 记录风速和风向（不大于 3 级）。

二、试验内容及程序

1. 操舵试验

船舶在试航最大吃水 CSR 前进时进行操舵试验。在驾驶室分别控制一号液压泵组和二号液压泵组进行操舵试验。

操舵顺序如下：

正舵 0° → 右满舵 35°；右满舵 35°→左满舵 35°；左满舵 35° → 右满舵 35°；右满舵 35°→正舵 0°。

注意：每个操舵动作应保持 10 s 后再进行下一个动作。

（1）操舵试验时，检查电动机及液压系统各运动部件的工作情况，记录每个过程的电流、油压，测量舵由一舷 35°至另一舷 30°所需的时间，不应大于 28 s。

（2）检查主操舵装置由一套控制系统转换到另一套控制系统和由一套电动液压系统转换到另一套电动液压系统时的可靠性。

（3）船舶在全速前进时，使用双泵组进行上述操舵试验，记录每个过程的电流、油压及时间。

（4）船舶半速（约为服务航速的 50%，即约 7 kn）正车前进时，在舵机间利用泵组上（用 1 台泵）的电磁阀按钮进行应急手动操舵试验（从驾驶室发令，确认舵机间与驾驶室的通信有效）。

（5）应急操舵试验时，检查电动机及液压系统各运动部件的工作情况，记录每个过程的电流、油压，测量舵由一舷 15° 至另一舷 15° 所需的时间，不应大于 60 s。

2. 自动舵操舵试验

（1）轮流启动每套机组，设定电罗经航向，保持航向 10 min，检查各部件液压系统的工作情况和航向保持能力。

（2）检查自动操舵转换到随动操舵或相反转换的方便性和可靠性。

（3）应急电源操舵效用试验。

断开主供电电源，转换到应急电源上，进行操舵（左、右）试验，检查应急电源工作的可靠性。

三、试验记录

将试验数据填入表 1 - 23。

表 1 - 23　试验记录表 2

船号：		船东：		船级社：	
项目:舵机试验			场所:海上试验		
检查内容:功能试验			日期：		
气候：			航线		
海况			水深		
风速			风向		
试航吃水（艏部）			试航吃水（艉部）		
主机旋转			最大横倾斜角		

1. 正常操舵（全速前进时）

将试验结果填入表 1 - 24。

表 1 - 24　试验记录表 3

泵单元	舵角	时间(SEC.)	电压/V	最大电流/A	最大油压/(kg/cm²)	结果
一号泵	35R - 30L					
	35L - 30R					
二号泵	35R - 30L					
	35L - 30R					

表 1 – 24（续）

泵单元	舵角	时间（SEC.）	电压/V	最大电流/A	最大油压/（kg/cm²）	结果
双泵运行	35R – 30L					
	35L – 30R					
	35L – 30R					
主操舵装置转换的可靠性						

2. 自动舵试验

将实验结果填入表 1 – 25。

表 1 – 25　试验记录表 4

序号	试验内容	结果
一号泵	自动操舵效用试验	
二号泵	偏航报警试验	

3. 应急操舵试验

将实验结果填入表 1 – 26。

表 1 – 26　试验记录表 5

泵单元	舵角	时间（SEC.）	电压/V	最大电流/A	最大油压/（kg/cm²）	结果
一号泵	15R – 15L					
	15L – 15R					
二号泵	15R – 15L					
	15L – 15R					
应急电源操舵效用试验						

船东代表：_____　验船师：_____　船厂：_____

项目二 游艇锚设备

【知识目标】

1. 了解规范设计锚的质量及锚链直径的方法;
2. 理解锚泊的工作原理;
3. 掌握锚设备安装检验方法。

【能力目标】

1. 会正确编写锚设备安装检验工艺;
2. 能安装各种锚设备。

船舶不仅要求运动性能优良,还要保证在一切可能发生的情况下(货物的装卸,人员的上下,等候或空出码头线,躲避风浪或进行检疫),船舶能有效地停靠。

船舶有两种停靠方式,一种是抛锚停泊,另一种是系缆停泊。所谓抛锚停泊就是利用锚设备将船舶系在港内或岸外泊地水底。抛锚停泊一般用在等候泊位、躲避台风、等候领港、接受检疫、船舶在港外等情况,还有巨型船舶受吃水限制的港外停泊、海洋结构物在海上停泊作业这些情况。而另一种系缆停泊是利用系船设备将船舶直接系结在码头或岸边。其使用范围为货物装卸、旅客上下。普通民船大部分是以此方式停靠在码头上。

锚设备不仅能使船舶可靠停泊,同时也起到操纵船舶的作用。锚设备作用主要有这样几点:(1)锚泊;(2)抛锚制动;(3)控制船首方向;(4)船舶在大风浪中失控的情况下,利用拖锚或拖链漂泊滞航,以争取时间改善处境;(5)搁浅船用锚固定船身,协助脱险;(6)登陆艇登陆时,预先抛下艉锚,待登陆完毕后,收紧艉锚,借此脱离海滩。

对游艇来说,锚泊设备的要求与其营运性相关,对于某些小型游艇,没有锚泊作业,或者说不宜抛锚,因此游艇原则上不强制配备锚泊设备。

一、锚泊方式

锚泊方式随着不同的水域、气象条件和船只锚设备的布置情况而异,通常有下述几种。

1. 船首抛锚

船首抛锚分为船首抛单锚和船首抛双锚两种。船首抛单锚用于气候条件好,停泊时间不长的情况。抛单锚时,船载水面活动范围较大。船首抛双锚用于活动受限制或水域有较大的风浪、急流影响的情况。由于船首抛锚时船体所受的风力、水流力最小,所以船首抛锚是船舶锚泊的主要形式,也是船舶主锚布置在艏部的原因。

2. 艇侧抛锚

舷侧抛锚如图 2-1 所示。为使水流或风向与船中线成垂直状态或有一定交角,以便通风消毒或使船能在下风一舷装卸货物及进行其他作业。

3. 船尾抛锚

船尾抛锚多用于内河船舶,当船舶顺水航行时,可避免船只因抛锚而掉头。对于经常需抛艉锚的船舶,应具有较完善的艉锚设备。

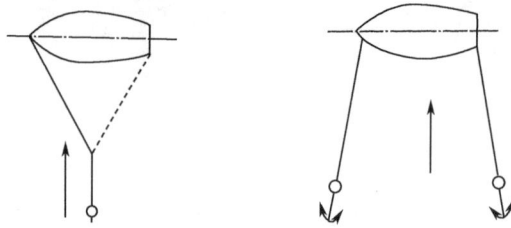

图 2 – 1　舷侧抛锚示意图

4. 船首尾抛锚

船舶经受涨、落周期作用而活动水域又受限制及某些特殊情况下使用。

5. 多点抛锚

多点抛锚如图 2 – 2 所示。某些海洋浮动结构物,如钻井船、钻井平台、采油平台和航标船、打措救生船等,按作业要求对位移量有一定限制时,则采用多点锚泊定位。一般用三锚定位。定位要求高的钻井船、半潜式平台用 6 ~ 10 个锚,根据作业区的水深及抗风暴的要求,甚至有的高达 21 个锚。

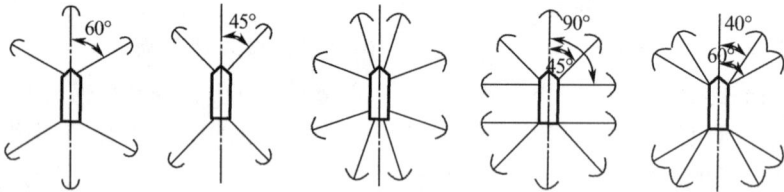

图 2 – 2　多点抛锚示意图

二、锚设备的组成

锚设备是船舶在水上抛锚停泊的"系留"装置。根据船舶使命任务要求,其通常布置在艏部,艉锚一般很少用。

锚设备主要由下列部分组成:锚、锚索(链)、锚链筒、掣锚器、掣链器、导链滚轮、导索(链)器、锚机、锚链管、锚链舱和弃链器。锚设备的组成如图 2 – 3 所示。

锚——啮入水底泥土产生抓力,平衡船舶所受的外力。

锚索(链)——连接锚与船体的绳索(或链条),用于系锚并传递锚的抓力。

锚链筒——从舷外引导锚链至甲板,收锚后储存锚干及部分锚链。

掣锚器——当起锚后掣锚链条或链钩可借松紧螺旋扣使锚紧贴船体。

掣链器——止住锚链并将力传递给船体,使锚机不处于受力状态。

导链滚轮、导索(链)器——导引锚链,减少锚链与锚链筒之间的摩擦,防止锚链翻滚。

起锚机——抛锚与收锚用的动力机械。

锚链管——引导锚链进出锚链舱。

锚链舱——储存锚链。

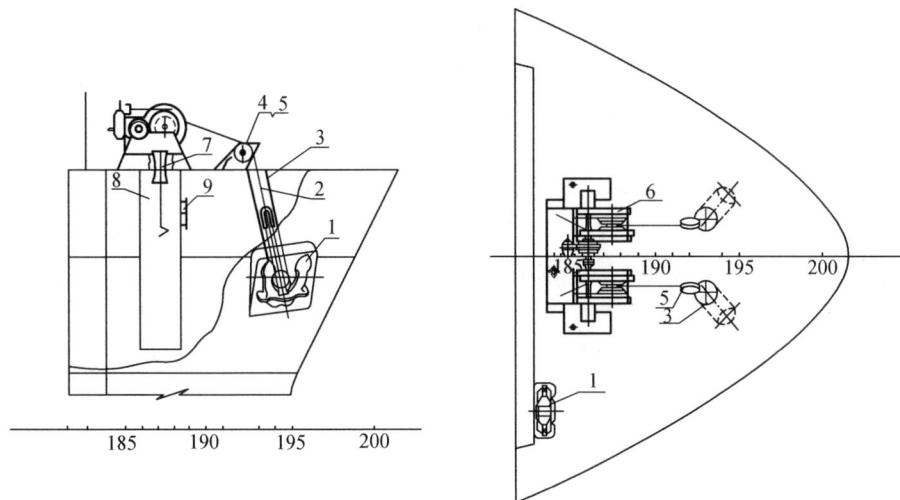

图 2-3 锚设备的组成

1—锚;2—锚链;3—锚链筒;4—导链滚轮;5—掣链器;6—锚机;7—锚链管;8—锚链舱;9—弃锚器

锚设备的特性取决于装置在船舶上的布置位置、锚的数量和质量、锚链直径和长度,以及锚和锚机的形式。其中锚的布置位置决定了船舶的锚泊方式;锚的形式决定了船舶对锚的要求;锚的数量和质量及锚链直径和长度决定了船舶在不同的水深和海床地质的锚泊性能。

三、游艇的锚泊作业

1. 选择锚地的一般要求

通常游艇都在港口锚地或江河入口处的锚地下锚。由于锚地范围和条件限制,需要根据本艇具体情况和当时周围客观条件,认真研究海图、航路指南等航行资料及气象预报,选择安全的抛锚地点。

(1)水深

在无浪涌侵入、遮蔽良好的锚地,所选锚地的水深应能保证在低潮时仍然具备20%吃水的富余水深;在有风浪或涌浪侵入的开敞锚地,为预防游艇在摇摆、垂荡时出现的游艇墩底现象,应能保证低潮时的水深大于1.5倍吃水再加上2/3的最大波高;深水区域抛锚时锚地最大水深不得超过一舷锚链总长的1/4,否则将会影响锚的抓力。

(2)底质

锚抓力与底质关系密切,软硬适度的沙底抓力较好,泥沙底次之,硬质泥底较差,石底不宜锚泊。锚地的海底地形以平坦为好,若坡度较陡(等深线较密)则影响锚的抓力,容易出现走锚。

(3)水流

流向宜相对稳定,流速以较缓为好。

（4）有足够回旋余地

回旋余地应根据底质、锚泊时间的长短、附近有无障碍物、气象、海况等情况来综合分析确定。开阔水域锚地和港内锚地水域条件不同。在港内锚地，由于船舶密集，水域有限，一般情况下锚泊所需水域可估算如下：单锚泊时取回旋半径为艇长 + 需要（或允许）出链的长度；八字锚泊时取回旋半径为艇长 + 0.6 × 需要（或允许）出链的长度。

（5）避风条件

根据当地的气象预报和所处海区盛行的季节风，所选锚地应避免受强风的袭击，靠上风水域一侧为原则（避风水域内）。若为避免台风而锚泊，最好选择环抱式的避风港湾锚地，或者周围有高山、岛屿为屏障的水域来作锚地。

（6）船舶交通服务系统（VTS）

许多港口都建立了船舶交通服务系统，应尽可能选择 VTS 监控下的锚地。VTS 可对锚泊船锚位进行监控，及时发现走锚。

（7）其他方面

所选锚地附近应远离航道或水道等船舶交通较密集地区，还应是无海底电缆等水中障碍物的水域，水流宜缓且方向稳定。

2. 锚泊作业

当游艇按减速要求向锚地接近，并尽可能使用雷达随时预测到达预定抛锚点的距离，据此及时调整艇速。当距抛锚点尚有一倍艇长时，将艇机换为微退，使艇首正处于抛锚点，正好使艇速也消耗殆尽并有微小退势时，同时将锚抛出。当倒车刚一开始使艇微微有点退势迅即停车，利用艇极慢的退势，分多次少量出链（或绳）至预定长度。

任务一　锚的选型及质量和锚链长度的确定

锚设备是维系船舶安全的主要装置，为确保良好的使用效果，首先必须明确船舶的使命任务，根据船舶设计总体要求开展锚设备的设计工作。

一、确定锚的选型

锚的形式大致可分为以下四类。

1. 无杆转爪锚

无杆转爪锚的形式主要由锚爪、锚柄（锚杆）、锚卸扣及连接锚爪与锚柄的小轴和销等零部件组成。无杆锚的形式较多，最具代表性且使用最多的是霍尔锚（图 2 - 4）、斯贝克锚（图 2 - 5）、波尔锚（图 2 - 6）和 AC - 14 锚（图 2 - 7）。无杆锚对各种泥、砂底质均有较好的适应能力，且收藏方便，适用于各种船舶。

2. 有杆转爪锚

有杆转爪锚主要由锚头（锚爪）、锚柄、锚横杆、锚卸扣及其他连接零件组成。有杆转爪锚的形式很多，目前国内外常用的有杆转爪锚有轻量型锚（图 2 - 8）、图 2 - 9 所示的另外几种常用的有杆转爪锚。有杆转爪锚通常锚爪较长且面积较大，因此在砂及硬泥中抓力较大，在淤泥中抓力较小。

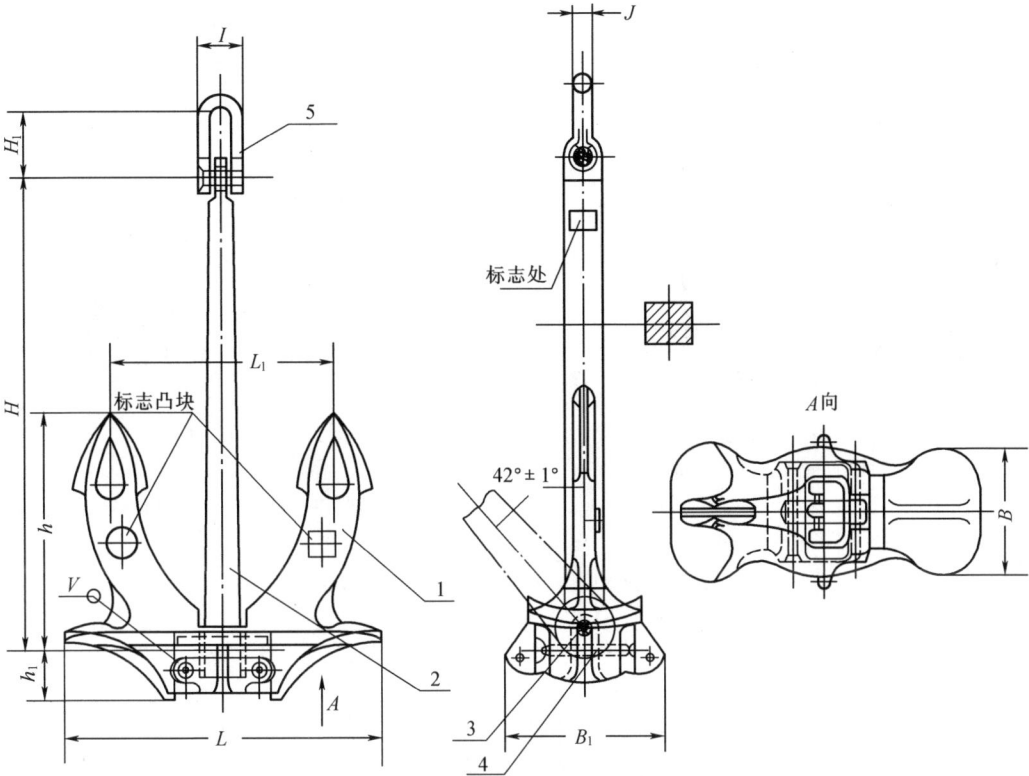

图 2-4 霍尔锚

1—锚爪；2—锚柄；3—横销；4—锚卸扣

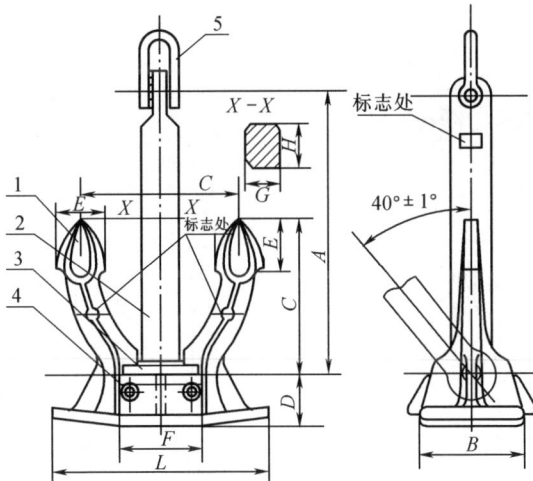

图 2-5 斯贝克锚

1—锚头；2—锚柄；3—小轴；4—横销；5—锚卸扣

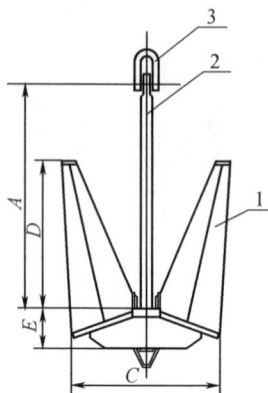

图 2-6　波尔锚

1—锚爪;2—锚柄;3—锚卸扣

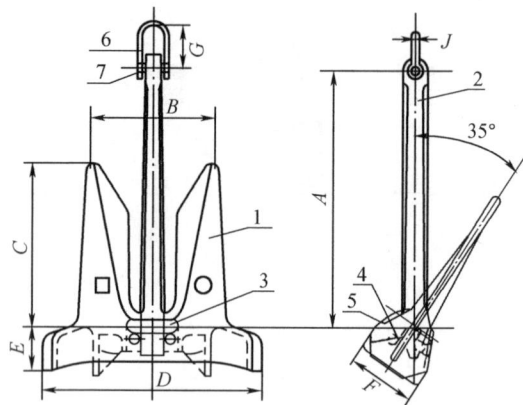

图 2-7　AC-14 锚

1—锚头;2—锚柄;3—小轴;4—横销;5—封头;

6—锚卸扣本体;7—锚卸扣横销

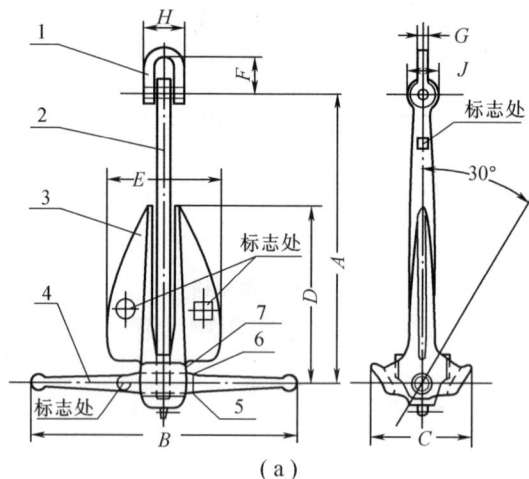

（a）

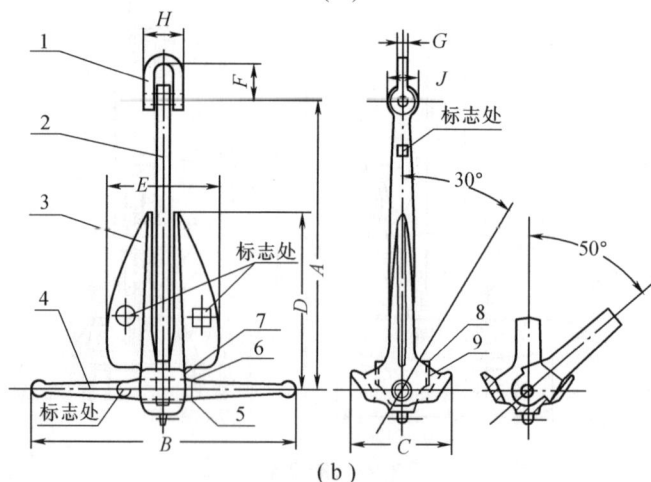

（b）

图 2-8　轻量型锚

（a）折角不变的轻量型锚;（b）折角可变的轻量型锚

1—锚卸扣;2—锚柄;3—锚爪;4—锚横杆;5—垫圈;6—插销;7—小链;8—楔块;9—螺栓

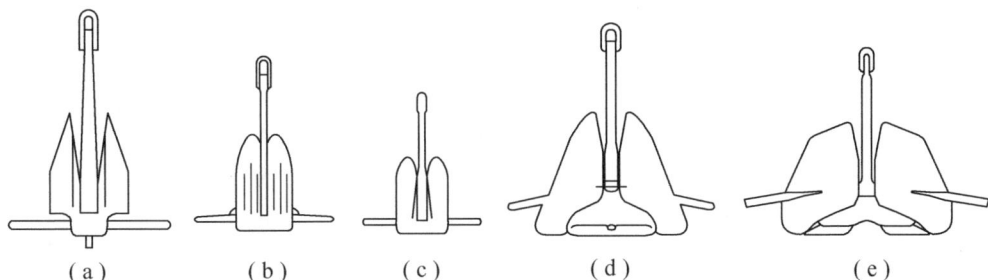

图 2 - 9　常用有杆转爪锚

(a)丹福斯锚;(b)斯达托锚;(c)穆尔法斯特锚;(d)斯蒂汉锚;(e)斯蒂夫莫特锚

3. 固定爪锚

固定爪锚的锚爪和锚柄制成一体,称为锚体。常见的固定型锚有单爪锚(图 2 - 10)和四爪锚(图 2 - 11)。固定爪锚能适用于各种砂、泥甚至砾礁质底,由于其锚爪是固定的,所以使用时存在单爪易翻、多爪外露等缺陷,故多用于内河船舶或工程打捞船舶,运输船舶一般不作锚泊之用。

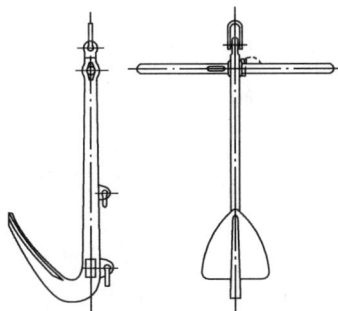

图 2 - 10　单爪锚

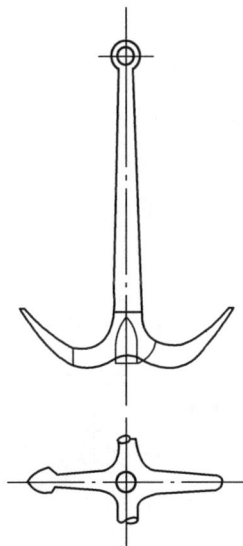

图 2 - 11　四爪锚

4. 特种锚

特种锚是一些形状及结构较为特殊的锚,如菌形锚、半球形水泥锚、蛙式锚、飞箭埋式锚等,其制作材料有铸钢、锻钢、混凝土等,主要用于系留物永久性停留之用。

近年来新出现的吸力锚(又称负压锚)作为永久性系留用锚发展很快。

二、锚的质量和锚链长度确定

1. 锚链

锚链是锚设备的主要部件之一,锚的抓力须经过锚链传至船体。锚链的一端与锚连接,另一端紧固在船舶上,在风、潮、浪、流的作用下,锚链受力如图2－12所示。

（1）锚链的种类与级别

锚链可分为有挡和无挡两种形式,有挡锚链为 A
型,无挡锚链为 B 型。无论是有挡或无挡锚链均可通
过电焊、铸造或锻造而成。锚链按材料的抗拉强度可
分为三级,即 M1 级、M2 级及 M3 级,其分别表示为一、
二、三级锚链钢制成。

（2）锚链的组成与结构

锚链由普通链环、加大链环、末端链环及肯特卸

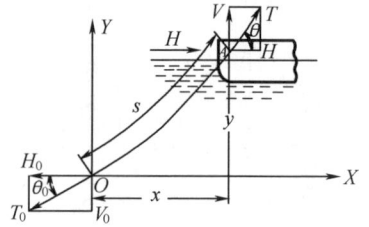

图2－12　锚链悬链状态受力图

扣、连接卸扣、末端卸扣、转环等部件组成,如图2－13
所示。其中普通链环用于中间链接;加大链环主要用于转环、连接卸扣和末端链环的连接;
末端链环主要是用于加大链环和普通链环连接;转环主要用于锚端链的连接,其功能是使
锚链不绞扭。卸扣有肯特卸扣、连接卸扣和末端卸扣之分。连接卸扣主要是用于链节的连
接;链端卸扣主要是用于与锚的连接。一根完整的锚链通常分为若干节,其中一端是同锚
连接的锚端链节,另一端是固定在锚链舱内的末端链节,两者之间则是若干中间链节。链
节与链节之间用肯特卸扣或连接卸扣连接。采用肯特卸扣连接的锚链在通过锚链筒、掣链
器及链轮时阻力较小,而用连接卸扣连接的锚链则相应阻力较大,但后者比前者在使用上
更加可靠。

由于现代船舶按船级社规范配置的锚链长度均为27.5 m 的整数倍,因此在锚链配套
时,除中间链节长度(包括肯特卸扣或连接卸扣在内)通常为 27.5 m 外,锚端链节和末端链
节的长度最好也是 27.5 m。

一条完整的锚链通常由若干链节构成。与锚连接的一端称为锚端链节;与船体眼板连
接的一端,称为脱钩链节;与脱钩或弃锚器连接的链节称为末端链节;处于末端链节和锚端
链节之间者,则为中间链节。脱钩链节除脱钩外,配有一个末端卸扣、一个末端链环和一个
加大链环;末端链节一般情况下可不配转环,因为一般抛出锚链长度很少至末端链节,如若
配置则须在其前后各配一加大链环;锚端链节必须有三个加大链环、一个转环、两个末端链
环和一个末端卸扣组成;中间链节由加大链环、末端链环和一个连接卸扣(或由连接链环加
普通链环)连接,便于维修更换。

按传统的设计方法应计算抛锚时作用于船舶上的风力、海流和波浪等外部环境力。但
用于船舶锚的质量和数量以及有挡锚链的规格和长度,通常按船舶的规范确定,并统一按
船舶规范提出的舾装数计算方法来确定艉锚和锚链的配置。

锚泊设备中,艉锚通常采用无杆锚,艉锚锚链采用有挡链条,锚的质量和数量及锚链的
规格和长度通常按照船级社规范确定。目前,各国船级社的规范统一采用 IACS 提出的舾
装数计算方法及艉锚和艉锚链的配置要求。这些要求适用于无限航区船舶。对于有限航
区船舶,各国船级社的规定不尽相同。

1.舾装数计算

IACS 提出的并为各国船级社采用的海船舾装数 N 按下式计算:

$$N = \Delta^{\frac{2}{3}} + 2Bh + (A/10) \tag{2-1}$$

式中　Δ——夏季载重水线下的型排水量,t;

　　　B——型宽,m;

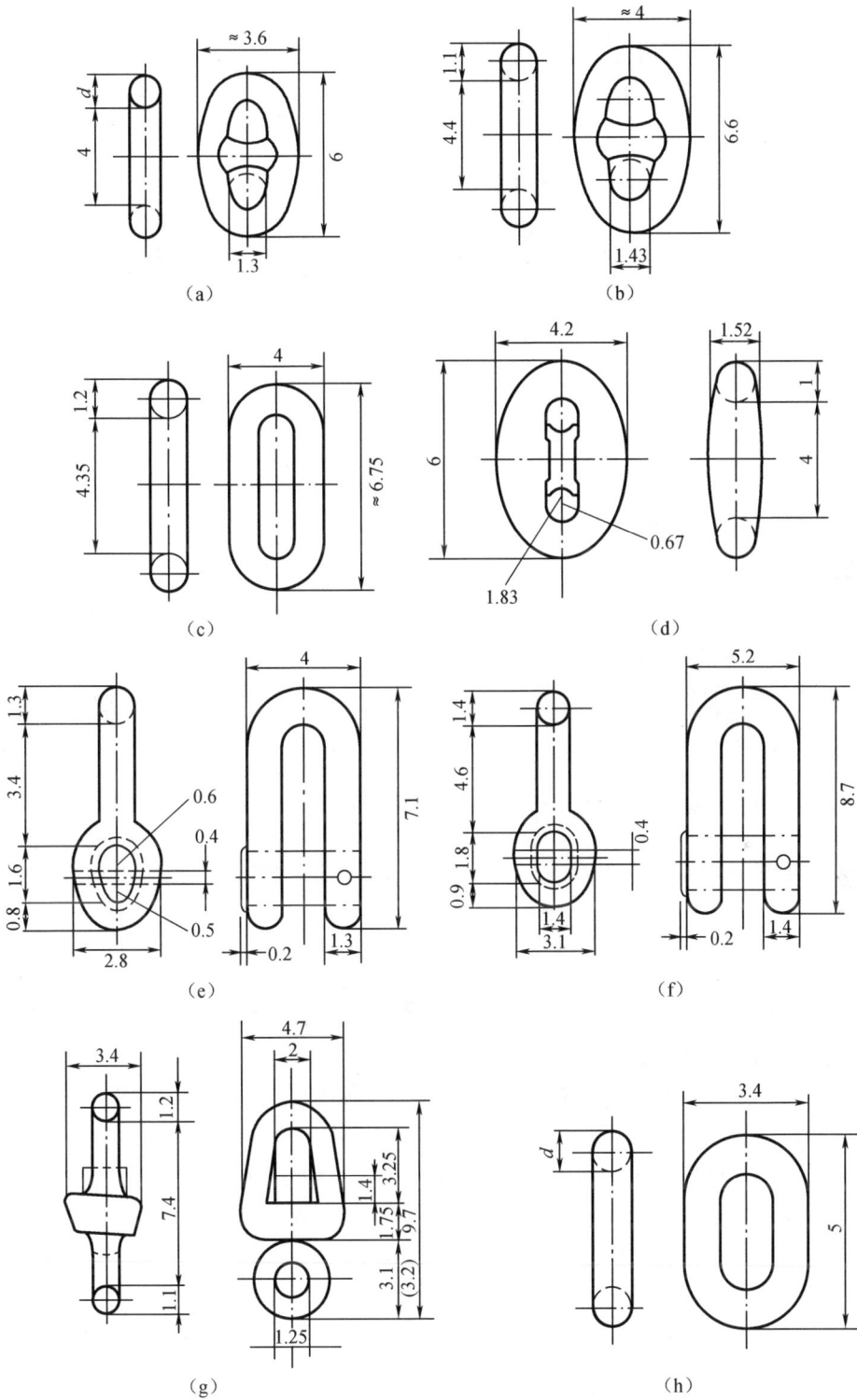

图 2 - 13 链环及附件的形式和尺寸

(a)有挡普通链环(C);(b)加大链环(EL);(c)末端链环(E);(d)肯特卸扣(KS);

(e)连接卸扣(JS);(f)末端卸扣(AS);(g)转环(SW);(h)无挡普通链环(L)

注:图中所有数字均表示普通链环公称直径 d 的倍数。

h——从夏季载重水线到最上层舱室顶部的有效高度,按式(2-2)计算,m;

A——船长 L 的范围内夏季载重水线以上船体部分和上层建筑以及各层宽度大于 $B/4$ 的甲板室侧投影面积的总和,m^2。

$$h = a + \sum h_i \qquad (2-2)$$

式中 a——从船中夏季载重水线至上甲板的距离,m;

h_i——各层甲板宽度大于 $B/4$ 的舱室,在其中心线处量取的高度(图2-14),m。

在计算 h 和 A 时,不必计及舷弧和纵倾,凡是超过1.5 m高度的挡风板和舷墙,均应视为上层建筑和甲板室的一部分。图2-15所示的面积 A_1 应计入 A 中,舱口围板及诸如集装箱等甲板货物高度,在确定 h 和 A 时可不计入。

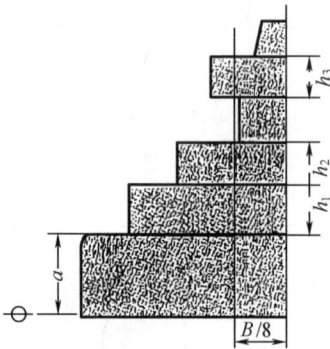

图2-14 高度 h 的计算图

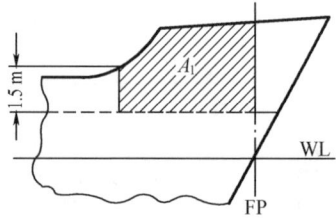

图2-15 超过1.5 m高度的舷墙计入图

船长 L 为垂线间长,但不应小于夏季水线最大长度(量自水线前端)的96%,也不必大于97%。

CCS《钢制海船入级规范》规定,海洋拖船的舾装数 N 按下式计算:

$$N = \triangle^{\frac{2}{3}} + 2(aB + \sum b_i h_i) + \frac{A}{10} \qquad (2-3)$$

式中 a, B, h_i 及 A——计算方法与含义同上所述;

b_i——上层建筑宽度或各层宽度超过 $B/4$ 的甲板室的宽度,m。

需要指出的是,上述舾装数公式的基础:假定水流速度为2.5 m/s,风速为25 m/s。相应抛出的锚链长度与水深之比为6~10倍,而且假定在正常情况下锚泊时仅用一只艏锚及锚链。所配置的锚泊设备能使船舶在良好的锚地底质上系留而防止走锚现象。在不良的锚地底质上锚的抓力将会明显降低。

2.锚及锚链的配备

(1)CCS《海船规范》规定,海船应根据以上舾装公式计算所得的数值,并根据船舶种类及航行水域按表2-1及表2-2配置艏锚及艏锚链。

表 2-1　各类船舶按舾装数 N 选取锚泊及系泊设备的说明

船型	要求配置的设备
货船、散装货船、油船、耙吸式挖泥船、渡船等	按 N 选取
拖船	按 N 选取,拖索应足以承受最大系柱拉力,其安全系数≥2.0
近海供应船	按 N 选取,但锚链按 N 增大 2 挡选取,艏锚可仅配 2 只
有人驳船	按 N 选取,但艏锚可仅配 2 只,拖索可免配
无人驳船	按 N 选取,但艏锚可仅配 1 只,锚链可仅配一半长度,系船索可仅 2 根
起重船	按 N 选取,但起重机的侧投影面积应计入 N,艏锚可仅配 2 只。若起重船作业用锚中有 2 只满足本表的要求,可代替艏锚。若用钢索代替锚链时,其破断负荷和长度应不小于 1.5 倍相应锚链值,锚与钢索间应有适当锚链段,在索链的衔接处应加转环

表 2-2　海船的锚泊和系泊设备

序号	舾装数 N		艏锚		有挡艏锚链				拖索		系船索		
	超过	不超过	数量	每个质量/kg	总长度/m	直径/mm			长度/m	破断负荷/kN	数量	每根长度/m	破断负荷/kN
						AM1	AM2	AM3					
1	50	70	2	180	220	14	12.5		180	98.1	3	80	34.3
2	70	90	2	240	220	16	14		180	98.1	3	100	36.8
3	90	110	2	300	247.5	17.5	16		180	98.1	3	110	39.2
4	110	130	2	360	247.5	19	17.5		180	98.1	3	110	44.1
5	130	150	2	420	275	20.5	17.5		180	98.1	3	120	49.0
6	150	175	2	480	275	22	19		180	98.1	3	120	54.0
7	175	205	2	570	302.5	24	20.5		180	111.8	3	120	58.8
8	205	240	3	660	302.5	26	22	20.5	180	129.4	4	120	63.7
9	240	280	3	780	330	28	24	22	180	150	4	120	68.6
10	280	320	3	900	357.5	30	26	24	180	173.6	4	140	73.6
11	320	360	3	1 020	357.5	32	28	24	180	206.9	4	140	78.5
12	360	400	3	1 140	385	34	30	26	180	223.6	4	140	88.3
13	400	450	3	1 290	385	36	32	28	180	250.1	4	140	98.1
14	450	500	3	1 440	412.5	38	34	30	180	276.5	4	140	107.9
15	500	550	3	1 590	412.5	40	34	30	190	306.0	4	160	122.6
16	550	600	3	1 740	440	42	36	32	190	338.3	4	160	132.4
17	600	660	3	1 920	440	44	38	34	190	370.7	4	160	147.1
18	660	720	3	2 100	440	46	40	36	190	406.0	4	160	156.9

表 2-2(续1)

序号	舾装数 N		艏锚		有挡艏锚链				拖索		系船索		
	超过	不超过	数量	每个质量/kg	总长度/m	直径/mm			长度/m	破断负荷/kN	数量	每根长度/m	破断负荷/kN
						AM1	AM2	AM3					
19	720	780	3	2 280	467.5	48	42	36	190	441.3	4	170	171.6
20	780	840	3	2 460	467.5	50	44	38	190	480.0	4	170	186.3
21	840	910	3	2 640	467.5	52	46	40	190	517.8	4	170	201.0
22	910	980	3	2 850	495	54	48	42	190	559.0	4	170	215.7
23	980	1 060	3	3 060	495	56	50	44	200	603.1	4	180	230.5
24	1 060	1 140	3	3 300	495	58	50	46	200	647.2	4	180	250.1
25	1 140	1 220	3	3 540	522.5	60	52	46	200	691.4	4	180	269.7
26	1 220	1 300	3	3 780	522.5	62	54	48	200	738.4	4	180	284.4
27	1 300	1 390	3	4 050	522.5	64	56	50	200	785.5	4	180	308.9
28	1 390	1 480	3	4 320	550	66	58	50	200	835.5	4	180	323.6
29	1 480	1 570	3	4 590	550	68	60	52	220	888.5	5	190	323.6
30	1 570	1 670	3	4 890	550	70	62	54	220	941.4	5	190	333.4
31	1 670	1 790	3	5 250	577.5	73	64	56	220	1 002	5	190	353.0
32	1 790	1 930	3	5 610	577.5	76	66	58	220	1 109	5	190	377.6
33	1 930	2 080	3	6 000	577.5	78	68	60	220	1 168	5	190	402.1
34	2 080	2 230	3	6 450	605	81	70	62	240	1 259	5	200	421.7
35	2 230	2 380	3	6 900	605	84	73	64	240	1 356	5	200	451.1
36	2 380	2 530	3	7 350	605	87	76	66	240	1 453	5	200	480.5
37	2 530	2 700	3	7 800	632.5	90	78	68	260	1 471	6	200	480.5
38	2 700	2 870	3	8 300	632.5	92	81	70	260	1 471	6	200	490.3
39	2 870	3 040	3	8 700	632.5	95	84	73	260	1 471	6	200	500.1
40	3 040	3 210	3	9 300	660	97	84	76	280	1 471	6	200	519.8
41	3 210	3 400	3	9 900	660	100	87	78	280	1 471	6	200	554.1
42	3 400	3 600	3	10 500	660	102	90	78	280	1 471	6	200	588.4
43	3 600	3 800	3	11 100	687.5	105	92	81	300	1471	6	200	617.8
44	3 800	4 000	3	11 700	687.5	107	95	84	300	1 471	6	200	647.2
45	4 000	4 200	3	12 300	687.5	111	97	87	300	1 471	7	200	647.2
46	4 200	4 400	3	12 900	715	114	110	87	300	1 471	7	200	657.1
47	4 400	4 600	3	13 500	715	117	112	90	300	1 471	7	200	666.9
48	4 600	4 800	3	14 100	715	120	105	92	300	1 471	7	200	676.7

表 2 - 2(续 2)

序号	舾装数 N 超过	不超过	艏锚 数量	每个质量/kg	有挡艏锚链 总长度/m	直径/mm AM1	AM2	AM3	拖索 长度/m	破断负荷/kN	系船索 数量	每根长度/m	破断负荷/kN
49	4 800	5 000	3	14 700	742.5	122	107	95	300	1 471	7	200	686.5
50	5 000	5 200	3	15 400	742.5	124	111	97	300	1 471	8	200	686.5
51	5 200	5 500	3	16 100	742.5	127	111	97	300	1 471	8	200	696.3
52	5 500	5 800	3	16 900	742.5	130	114	100	300	1 471	8	200	706.1
53	5 800	6 100	3	17 800	742.5	132	117	102	300	1 471	9	200	706.1
54	6 100	6 500	3	18 800	742.5		120	107			9	200	715.9
55	6 500	6 900	3	20 000	770		124	111			9	200	725.7
56	6 900	7 400	3	21 500	770		127	114			10	200	725.7
57	7 400	7 900	3	23 000	770		132	117			11	200	725.7
58	7 900	8 400	3	24 500	770		137	122			11	200	735.5
59	8 400	8 900	3	26 000	770		144	127			12	200	735.5
60	8 900	9 400	3	27 500	770		147	132			13	200	735.5
61	9 400	10 000	3	29 000	770		152	132			14	200	735.5
62	10 000	10 700	3	31 000	770			137			15	200	735.5
63	10 700	11 500	3	33 000	770			142			16	200	735.5
64	11 500	12 400	3	35 500	770			147			17	200	735.5
65	12 400	13 400	3	38 500	770			152			18	200	735.5
66	13 400	14 600	3	42 000	770			157			19	200	735.5
67	14 600	16 000	3	46 000	770			162			21	200	735.5

注:①舾装数不超过 50 时,用外补法;

②表列第 3 个艏锚为备用。

（2）关于艏锚的若干规定：

①每个艏锚的质量可以与表 2 - 2 中所列锚质量相差 ±7%,但艏锚的质量应不小于表 2 - 2 中所列锚质量的总和。

②普通无杆锚的锚头质量,包括销子与转轴在内,应不小于该锚总质量的 60%。

③可以采用有杆锚的艏锚,但其质量（不包括横杆）应不小于表 2 - 2 中所规定的无杆锚质量的 80%。

④当采用大抓力锚作为艏锚时,每只锚的质量可以为表 2 - 2 中规定的普通无杆艏锚质量的 75%。

（3）对锚链的有关规定：

①表 2 - 2 中所列锚链直径如≤17 mm 时,可用试验负荷相等的无挡锚链或破断负荷相等的钢丝绳或纤维绳代替。

②锚链在连接锚的一端应装设一个转环。

③锚链的内端应系固在船体结构上,并能在锚链舱外易于到达的地方迅速解脱。

④船上应至少储备1个锚卸扣(锚链末端的卸扣)和4个连接卸扣或连接链环(肯特卸扣)。

⑤拉伸应力小于400 N/mm² 的 CCS AM1 级锚链不能用于大抓力锚。CCS AM3 级锚链仅适用于链径20.5 mm 或以上的锚链。

除此之外,应指出的是表2-2中规定的锚链总长均为27.5 m 的整倍数。因此,当该数值为偶数时,左右锚链长度应相等;而当该数值为奇数时,右锚链应比左锚链长1节。

3.有限航区船舶锚及锚链配备

CCS《海船规范》规定,有限航区航行的船舶的锚设备,可按上述无限航区航行的船舶要求进行减免配备,规定如下:

(1)在沿海航区内航行的起重船和耙吸式挖泥船,其锚泊设备可按舾装数 N 降低2挡选取,艏锚仅配两只;

(2)除(1)条规定之外,在沿海航区内航行的船舶,其锚泊设备可按舾装数 N 降低1挡选取,船长小于30 m 的交通艇或专线渡船,艏锚可仅配1只,锚链可配一半的长度;

(3)在遮蔽航区内航行的船舶,锚泊设备可按舾装数 N 降低2挡选取,船长小于30 m 的交通艇或专线渡船,艏锚可仅配1只,锚链可配一半的长度;

(4)在具有防波堤的港口水域作业的船舶,其锚泊设备可按舾装数 N 的一半选取,锚链可配一半的长度。

船舶锚重和锚链长度的确定根据舾装数,按船舶规范规定查表选取。锚与锚链配置表列于船体规范中,表中对应舾装数列有锚的配置数量和质量,以及对应锚重的配链长度和链径,使用很方便。

任务二 锚和锚链的控制装置的确定

掣链器是用来控制锚链的主要装置。常用的掣链器有闸刀式和螺旋式两种,其中闸刀掣链器结构简单,使用更为方便。掣链器可根据链径和锚链的试验负荷选取。

掣链器是船舶在航行或抛锚时夹住锚链的装置。按 CCS 规范要求,掣链器应能承受相当于锚链的实验负荷,且其应力应不大于其材料屈服强度下值的90%。GL、LR 及 DNV 等船级社的规范要求,掣链器应能承受所通过锚链的最小破断负荷的80%,在此情况下其受力构件应不产生永久变形。

掣链器有闸刀掣链器、螺旋掣链器、滚轮闸刀掣链器和导轨滚轮舌形掣链器等。

闸刀掣链器是利用闸刀卡住通过导槽的垂直链环止住锚链,构造简单,使用方便。我国造船行业目前使用的闸刀掣链器适用于直径为12.5～68 mm 的锚链,其形式如图2-16所示。

螺旋掣链器设有一对夹紧锚链用的夹块,并配有操纵螺杆,可使夹块同时收紧或放开,结构较复杂,但使用可靠。目前我国造船行业中常用的螺旋掣链器有两种形式。图2-17所示为 A 型螺旋掣链器,适用于链径为22～66 mm 的一级或二级锚链。

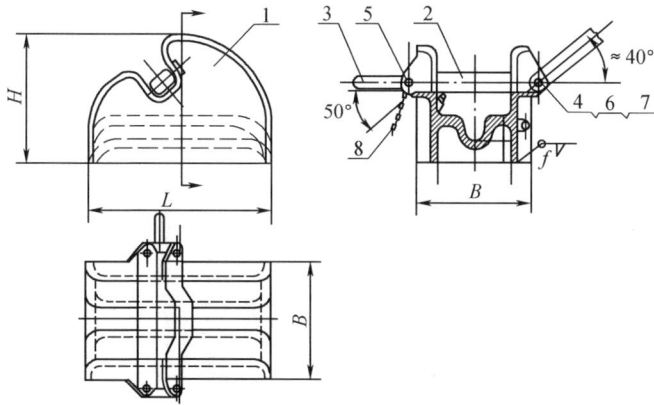

图 2 - 16 闸刀式掣链器

1—本体;2—闸刀;3—把手;4—轴;5—销子;6—垫圈;7—开口锁;8—小链条

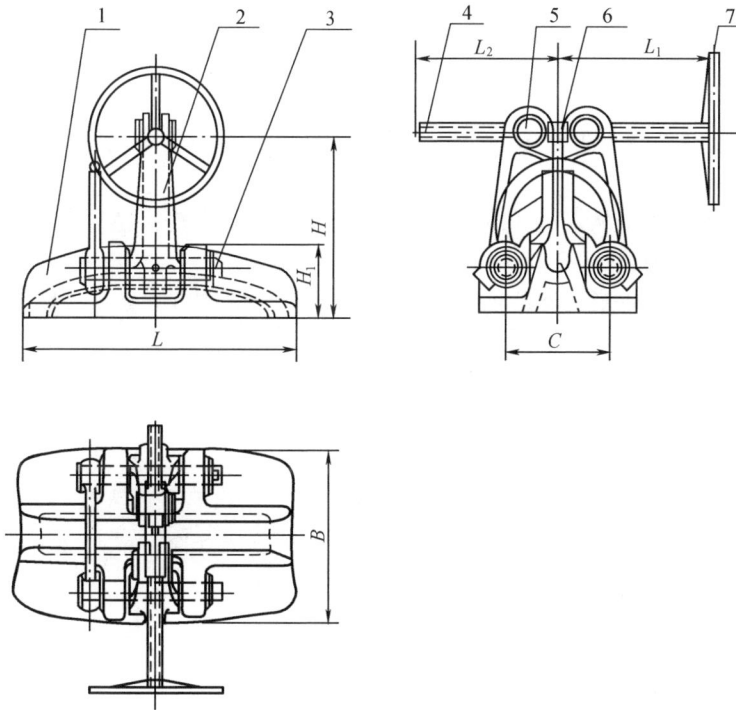

图 2 - 17 A 型螺旋掣链器

1—底盘;2—夹块;3—销;4—螺杆;5—销轴;6—档环;7—手轮

注:图示为右掣链器,左掣链器与之对称。

掣锚器为船舶航行时紧固锚的装置。我国造船行业目前常用的掣锚器有三种形式,即掣锚索、掣锚链条和掣链钩。可根据锚重和使用情况选用。

掣锚索如图 2 - 18 所示,使用时钢丝绳穿过链环拴在系绳柱上,然后收紧螺旋扣将锚拴住。适用的锚重为 500 ~ 12 300 kg。

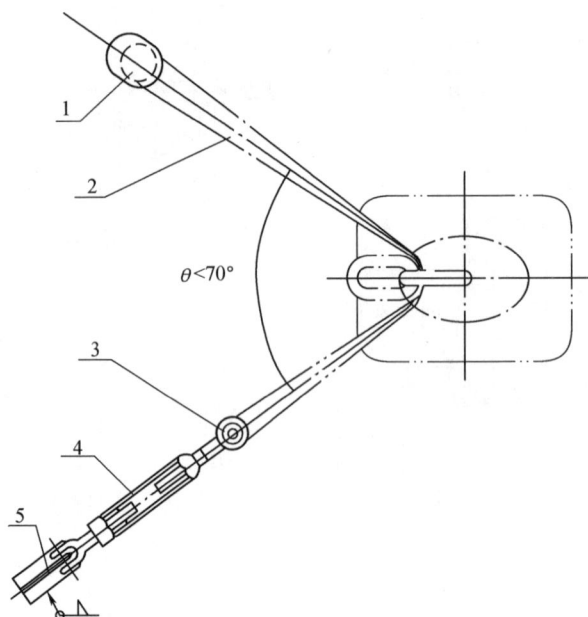

图 2 – 18　掣锚索

1—系绳柱;2—钢丝绳;3—小滚轮;4—开式索具螺旋扣;5—眼板

掣锚链条使用时链条从锚卸扣或末端链环处穿过,同脱钩连接然后收紧索具螺旋扣将锚拴住。适用的锚重为 100 ~ 2 850 kg。

掣链钩如图 2 – 19 所示。掣链钩使用时叉钩扣住锚链,然后收紧索具螺旋扣将锚拴住。其适用的锚链直径为 13 ~ 67 mm。

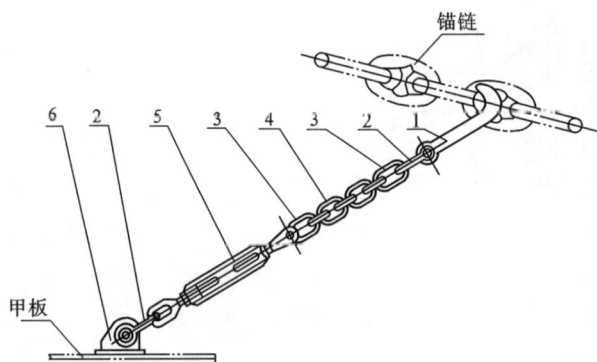

图 2 – 19　掣链钩

1—叉钩;2—卸扣;3—末端链环;4—普通链环;5—开式索具螺旋扣;6—眼板

任务三　锚索导向装置和锚的储存装置的确定

一、锚索导向装置的确定

1. 锚链管

锚链管是锚链出入锚链舱的通道。其上端伸出甲板与锚机的链轮衔接,下端从锚链舱顶部中间伸进锚链舱内,中间部分为钢板焊接的管状结构,根据具体位置可布置成垂直或略有倾斜的形式。

设置卧式锚机时,锚链管伸出甲板的上端部与锚机的导链口套接(图2-20(a))。伸进锚链舱内的锚链管下端设有铸钢或钢板焊接的喇叭口(图2-20(b))。

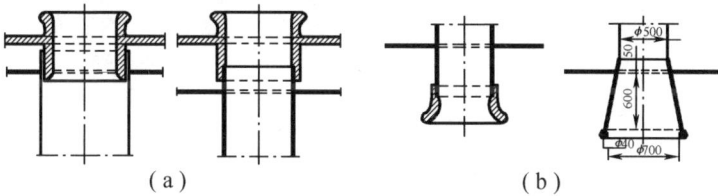

图2-20　与卧式锚机配合的锚链管端部结构

(a)锚链管与锚机导链口套接;(b)伸进锚链舱内的锚链管下端

设置起锚绞盘时,通常配置锚链导槽同锚链管衔接,锚链管主体由伸出甲板的弯状导链口及伸进锚链舱内的直管和端部喇叭口组成。导链口端设有防浪盖,锚链管伸出甲板部分用肘板加固。

带有铸钢导链口的锚链管如图2-21所示,其直管部分用钢管或钢板制作,喇叭口用钢板制作,并在口端加设防磨圆钢。这种锚链管适用于各种直径的锚链。对于直径较小的锚链管,其导链口可同直管连成一体,采用钢管或钢板制作。

锚链管的主要参数可按锚链直径(d)确定,锚链管的内径$D=(7\sim8)d$;锚链管的壁厚t_1应不小于$0.4d$。倾斜的锚链管的管壁与锚链摩擦较多的半圆部分应适当加厚。

2. 导链滚轮

导链滚轮设置于锚链筒甲板出口处,用于限制锚链的运动方向,使得锚链在同链轮轴线垂直的情况下通过链轮。其大小按锚链直径选取。导链滚

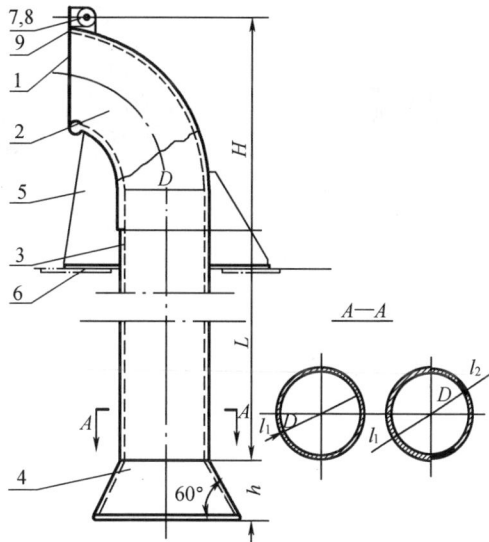

图2-21　带有铸钢导链口的锚链管

1—盖板;2—铸钢导链口;3—锚链管本体(直管部分);
4—喇叭口;5—肘板;6—垫板;7—销轴;8—开口销;9—眼板

轮的安装应使锚链通过锚链筒时不会同伸出甲板的锚链筒口发生摩擦。图2-22为我国造船行业常用的导链滚轮,适用的锚链直径为12.5~68 mm。

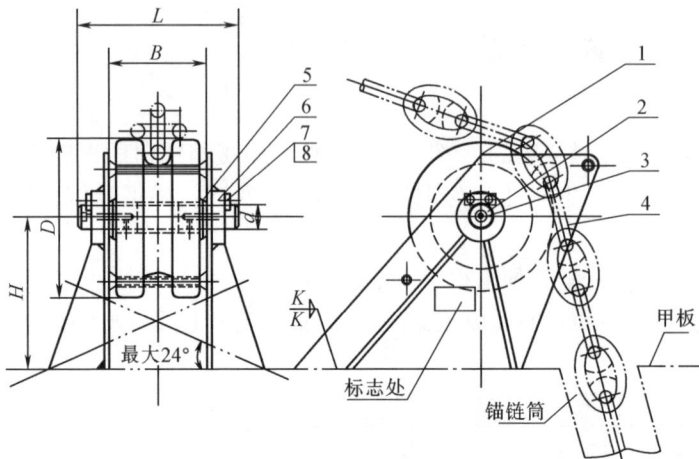

图 2 - 22 导链滚轮

1—滚轮;2—销轴;3—直通式油杯;4—支架;5—衬套;6—制动板;7—螺钉;8—弹簧垫圈

3. 转动导索器

设置多点锚泊定位系统的海洋工程作业船舶如起重船、打捞船、挖泥船等,其锚索的导向装置已越来越多地采用转动导索器。它的特点是导向滑轮直径大,通常用于钢丝绳锚索的导向滑轮直径为钢丝绳直径的16~20倍。导向滑轮可随锚索方向的变化而摆动,从而提高了锚索的使用寿命。转动导索器的形式根据锚索的配置方式可分为导链器、导缆器及组合锚索(钢丝绳-锚链)导索器等,如图2-23所示。

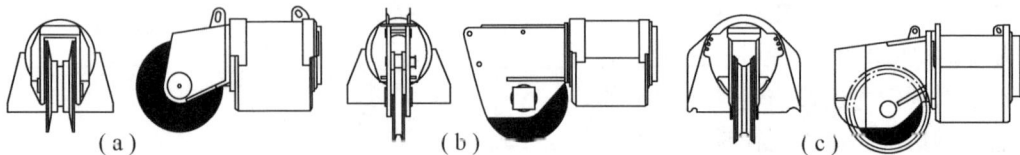

图 2 - 23 转动导索器

(a)水平安装的导链器;(b)水平安装的导缆器;(c)水平安装的组合锚索导索器

二、锚的储存装置的确定

1. 锚链筒

锚链筒在船舶起、抛锚时作为锚链的通道,而在船舶航行时用于收存锚。通常只有无杆转爪锚(霍尔锚、斯贝克锚等)才能收存于锚链筒中。

在一般船舶上,艏锚的锚链筒设于船舶首部的两舷。其上端出口位于主甲板或艏楼甲板上,下端出口位于船外板上,成倾斜状态,因而称之为倾斜式锚链筒。船舶设有艉锚时,其锚链筒通常设在艉部船体中心线处,形式同艏部锚链筒相似。

锚链筒的结构形式同船型、船舶用途及配置的锚机形式有密切的关系,但所有锚链筒按其对于水面倾斜的程度基本上可分为陡削式和平斜式两种。

陡削式锚链筒适用于舷较大或有艏楼的航速不高的民用船舶,锚链筒轴线同垂线的夹角为30°~35°。陡削式锚链筒在收锚时能顺利地将锚拉进锚链筒,因此使用广泛。

对于无艏楼的干舷较小且航速较高的船舶,由于航行时船舶掀起的波浪及船舶纵摇等原因,舷侧的锚如果位于较低处,则很可能浸入水中,从而导致船舶阻力的增加。为了避免这种情况,不得不把锚链筒在外板处的出口位置提高,使得锚链筒轴线与垂线间的夹角加大,形成了平斜式锚链筒。同陡削式锚链筒比较,平斜式锚链筒的内径应适应当加大,尤其是在舷侧出口处锚唇的型线应予特殊考虑。

客船、油船、港口船、拖船、供应船及渔船等,由于工作性质经常用艏部靠近其他船舶或码头,突出在船外的锚容易造成其他船舶或码头的损坏,因此这类船舶设置锚穴,使锚不突出在船外板外。锚穴的形式有明式和暗式,前者可看到整个锚爪,如图2-24所示。后者只能看到锚头的端面,如图2-25所示。

球首船舶为了防止起抛锚时与球首碰撞,在舷侧锚链筒出口处加装凸台,把锚链筒出口外移,如图2-1所示。

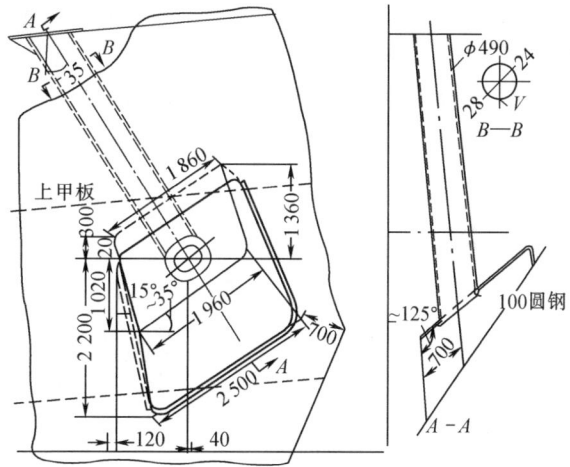

图2-24 明式锚穴

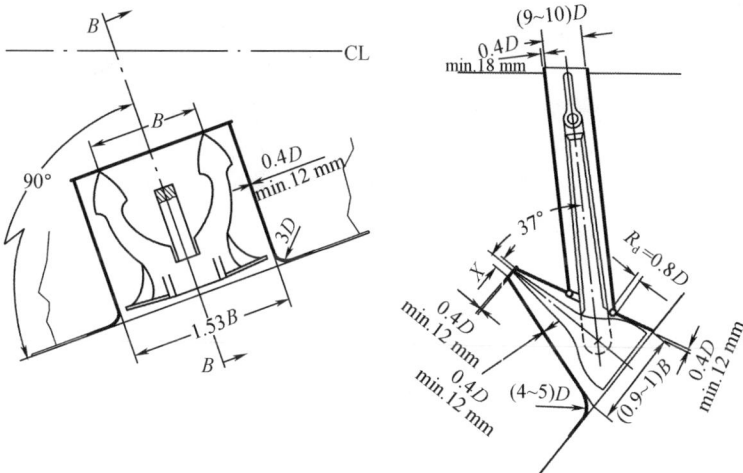

图2-25 暗式锚穴

D—锚链直径;B—锚爪尖的距离;

X—锚重为210~1 740 kg是150 mm,大于1 920 kg的锚按锚结构尺寸确定

任何形式的锚链筒应符合下述要求:

(1)船舶向任何一舷倾斜5°时,任何一个舷锚在收起时不应卡住舷柱和船底;

(2)不论锚爪处于何种状态,锚应能被拉进锚链筒,且其锚爪应贴紧船外板(或锚穴后板),锚冠贴紧锚唇;

(3)被拖进锚链筒的锚,在航行时不会没入水中或掀起浪花,以至增加船舶阻力;

(4)锚应只须依靠其自身质量即能无阻碍地从锚链筒中抛出;

(5)锚链筒的筒身长度应足以安置锚柄;

(6)舷侧和甲板的锚唇(如有)在锚链通过部分有足够大的圆弧,使得链环受的弯折为最小;

(7)在多层甲板船上,锚链筒在舷侧处出口中心的位置应使得锚链筒的筒身不穿过下层甲板。

在设置双链轮卧式锚机时,两根锚链导出的方向的水平投影与船体中心线平行,锚链筒的布置如图2-26所示。

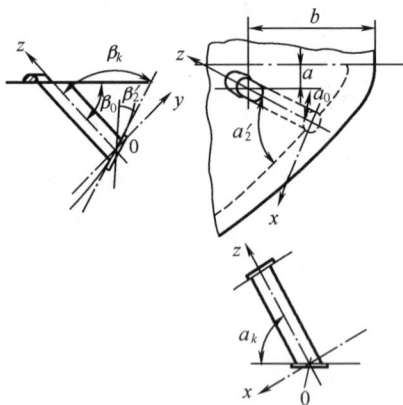

图2-26 设置双链轮卧式锚机的锚链筒布置

从船体中心线到锚链筒轴线同甲板交点之间的距离 a 按下式确定:

$$\alpha_0 = 5 \sim 15° \qquad a = 0.5c - (1.0 \sim 2.2)d \qquad (2-4)$$

式中 α_0——通过锚链筒轴线的垂直平面同船体中心线之间的夹角;

c——卧式锚机两链轮之间的距离;

d——锚链公称直径。

从船舶首端到锚链筒轴线同甲板交点之间的距离 b 按下式确定:

对于舷部型线丰满的船舶: $b = (80 \sim 90)d$。

对于舷部型线一般的船舶: $b = (90 \sim 110)d$。

设置单侧式(单链轮)卧式锚机或起锚绞盘时,锚链筒的位置应使其轴线尽可能垂直于通过其舷侧出口处的水线。这样可大大简化锚链筒的设计,特别是在设置锚穴时。

设置双链轮卧式锚机, α_0 不应小于30°,否则在起锚时锚链容易形成麻花状。无论设置何种形式的锚机或绞盘,在通过锚链筒轴线的垂直平面上,锚链筒倾角 β_0 应在30°～60°,接近60°时为陡削式锚链筒,接近30°时则为平斜式锚链筒。为了保证锚依靠其自身质量从锚链筒中抛出, β_0 应不小于30°, β_0 如果小于30°,则锚链筒直径应予加大。

锚链筒的内径 $D(\mathrm{mm})$ 应按式(2-5)或式(2-6)确定：

$$D = 33 \sqrt[3]{G} \qquad (2-5)$$

$$D = (0.85 \sim 10.5)d \qquad (2-6)$$

式中 G——锚重,kg。

d——锚链公称直径,mm。

使用式(2-6)较为方便,但该式中小的数值用于大直径锚链。

在初次确定锚链筒身长度 $L(\mathrm{mm})$ 时,可按下式计算：

$$L = 185 \sqrt[3]{G} \qquad (2-7)$$

式中 G——锚重,kg。

当设置导链滚轮时,锚链筒的长度应使锚在拉进锚链筒后,锚链转环位于导链滚轮之前。

普通的锚链筒通常由筒身、甲板锚链筒口及舷侧锚链筒口组成。图 2-27 所示为典型的倾斜式锚链筒结构。

直径较小的锚链筒,其筒身可采用钢管；直径较大的锚链筒,其筒身通常由两个壁厚不同的半圆筒体合成。筒身的壁厚由下式确定：

筒身下半体壁厚 $t_1 \geqslant 0.4d$

筒身上半体壁厚 $t_2 \geqslant 0.65t_1$

式中 d——锚链直径,mm。

甲板锚链筒口与舷侧锚链筒口通常有两种形式,一种是将锚唇与部分筒身合为一体,采用铸钢件(图 2-25),锚链通过处的锚唇圆弧半径 R 为

$$R = (8 \sim 10)d \qquad (2-8)$$

式中 d——锚链直径,mm。

另一种锚链筒口的形式为筒身伸到甲板及外板处,围绕筒口设置锚唇。锚唇可为铸钢件,也可采用半圆钢弯制。锚链通过处的锚唇圆弧半径应不小于 3 倍锚链公称直径。

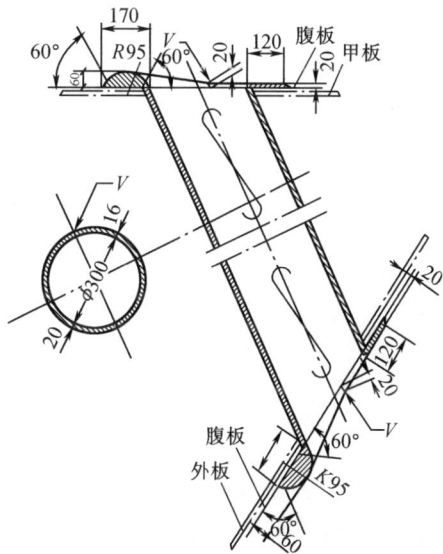

图 2-27 倾斜式锚链筒

锚链筒设置锚穴时,应使得被拉入的锚的对称平面位于锚链筒轴线同船外板之间的夹角为 θ 的平面内,如图 2-28 所示。在锚处于初始位置 I 时,锚爪对称平面(图 2-28 中 R 的方向)同船外板法线 N 之间的夹角 ξ 应不小于摩擦角 ρ,相应的锚柄与船外板间的夹角 β_0 应为

$$\beta_0 \leqslant 90° - x_{\max} - \rho \qquad (2-9)$$

式中 $x_{\max}$——锚爪最大折角；

ρ——摩擦角。

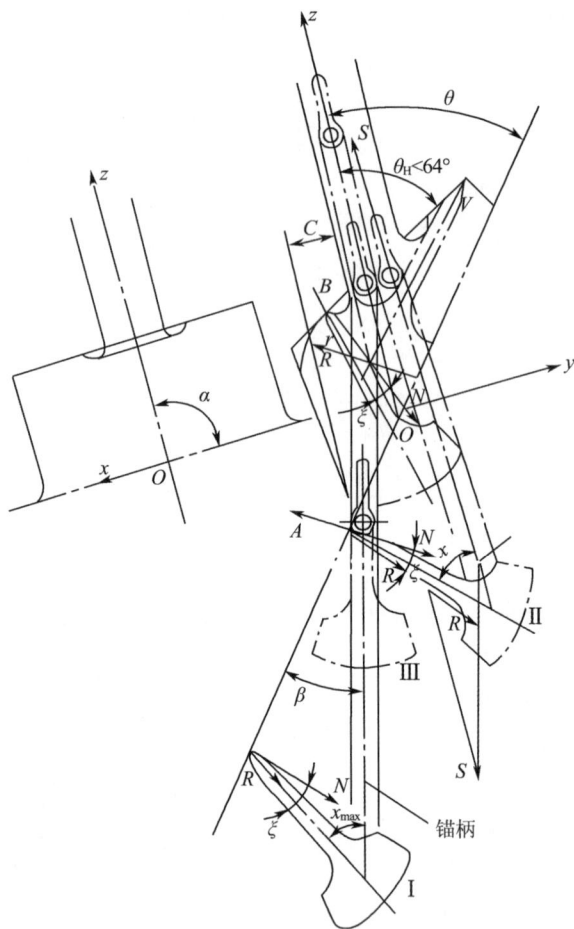

图 2-28　锚拉进锚链筒及锚穴示意图

若以霍尔锚为例，$x_{max} = 45°$，取 $\rho = 15°$，则 $\beta_0 \leqslant 30°$ 时拉锚最为有利。随着锚的提升，锚爪将绕其旋转轴心向外转动，当 $\beta_0 > 30°$ 时，锚爪将不能转动。随着锚的提升，锚爪尖端贴着船外板滑动直到锚处于位置 Ⅱ，一旦锚爪尖越过 A 点时，锚爪向外翻转，锚冠连同锚柄的一端下落并撞在锚穴的下缘处，使锚处于位置 Ⅲ。锚链筒筒身下缘与锚穴下缘之间的垂直距离 C 越大，则撞击的力越小。当 C 值很小时，锚处于位置 Ⅱ 的情况下，锚卸扣可能顶住锚链筒。锚进入锚穴后，为了使其顺利滑行，锚穴下部板与锚穴后板之间应用足够大的圆弧半径 r 连接。锚处在位置 Ⅳ 时，锚爪尖端同锚穴后板接触点 B 的法线 N 同锚爪对称平面（图中 R 方向）的夹角 ξ 应大于摩擦角 ρ。锚穴后板同锚链筒轴线之间的夹角 θ_H 应不大于 $64°$（这个角度仅适用于折角为 $45°$ 的霍尔锚），以保证锚爪及锚冠贴紧锚穴后板。

海船的锚链筒为防止航行时海浪通过锚链筒冲到甲板上，在锚链筒甲板出口处应设置防浪盖。锚及锚链起锚出土时带有泥沙等污物，因此在锚链筒内应设有同消防水管连接的喷嘴，用于起锚时清洗锚和锚链。

由于船舶的首部型线较复杂，依靠作图方法很难设计出合乎理想的锚链筒，因此除了某些型线简单的船舶（如起重船）可直接用作图法设计锚链筒外，大多数情况下，应通过制作模型及进行拉锚试验以确定锚链筒的正确位置，并由此而确定锚链筒上、下出口部分的详细结构尺寸。设置锚穴时,更是如此。

2. 锚架

锚架也是存放锚的装置,在工程作业船舶上用得较多,尤其是带有横杆的锚不适合用锚链筒收存,钢丝绳锚索在通过锚链筒时磨损严重,因此采用锚架。

锚架的结构应符合以下要求:

(1)锚架应突出船体以外必需的宽度,使得起锚时锚爪不会钩住船底。

(2)锚架应该离开水面有足够的高度,使得收存的锚在航行(或拖航)时,不会接触水面,以至增加船舶阻力。

(3)锚架的形状应能保证,起锚时处于任何位置的锚索,均能顺着锚架移动到将锚拉起后存放于规定的位置。

(4)通过锚索并卡住锚柄和锚爪的锚架横档应有足够的直径,以保证锚索(锚链或钢丝绳)通过时不会产生严重的弯折,收存的锚保持稳定。

(5)锚架应有足够的强度,能承受起锚时及锚拉紧后作用在锚架上的负荷。

锚架结构(图 2-29)的主要构件为一水平的钢管架,其向两侧的延伸宽度足以保证通过导缆器的锚索,在起锚时能自动顺着弓形边缘移动到锚架中间,弓形锚架的中间部分设置防磨复板,弓形锚架上下设钢管斜撑。

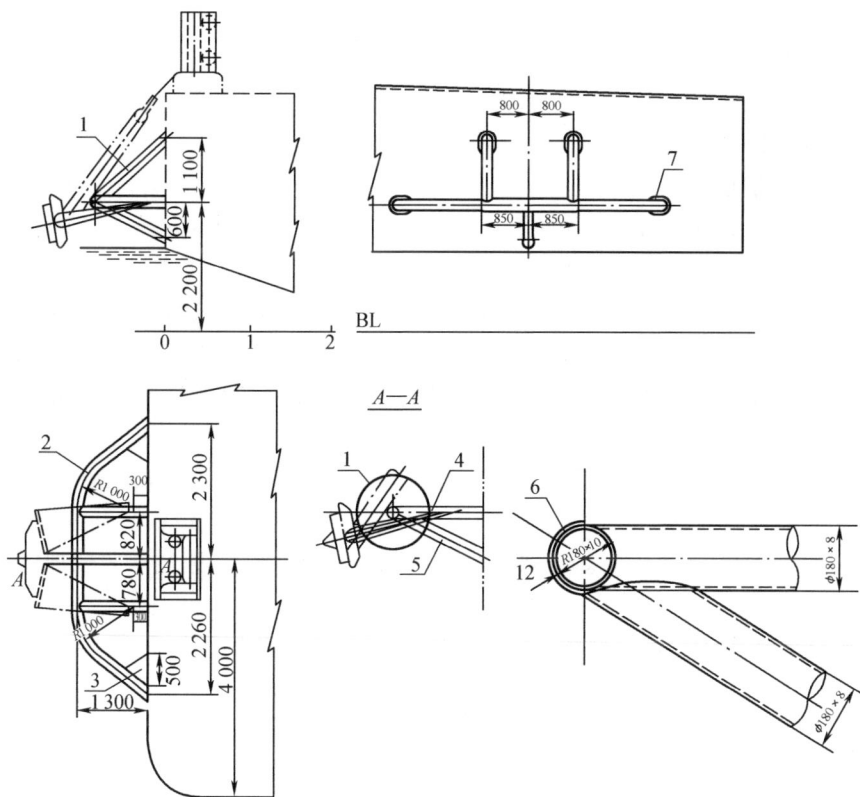

图 2-29 单锚锚架结构图

1—上斜撑;2—横档;3—肘板;4—水平撑;5—下斜撑;6—防磨复板;7—垫板

任务四　锚机的选型及锚设备的布置

一、锚机的类型及基本要求

锚机是放出或收进锚索(锚链或钢丝绳)锚的甲板机械,同时也是抛锚时系住船舶的装置。

(一)锚机的基本类型

锚机按其主轴(安装链轮或滚轮的轴)的方向可分为两大类,即卧式锚机和立式锚机,后者又称为起锚(系缆)绞盘。

卧式锚机通常是指配置链轮的锚机,又可分为双链轮和单链轮锚机,后者又称为单侧式锚机。卧式锚机可配置系缆筒(又称绞缆筒或副卷筒)供系船索使用。将起锚机械同系泊绞车组合成一体的锚机称为起锚—系泊组合机,或称多用途锚机。

用于钢丝绳锚索的卧式锚机通常称为锚绞车,钢丝绳贮存在滚筒上,也可配置供系船索使用的系缆卷筒。

抛起锚用的绞盘通常总是设有链轮和系船索用的绞盘头,因而称为起锚系缆绞盘。

锚机按其驱动方式可分为:手动(人力)锚机、蒸汽锚机、机动(柴油机)锚机、电动锚机及液压锚机,目前最常用的是电动和液压锚机。

(二)锚机的基本要求

锚机是保证船舶起锚作业安全的装置,因此各国船级社的规范对于锚机的结构均提出了要求,这些要求大体一致,但也有某些不同之处。

1. 锚机的一般要求

各国船级社规范对于锚机工作负载、过载拉力和起锚速度的规定基本相同。这里引述CCS《海船规范》的规定如下:

(1)起锚机应由独立的原动机或电动机驱动。对于液压锚机,其液压管路如果和其他甲板机械管路相连接时,应保持起锚机的正常工作不受影响。

锚质量不超过 250 kg 的船舶,也可以配置手动起锚机,手动起锚机应有防止手柄打伤人的措施。

(2)所有动力操纵的起锚机都应能倒转。

(3)在船上试验时,起锚机应有能力以平均速度不小于 9 m/min,将 1 只锚从水深82.5 m处拉起至水深27.5 m 处。当试验区域水深不能满足时,对采用等效模拟的替代条件将予以考虑。

(4)起锚机应具有足够的功率,且应能连续工作,其工作负荷和过载拉力应满足下列要求:

①在满足(3)条规定的平均速度时,起锚机应有连续工作 30 min 的能力,其工作负荷为

A1 级有挡锚链　$37.5d^2$(N);

A2 级有挡锚链　$42.5d^2$(N);

A3 级有挡锚链　$47.5d^2$(N)。

其中 d 为锚链直径,mm。

②起锚机应能在过载拉力作用下(不要求速度)连续工作 2 min,过载拉力应不小于工

作负荷的 1.5 倍。

2. 锚机制动装置的要求

锚机的传动轴与链轮(或滚筒)之间用离合器连接。船舶在抛锚系留时离合器脱开,由制动装置(刹车)刹住链轮(或滚筒)。因此作用在链轮或滚筒上的支持负荷通过制动装置传递给锚机的其他零部件。在通常情况下,卧式锚机或起锚系缆绞盘与锚链筒之间设有掣链器,船舶抛锚系留时,外力(支持负荷)由掣链器承受,如果不设掣链器则外力由锚机直接承受。锚绞车通常不设掣索装置,则直接承受外力。因此,锚机的支持负荷应根据系留时的情况确定。综合 CCS、LR、GL、DNV 及 ABS 等船级社规范的规定,锚机制动装置应符合下列要求:

(1)锚机制动器应能在抛锚时足以安全地掣住锚。

(2)锚机与掣链器同时使用时,锚机制动器刹紧后应能承受的静拉力为所通过锚链的最小断裂负荷的 45%。在这种情况下,锚机的受力构件不应产生永久变形,刹车不发生打滑。相应的掣链器的设计负荷为锚链断裂负荷的 80%。

(3)不设置掣链器的锚机的制动器,在刹紧后应能承受的静拉力为所通过的锚链(或钢丝绳)最小断裂负荷的 80%。在这种情况下,锚机的受力构件不应产生永久变形,刹车不发生打滑。

3. 锚机在船上的布置

船舶设置卧式锚机时,从锚链筒在甲板出口处的中心到锚机链轮轴线之间的距离应不小于 12~18 倍链环长度(或 48~27 倍锚链直径)。锚链通过链轮时的包角(锚链围绕链轮的弧长所对应的圆心角)应不小于 115°。通常在确定锚机位置时,从链轮引出的锚链方向与水平面的夹角(向下)不小于 15°。

在设置起锚系缆绞盘时,甲板锚链筒出口中心到绞盘轴线之间的距离应不大 12~16 倍链环长度(或 48~72 倍锚链直径)。

锚绞车不设置排绳装置时,绞车滚筒轴线到导缆器之间的距离应不小于 10 倍的滚筒长度。

二、手动起锚机

手动起锚机是依靠人力收放锚链及锚的机械,又称为人力起锚机。这种锚机通常用于内河小型船舶以及无动力的驳船上,在海船上很少使用。手动起锚机可分为单链轮和双链轮手动锚机。由于 CCS《海船规范》规定,锚重不超过 250 kg 时,才允许使用手动锚机,相应的有挡锚链直径应不大于 16 mm(AM1 级)或无挡锚链直径不大于 17.5 mm(BM1 级)。

图 2-30 为锚链直径 15/17/19 mm 的双链轮手动起锚机,其允许的最大锚重为 250 kg,额定起锚负荷为 12.5 kN,系缆筒负荷为 10 kN,工作人数 2 人,每人出力 240 kN。

三、电动卧式锚机

电动卧式锚机是船舶使用最为广泛的锚机。其传动方式为电动机通过减速装置驱动链轮轴,链轮与传动轴之间设有离合器,抛锚时脱开离合器,用刹车控制链轮。设置系缆滚筒时,也设有单独的刹车和离合器。图 2-31 为配置弧形蜗杆减速箱的电动卧式锚机。

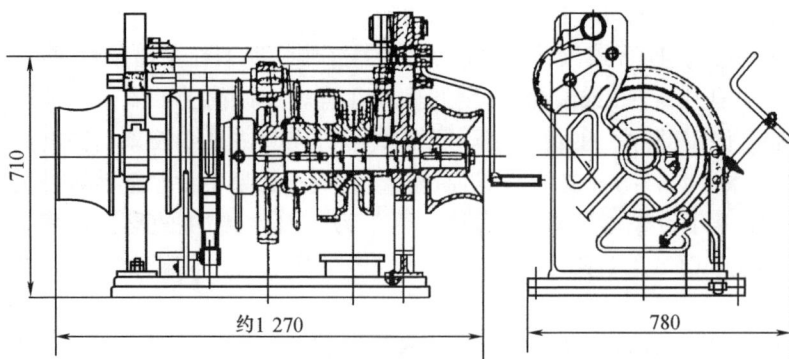

图 2 – 30   φ15/17/19 mm 手动起锚机

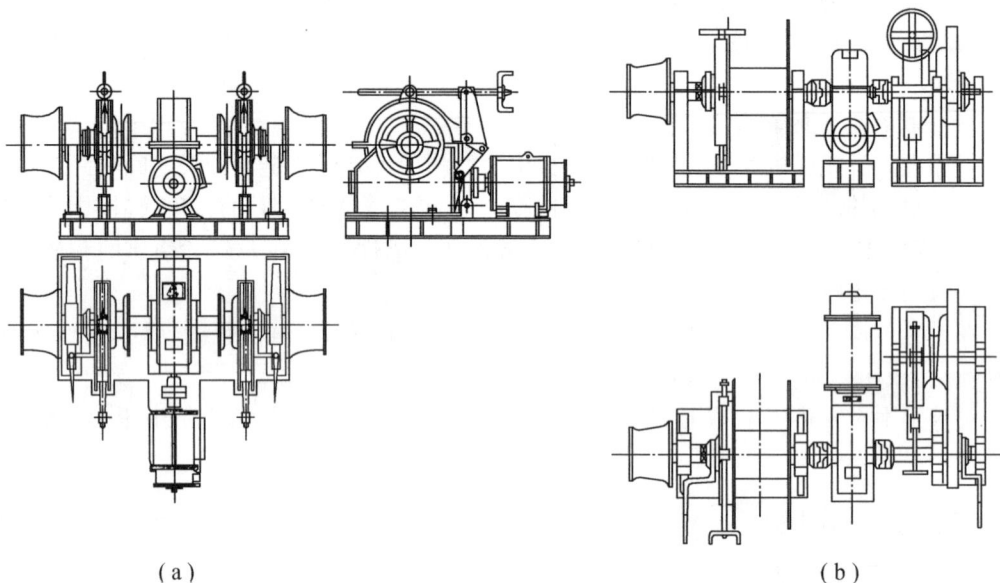

（a）   （b）

图 2 – 31   配置弧形蜗杆减速箱的电动卧式锚机

（a）双链轮卧式锚机；（b）单侧式起锚系泊组合机

　　电动锚机按其电制可分为直流和交流,前者可实施无级调速,后者为分级调速。目前由于大多数船舶设置交流电站,因此交流锚机用得很多。小型锚机(如锚链直径 26 mm 以下)通常采用双速电动机,在过载时自动由高速挡转换到低速挡。较大功率的锚机均采用三速电动机,其速成比为 1:2:4,以中速挡为额定级(负荷及起锚速度)。通常起锚时,一开始使用高速挡,当负荷增加达到过载时,自动地由高速挡转换到中速挡,锚出土后可转换到高速挡,锚离开水面收进锚链筒时,采用低速挡。

　　电动锚机的优点是安装简单,使用方便。但是大功率的电动锚机启动时,对于电网影响较大。因此设置电动锚机时,应考虑电站容量。必要时,使用锚机时限制其他设备的使用。

四、液压卧式锚机

液压卧式锚机的传动方式为液压马达通过开式齿轮驱动链轮轴,其他机械部件与电动卧式锚机相似。液压锚机须设置液压泵站,它可独立使用,也可与其他甲板机械如起货绞车、系泊绞车、货舱盖开闭机构等设备兼用。图 2 - 32 为典型的液压单侧式起锚系泊组合机。

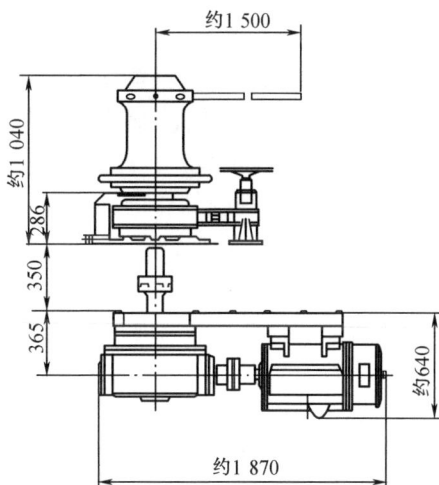

液压锚机由于省去了电动机和减速箱,因此机械部分体积小、质量轻。液压锚机启动平稳,调速方便,可实现无级调速。由于采用控制阀直接操纵液压马达,因此特别适合于油船、液化气船等有防爆要求的船舶使用。

五、起锚系缆绞盘

起锚系缆绞盘按其动力源可分为人力、电动和液压绞盘。其最大的优点是直接用于起抛锚和系缆作业的链轮、绞盘头及刹车装置安装在甲板上,其余驱动机械及传动机构均安装在甲板以下。所以在甲板上占用的面积小,特别适用于舰艇和某些甲板布置较困难的船舶。

图 2 - 33 为倒挂式电动起锚系缆绞盘,用于中小型电动绞盘。

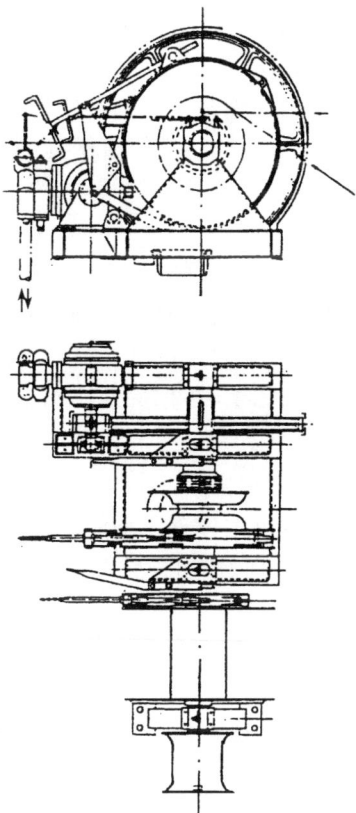

图 2 - 32　液压单侧式起锚系泊组合机

图 2 - 33　倒挂式电动起锚系缆绞盘（锚链直径 24 ~ 26 mm）

六、锚设备的布置

锚设备的布置看起来不紧凑,但散而不乱,其整体较严密,各个部件的方位角度均以锚链能畅通无阻为原则设置。锚装置的布置应注意以下几点:

(1)注意锚装置能尽量与系泊和拖带装置配合。

(2)艏锚锚链筒的位置应尽可能接近于舰艇的首端。

(3)锚链筒、锚链舱、起锚绞盘与掣链器的位置应协调,以能保证锚链能工作正常,操作方便。锚链在甲板上的长度应尽量缩短,以避免在锚链工作时,摔打甲板或跳链。

(4)锚链管应尽可能布置在锚链舱的中心部位,以便锚链能靠自身的质量落入锚链舱。锚链管的中心线必须与绞盘链轮相切。

(5)在锚设备的布置区域内应尽量少布置其他设施,以便人力操作方便、工作安全。

本节中的注意事项:

(一)扭链问题

锚链不同于一般刚性连接的紧凑装置,导链部件间都有一段长度不等的间距,由绞盘动锚链系统"被动"工作。由于锚链均由单个链环动态连接的特殊性,使其运动轨迹一般在锚唇尤其是在下锚唇处较难控制,造成在起锚过程中时有发生锚链扭转现象。虽然扭转程度各有不同,但右链右扭、左链左扭似乎有一定的规律。有的新造船舶,在码头系泊试验时不扭,但在航行试验时,却出现了扭转现象。扭链问题从表面现象看,似乎十分复杂,实际上发生扭链的主要原因是锚链内在张力作用面与锚唇接触面不垂直而形成一定的倾角产生的。一旦掌握规律,问题是可以得到解决的。解决的方法,首先是从下锚唇的设计着手,找出锚唇下凸缘受力点的受力方向,以采取有效控制措施。对于上锚唇,由于锚链侧翻相对范围不大,故一般采取导链槽的设计措施就能解决问题。

(二)边锚锚床的位置

边锚锚床的位置选取既不能太靠前也不能太靠后。太靠后了,锚床的下床沿离水线太低,收藏的锚易受波浪冲击;太靠前了,离艏柱太近,致使锚容易钩住艏柱。因此,应注意边锚锚床的选位设置。考虑锚链防台风设计由于我国沿海台风季节较长,风速较大,甚至超过55/m 每秒。因此,在依据舾装数 N 选链径时,建议适当提高 1~2 挡选取。小型船舶提二挡,中、大型舰艇提高 挡,以满足防台风需要。

(三)起、抛锚模拟试验

由于锚设备工作系统的特殊性,新设计的或在改装中有重大位置变动的锚设备,在安装施工前,一般应在船体安装部位(包括船体艏柱、锚床、锚链筒、锚唇和锚)制作合适的模型进行起、抛锚模拟试验。

试验中应注意以下可能出现的现象:

(1)能否靠锚的自重抛锚。

(2)起锚过程中,边锚锚爪是否钩挂首柱;锚冠和锚爪是否碰击球鼻首;锚爪是否翻爪正常,是否顶撑船体舷侧外板而使锚不能着床;锚着床后检查锚的五点(锚冠三点,两只锚爪各一点)是否能紧贴锚床底板;艏锚是否能正位着床,着床后检查锚冠是否能紧贴锚唇的三点(即下唇两点、上唇一点);锚爪是否能正常入穴。

(3)锚链在运行过程中是否顺畅。

通过模型试验来进一步完善锚设备的良好设计。

任务五　锚、锚链和锚机安装检验

锚机安装检验、锚及锚链安装检验、锚链掣链器安装检验之前应具备以下各项条件：

(1)锚链筒、锚链舱及安装锚链的有关部件均安装,焊接完工,经检验合格;

(2)锚链冲洗、管路安装完工,经检验合格;

(3)锚机基座安装、焊接完工,经检验合格;

(4)锚、锚链和锚机均经验船部门检验合格,产品标记和船检标记齐全。

一、锚机安装检验

锚机机座应按图纸位置在锚机甲板上焊接,其焊缝应符合图纸规定的尺寸,表面应光洁,无裂缝、漏焊、焊瘤、弧坑等缺陷。机座上垫片加强板焊接后,应进行平面加工,要求向外倾斜小于1:100,平面用平板做色油检查,接触面应不小于60%。

锚机安装时,应将锚机机座间垫片镶配好,未旋紧底脚螺栓之前,用0.05 mm塞尺检查垫片上下接触面之间的缝隙要求插入深度不大于10 mm,垫片平面色油接触面应不小于60%。

锚机绞缆滚筒端处支架轴承定位安装时,支架轴承底座垫片镶配后,应校对离合器中心,要求离合器平面偏差及外圆偏差均不大于0.1 mm;打开支架轴承上盖,用塞尺检验轴承两侧间隙,两侧间隙应基本相同,轴瓦下面应接触(或用0.03 mm塞尺检验轴承下面,应插不进),如垫片检查符合上述要求时,则可认为支架轴承定位符合要求。锚机垫片检验合格后,旋紧全部底座螺栓,并装上双螺母。

锚机底座还应安装侧向垫片,其侧向垫片的斜度及施工检验要求与机座垫片相同,侧向垫片检验合格后应进行焊接固定。

二、锚及锚链的安装要求与检验

锚、锚链、转环、连接环安装前,应认真抄录船检的产品编号、制造厂产品编号和锚质量。经检验,其规格、数量符合图纸要求时方可装船,并记录各编号。

按图纸要求的锚链节数,通过连接环、转环连接成整根锚链,要求锚链根部安装牢固并浇铅封固定。连接环方向在整根锚链中应在同一个平面内,并要求通过链轮时处于水平方向。检查锚链根部固定情况并做锚设备脱钩试验,锚链末端应能从弃锚装置灵活地脱开,检验认可后将锚链装入锚链舱并锁牢。同时检查该装置底座的焊缝质量和锚链在锚链舱内的堆放情况。锚链应在每节锚链的两端做上色漆标记,以便识别锚链抛出的节数,此项工作可放在以后适当的时候完成。

三、锚链掣链器的安装要求与检验

锚链掣链器安装位置一般先进行临时安装就位,试验后进行最后定位。掣链器安装要求较高,起锚时,掣链器应控制锚链在锚链轮上不发生转链及翻链。在锚链掣链器安装的纵向位置,应使锚在收足时(锚应与锚链筒唇口处三点相碰或与船旁板三点相碰,此时,锚贴合良好,不能自由摆动),掣链器能将锚链止牢。检验时应试验锚在正反两个方向被制止时,贴合均应良好,不能自由摆动。

工程案例 2 – 1：锚机/系泊绞车系泊试验

一、锚机/系泊绞车系泊试验范围

这个试验程序将适用于电动液压形式的组合锚机及系泊绞车。

二、锚机/系泊绞车数量及特性

组合锚机及系泊绞车

制造厂：Rolls – Royce Oy Ab

形式：电动液压（低压）

1. 组合锚机：两台/每船。带舷边遥控。

型号：MW160L/CU81U3

每台组合锚机含一个绳轮，一个链轮，一个绳轮和副滚筒

锚机链轮：

额定负荷：311.7 kN

额定负荷下起锚速度（单泵）：≮9 m/min

液压马达抛锚速度（单泵）（用刹车控制抛锚速度）：31 m/min

锚机最大过载拉力：406.8 kN

锚机刹车力：2 169 kN

绳轮（第一层）：

额定负荷：160 kN

额定负荷下起绳速度：0~15 m/min

空载起绳速度：0~45 m/min

绳轮刹车力：494.4 kN

绳轮尺度：460/1 455 × 875 + 365 mm

副滚筒：

副滚筒尺度：450 mm × 490 mm

额定负荷（大约）：160 kN

额定负荷下起绳速度（大约）：0~15 m/min

空载起绳速度（大约）：0~45 m/min

2. 系泊绞车（设于两舱口围之间）：两台/每船

型号：MW 160L

每台系泊绞车含一个绳轮和一个副滚筒

系泊绞车性能、绳轮及副滚筒尺度由制造商提供

3. 系泊绞车（设于艉部）：两台/每船 带舷边遥控

型号：MW 160L

每台系泊绞车含 2 个绳轮和 1 个副滚筒

系泊绞车性能、绳轮及副滚筒尺度制造商提供

4. 锚机/系泊绞车刹车和离合器均为手动，在机旁操作。

锚机/系泊绞车：

锚机/系泊绞车刹车：手动螺杆摩擦带式刹车装置。

锚机减速齿轮箱为开式，设置钢保护罩。

系泊绞车减速齿轮箱为闭式油箱。

绳轮带分离隔板，绳轮系泊索容量 220 m，系泊索直径（八股高强度丙纶长丝）72 mm，最大破断拉力 618 kN。

系泊绞车不带恒张力装置。

5. 液压泵组（艏部）：2 套 2 PC

型号：GS 440 - 46

工作压力：6 400 kPa

电功率：118 kW（M2AA 225 SMD - 2）

供油：1 026 L/min

泵转速：3 500 r/min

（艏部）STARTER（forward）2 套 2 PC

星三角启动器带有过载保护：IP54

本地启停按钮，隔离开关，安培计，计时器和运行指示灯

短延时过电流整定值：309 A

额定电流：187 A

6. 液压泵组（艉部）：2 套 2 PC

型号：PV SNS280 - 46

工作压力：6 400 kPa

电功率：75 kW（M2AA 200 MLC - 2）

供油：635 L/min.

泵转速：3 500 r/min

启动器（艉部）2 套 2 PC

星三角启动器带有过载保护：IP54

本地启停按钮，隔离开关，安培计，计时器和运行指示灯

短延时过电流整定值：180 A

额定电流：118 A

供电：440 V，3 Ph，60 Hz

主泵电机 等级：S6 - 40%//S6 - 40%（艉部）

绝缘等级：F

保护等级：IP 55

带空间加热器电启动器：星三角，艏艉独立式

启动器（艏部）：2 套 2 PC

带有过载保护

三、试验条件

下列项目将预先检查确认。

（1）依照图纸和技术说明检查确认液压管、组合锚机、系泊绞车的安装是否正确。

（2）确认润滑脂是否已注满每个润滑点。

（3）所有的电器和机械都具备试验条件。

（4）检查锚机装置及其系统、锚链、锚、掣链器、掣锚索、锚链舱口盖等附件安装检验完毕，检查泵组油箱的压力和油位。

（5）安全阀过载保护等检验合格，各种仪表传感器、连接管安装正确、显示正常，液压管路清洗完毕，并完成压力试验。

（6）液压泵单元的油低位报警、油高温报警等检验合格。

四、试验程序

每台甲板机械设备将无负荷共运行 30 min，正反转各运行 15 min，在此期间下列项目将进行记录。

1. 组合锚机及系泊绞车操作试验

（1）不正常的噪声。

（2）不正常的振动。

（3）系泊绞车齿轮箱的温度。

（4）卷筒轴承的温度。

（5）卷筒的速度。

2. 电动液压泵单元操作试验

（1）马达运行电流及起始电流。

（2）测电机、电控箱的冷态及热态绝缘电阻。绝缘电阻值必须均不小于 1 MΩ。

（3）输出电压。

3. 系泊绞车刹车力试验

检查所有系泊绞车。

（1）刹车力试验装置安装位置（图 2-34）

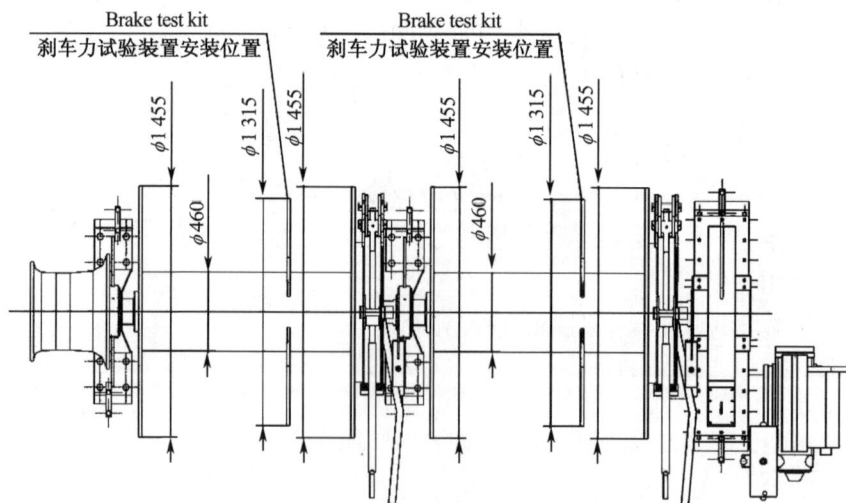

图 2-34　刹车力试验装置安装位置

（2）刹车力试验装置的安装（图 2 - 35）

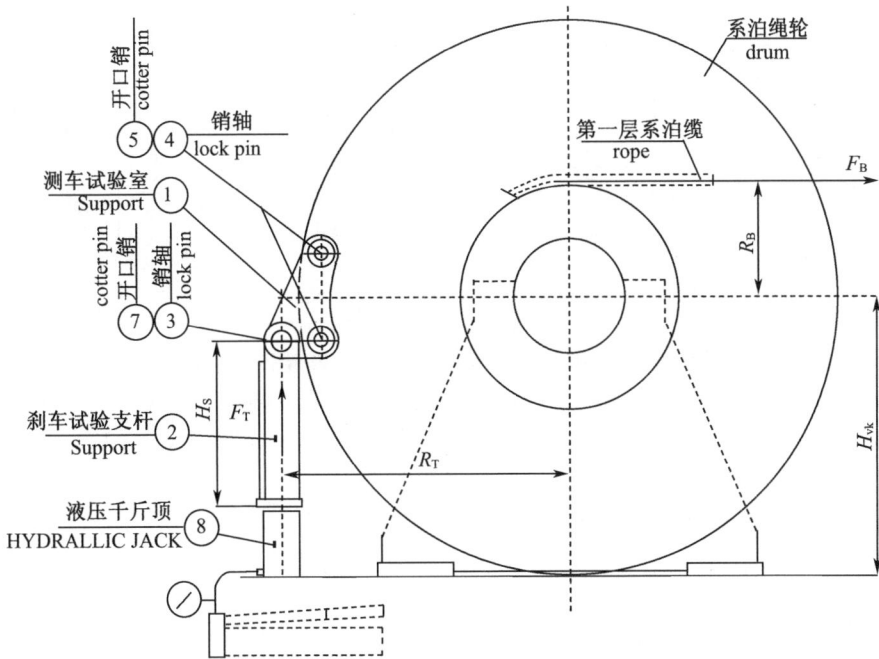

图 2 - 35　刹车力试验装置安装

图 2 - 35 中　H_{VK}——绳轮中心线高度；

H_s——支杆高度；

R_B——第一层系泊缆中心与绳轮中心高度；

F_B——刹车力；

R_T——千斤顶与绳轮中心的距离；

A_T——千斤顶柱塞面积；

F_T——千斤顶载荷 $F_T = \dfrac{F_B \times R_B}{R_T}$；

P——系泊缆最大刹车力时手摇泵的油压强 $P = \dfrac{F_T}{A_T}$。

五、锚设备试验

（1）范围：这个试验程序适用于锚设备。

（2）试验条件：①斯贝克锚：11 100 kg。数量：2 套。

制造厂：江苏如皋海洋船舶设备铸造厂。

②锚链：直径 81 mm，总长 687.5 m。

（3）收放锚的同时在下放的过程中用制动器刹车 2 ~ 3 次，检查锚与锚唇的贴合情况（至少有 3 点贴合），观察锚链经过止链器、锚链筒及锚链进入锚链舱的情况。仅制动器刹车试验放在航行试验时进行。

（4）弃锚装置脱钩试验(在安装锚链时即进行)，检查锚链在锚链舱内堆放情况。

图 2 – 36 为 80 000 t 原油锚机/系泊绞车设备平面布置图。

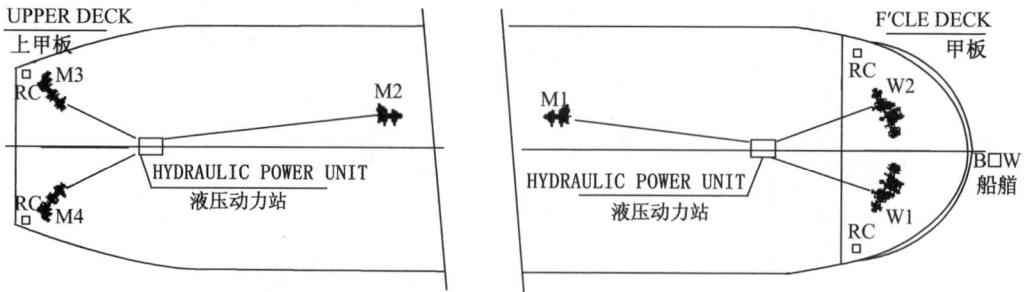

图 2 – 36　80 000 t 原油锚机/系泊绞车设备平面布置图
W1、W2:组合锚机;M1、M2、M3、M4:系泊绞车;RC:舷边遥控操作台

工程案例 2 – 2：锚机/系泊绞车航行试验

一、试验目的

本试验的主要目的是证明锚机具有令人满意的制动功能和确认收锚速度能够达到设计要求。

二、试验状态

试验前船首应顶风，水深约 28.5 m。

三、试验方法

（1）抛锚试验:松开右舷链轮，用手刹车控制。开始较缓慢地放下锚与锚链，待锚接近水面时，松开刹车，锚快速落下。期间每半节刹车一次，放出三节。左舷锚同右舷做一次。

（2）起锚试验:将右舷锚降落于约 82.5 m 水深时收起锚链。测量单泵收起一节锚链操作所需时间，锚链收起平均速度应不小于 9.0 m/min。左舷锚重复上述试验。

（3）冲水试验,观察锚链的冲水效果。

（4）检查各运动部件应无异常发热、卡壳现象。

（5）检查液压系统应无漏油现象。

（6）测量电动机及控制设备的热态绝缘电阻，其值应不小于 1 MΩ。

四、试验记录

锚机航行试验记录表见表 2 – 3。

表 2 – 3 锚机航行试验记录表

船号			船东			船检		
项目:锚机					场所:海上试验			
检查种类:锚设备检验					日期:			
试航吃水(艏/艉)		水深		风向			风速	
	m		m					m/s
序号	描述			结果			附注	
				左舷		右舷		
1	下降及动态刹车试验							
2	第一节及第二节锚链的起升时间和速度		3 – 2 节锚链	s		s		操作单泵组
				m/min		m/min		
			2 – 1 节锚链	s		s		
				m/min		m/min		
	平均起升速度			m/min		m/min		规范
3	电马达		热态绝缘电阻/MΩ					操作单泵
			启动电流/A					
			工作电流/A					
			破土电流/A					
4	最大泵组单元液压油的压力			MPa		MPa		
5	锚链冲洗结果							

船东代表:_____   验船师:_____   船厂:_____

项目三　游艇系泊设备

【知识目标】

1. 了解规范配置系泊索的方法；
2. 理解系泊的布置要求；
3. 掌握系泊设备安装检验方法。

【能力目标】

1. 会正确编写系泊设备安装检验工艺；
2. 能安装各种系泊设备。

系泊设备是船舶停靠码头、系泊浮筒、进出船坞时使用的一种专用设施,它由缆索、带缆索、带缆桩、导缆孔、导缆钳、导向滚轮和系泊绞车等组成。系泊设备随船舶的大小、作业状态和要求不同,其数量及布置也不同。

除了抛锚停泊以外,系缆停泊是船舶另一种主要停泊方式。系缆停泊就是利用系缆设备将船舶安全、牢固地系结于码头、浮筒、船坞或其他船上。凡保证船舶安全可靠地进行系缆作业的装置和机械就是系泊设备。系泊设备是船舶停靠码头、系泊浮筒、进出船坞时使用的一种专用设施,它由缆索、带缆索、带缆桩、导缆孔、导缆钳、导向滚轮和系泊绞车等组成。系泊设备随船舶的大小、作业状态和要求不同,其数量及布置也不同。

一、游艇的停泊

游艇的停泊可分为陆上放置和水上停泊两种,各具特色与优势,艇主可以依需求选择。水上停泊大多位于游艇港或部分环境较好的休闲渔港内的船席泊位;陆地放置则在平地或艇库(立体艇库)停放,除非自己有空间给船停放,不然所有停船泊位都要付费。

在西方国家陆地停放游艇占主流。欧美国家80%的游艇都是停放在陆地上面,特别是7.5 m以下的小型游艇大都停放在院里屋旁。7.5 m长的游艇,西方国家的交通法规是允许由拖车载着游艇合法地行走在陆地的大街小巷的。例如在美国,中低产阶级人士拥有90%的小游艇,这些游艇绝大部分停放在陆地的停车场、车库、空地、立体艇库,甚至街边路旁。

在美国,游艇拖车是不可缺少的游艇消费辅助工具。在美国的存量游艇当中,平均10艘游艇就有八九辆游艇拖车配备,几乎达到每艘游艇配套一辆游艇拖车。当然,对于那些80 ft(24 m)以上的大型游艇,则很难离开水面停放,但是大型游艇也只是占总量的2%左右。所有中小型游艇都离不开游艇拖车这个必不可少的水上运动辅助工具。

大部分船主在购买游艇时就连同游艇拖车一起购买,然后拖回家里,停放在房前屋后,或者摆放在附近的停车场里,消费娱乐时就将船用游艇拖车拖到水边放到海里,游玩完毕则再用游艇拖车拖回家里摆放。欧美经济发达,城乡没有什么差别,许多中产阶级大都居住城郊乡村里面,房前屋后有的是空地,他们购买的游艇都放在院子里,平时还会花些时间来打理,诸如清洁、维护、升级、换件等,有的家庭还会加建房子来专门安放游艇。

一般来说帆船和大型游艇才停泊在水边游艇港内,游艇港设在天然的港湾内,或者建设巨大的人工防波长堤,类似两只手臂,把大风大浪阻挡在防波堤外,以保护港湾里的游艇免受常年的风浪拍击。

在游艇港湾内,人们在水面铺设有成排浮箱托承的浮码头,浮码头的两侧有深入海底的水泥钢筋桩柱固定,潮涨潮落都不会影响到游艇的安全。游艇停靠在浮码头的两侧,水、电、油的管线都铺到每一船艇泊位旁。

游艇港内通常有一到两家游艇会所来管理港内的游艇。游艇停泊期间使用岸电、岸水,如同陆地别墅里的日常生活一样。平时船东在陆地上班,游艇会有专门的船童帮船主打理一切,包括泊船、洗船、铲蚝、舱室清洁、地板养护、机件保养、缆桩调整和保安看护等。选择游艇会入会购置游艇的优点是:船东比较轻松,可以享有贵族般的待遇;游艇出海玩乐以外的杂事一并交由会所打理;船东可以专心工作和出海;会员可以享受会所的全方位的气象、通信、支援和救难等海事贴身服务。缺点是:入会的门槛高,花费不少;不利于游艇运动的普及。

陆地停放游艇,就存在游艇的下水、上岸问题。如果把游艇停在海港内,这一点就不成问题。但是如果船东要把游艇放在岸上,就需要用滑道(斜坡道、曳船道)或是吊车(固定式吊臂)让船下水后,才能出海。滑道主要是利用车辆,将船连同拖船架(游艇拖车)置入水下,待船浮起后即可驶离。吊车可以在没有斜坡道的水边发挥作用,将船吊起后缓缓放置于水面上。怎么下去就怎么上来,当然也可完全委托艇库管家提供协助。

任务一　系泊索的配置

一、系泊索

系泊索是指系泊时使用柔韧的绳索。系泊索可以是钢索、植物纤维索或合成纤维索。

1. 钢索系泊索

(1)材料。推荐采用镀锌冷拔钢丝绳,最小抗拉强度为 1 370 N/mm^2(140 kg/mm^2)。在大型船舶上,为了减轻质量,最小抗拉强度可为 1 770 N/mm^2(180 kg/mm^2)。

(2)结构(图 3-1)。当破断负荷小于或等于 500 kN 时,推荐采用 6×24 和 7 根纤维芯;对于破断负荷大于 500 kN 推荐采用 6×37 和 1 根纤维芯。对于储存在系泊绞车卷筒上的钢丝绳可采用金属丝绳芯的钢丝绳,如西鲁(Seale)式 6X(19)+7×7、瓦林吞－西鲁(Warrington－Seale)式 6XW(36)+7×7 等。在大型船舶上现在都推荐采钢丝绳式绳芯(IWRC)结构,不主张采用纤维绳芯,因为前者有较大的抗压能力,且能在一定的弯曲比下保持较高的强度性能。

(3)弯曲半径。钢索的弯曲半径过小时,其强度会受到很大影响,因此在设计和选用绞车卷筒和导缆器等设备时,必须有适当的直径或表面弯曲半径。钢索建议的最小弯曲半径比为 12,但目前常用的一些标准采用 6～6.5。

2. 纤维系泊索

(1)材料。目前,实际使用的纤维系泊索都是合成纤维索,最常用的材料是聚酯、尼龙、聚丙烯和聚乙烯。有些缆索则采用这些材料的混合物。例如 Jetkore 索是由尼龙、聚酯和聚丙烯组合的 6 股结构合成纤维索;Atlas Perlon 索是单丝和多丝两种结构组成的 6 股结构; Karat 索是由聚酯和聚丙烯熔化的纤维组成的缆索,它能漂浮于海面上。由于聚丙烯能浮于水面,且价格便宜,目前仍广泛用作系泊索。表 3 - 1 列举了合成纤维索的特性,表 3 - 2 列出了合成纤维索的使用要求和建议。

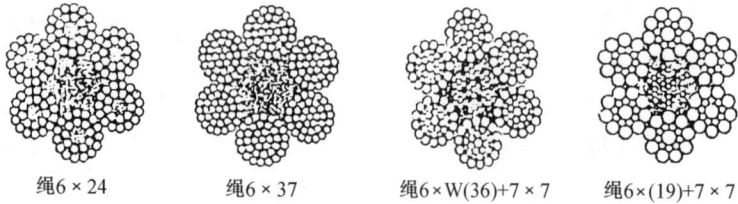

| 绳6×24 | 绳6×37 | 绳6×W(36)+7×7 | 绳6×(19)+7×7 |

图 3 - 1 钢丝绳结构

表 3 - 1 合成纤维索的特性

材料	构造	特点	缺点	备注
聚酯 ("Dacron") ("Terylene")	3 股 8 股 双层编织	高的干态和湿态强度 中等价格 中等伸长率		
尼龙 (聚烯)	3 股 8 股 双层编织	高的干态强度 中等价格 中等伸长率	低的湿态强度 低的疲劳寿命	湿态强度约为干态强度的80%
聚丙烯	3 股 8 股	质量小 价格低 中等伸长率	低强度 低熔点 蠕变	有特殊的中等强度的聚丙烯类索
聚乙烯	3 股 8 股	质量小 价格低 中等伸长率	低强度 低熔点 蠕变	有特殊的中等强度的聚乙烯类索
芳族聚胺 ("Kevlar") ("Twarlon")	多种特殊构造	强度很高 伸长率很低	价格很高 低耐磨性 插接困难	经验少
尼龙/聚酯/聚丙烯 ("Jetkore")	6 股	高的干态强度 耐磨性好 中等伸长率	低的湿态强度 低的疲劳寿命	
聚酯/聚丙烯 纤维混合物 ("Deltaflex")	6 股 8 股	高的干态和湿态强度 中等价格 中等伸长率		
聚酯/聚丙烯 熔融混合物 ("Karat")	3 股 8 股	中高的干态和湿态强度 中等价格 中等伸长率		

表 3 - 2 合成纤维索的使用要求和建议

用途	负荷大致范围①/kN	其他要求	建议的缆索
卷于绞车上的系泊索	200 ~ 700	中等伸长率 耐磨	聚酯 8 股 组合索 6 股
辅助系泊索	200 ~ 500	中等伸长率 耐磨	聚酯 8 股
钢索端部的缆尾索	200 ~ 700	高伸长率	尼龙双层编织 组合索 6 股
撇缆索	0.5	质量小 易于输送	聚酯 8 股 芳族聚胺 各类
引索	20	质量小 易于输送 （浮于水面）	聚酯 8 股 聚丙烯 8 股
拣索绳	20	质量小 低伸长率 耐磨	聚酯 8 股
止索绳子和掣链索	50	易于操纵 耐磨	聚酯 8 股 （短纤维）
提长索	50	低伸长率	聚酯 8 股

注:①负荷为近似的工作或作用负荷,当选购缆索时,必须考虑适当的安全系数。

（2）合成纤维索常用的结构形式有 3 股、6 股、8 股和双编型结构。3 股索是绞制索中最常见的形式,适于承担某些作业,但易于产生扭结致使其强度明显降低,从而不利于选择它作为系泊索。

6 股索是类似于普通钢索的绞制索,它不像 3 股索那样产生扭结,因此有时被用作系泊索。

8 股索,又称四扭编组索,是由成对扭合的股绳构成,基本上与同样规格的 3 股索强度相同。它不会产生扭结,并且要比绞制索耐用,这种索常用作系泊索和船上其他用途的缆索。

双层多股编织索即双编索,内部由许多小股编织的股绳组成,外层同样由许多小股编织成的包复结构构成。由于结构细密,这种索的强度一般要高于同样直径的其他缆索,它一般用于钢索上的缆尾索。

（3）弯曲半径。合成纤维索由于弯曲所造成的强度损失显然不像钢索那样严重。一般对固定表面的弯曲半径比取 8,对滚动表面的弯曲半径比取 4。

3. 系泊索的选型

任何一个系泊系统的设计,首先必须确定系泊索的材料、数量和尺寸,为此系泊索选择可归纳为如下几点:

（1）根据强度、弹性、耐用性和操作特性选择最合适的材料。缆索的材料类型会影响到系泊绞车卷筒的尺寸、导缆器的形式、导缆器弯曲半径及需占用的甲板空间等要素。建议在大型船舶上采用钢索,而在中小型船舶上优先采用合成纤维索。

（2）选用船上和码头操作人员都能安全操作直径适当的缆索。一般认为钢索的最大直径是 48 mm,而合成纤维索适合实际使用的最大的直径为 80 mm。

（3）全部系泊索尽可能选用相同的尺寸和材料,但某些船上采用钢索倒缆和合成纤维索横缆的系统,它将减少船舶的前后漂移,有效地限制了刚性输油臂或输油软管相对于船的移动。

4.缆尾索的应用

为了获得附加的弹性,一些大型油船的系泊钢缆在靠岸的一端配置了一段合成纤维索,称作缆尾索。这一附加的弹性使船舶能对风浪等的联合作用做出更迅速的反应,从而降低了系泊钢索的动力负荷。在同样的作业情况下,缆尾索使得系泊索中的负荷更均匀。同时由于缆尾索提供的系泊索伸长也降低了因潮差和吃水变化而带来的潜在危险。

如果设置缆尾索,应优先采用尼龙索(不采用 3 股结构索),总长约 11 m,其破断强度至少比与其连接的钢索高 25%。

二、按船级社规范配置系泊索

各国船级社规范除了按舾装数配置锚和锚链外,对系泊索的数量、长度和破断强度也提出了要求或建议。

CCS 对系泊索的要求见项目二任务一中表 2-1 和表 2-2,其补充规定如下:如果船舶的 A/N 大于 0.9（A——侧投影面积,N——舾装数）,表 2-2 中系船索的数量建议按下列要求增加：

A/N 的比值	系船索增加数
$0.9 < A/N \leqslant 1.1$	1
$1.1 < A/N \leqslant 1.2$	2
$1.2 < A/N$	3

任务二　系泊设备的布置

一个系泊系统是否有效、合理,对船舶、船员、码头和环境的安全是很重要的。如何以最佳系泊方式去抵抗各种力,这是系泊设备布置中要解决的问题。

一、系泊模式

"系泊模式"这一术语是指船与码头间系泊缆索的几何布置方式。一般应用的系泊模式即系泊索的布置应能抵抗从任何方向来的外力。由于这些外力最终可以分解成纵向和横向分力,因此把系泊索的布置归结为纵向(倒缆)和横向(横缆)两类。这就是通常所说的一个有效的系泊模式的指导原则。

倒缆和横缆的功能各有不同。倒缆在两个方向约束船舶(船向前和向后);横缆仅在一个方向约束船舶(船离开码头),对着码头方向的约束是依靠碰垫和防撞桩。在一个推离码头的外力作用下,所有横缆将受力。按外力的方向,向后或向前的倒缆只有单向受力。如果诸倒缆中有预拉力,则只有前后倒缆所受力的差,用于约束船只的纵向运动。

在某些系泊模式中,除了横缆和倒缆外还有艏艉缆,其典型模式如图3-2所示。其中艏艉缆抵抗纵向力的作用像倒缆,抵抗横向力的作用像横缆。艏艉缆在张紧状态下,其纵向分力方向相反,且互相抵消,因此对船舶纵向约束所起的作用不大。

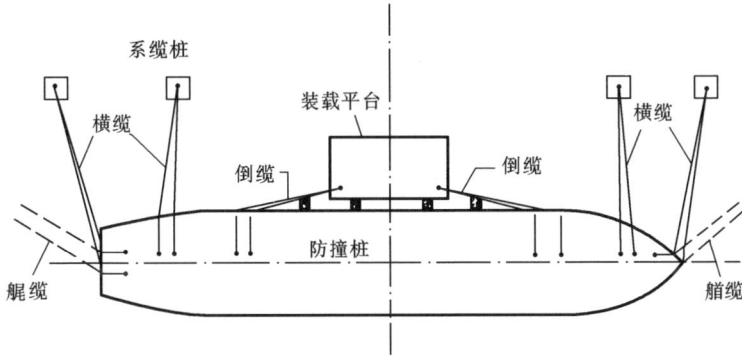

图3-2 典型系泊模式

艏艉缆的布置方式对船舶的约束能力产生的影响如图3-3所示。该图所示的系泊模式中艏艉缆的允许工作负荷为A,倒缆的允许工作负荷为B。图3-3(a)所示模式中,艏艉缆按正横向布置,对船舶的约束能力为

横向约束能力 $=2A$;纵向约束能力 $=1B$。

图3-3(b)所示模式中,艏艉缆按斜向布置,在仅有纵向力时对船舶的约束能力为

横向约束能力 $=2A\sin 30°\cos 30°=0.87A$

纵向约束能力 $=1B\cos 30°+1A\cos 30°\cos 30°=0.87B+0.75A$。

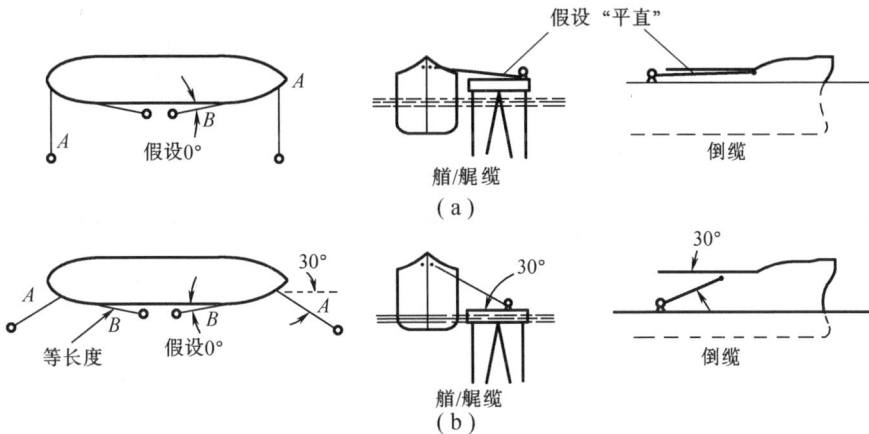

图3-3 布缆方向对约束能力的影响

(a)艏艉缆正横向布置模式;(b)艏艉缆斜向布置模式

在图 3 -3(b)所示模式中如果存在横向力,艏艉缆将产生抵抗力,使得纵向约束能力进一步下降。

如果采用艏艉缆和横缆混合布置的系泊模式,则由于艏艉缆比横缆长,首缆因其弹性伸长而导致横向约束作用进一步降低。

一般来说,系泊模式应能够抵抗来自任何方向来的外力,并把这些力分解为纵向和横向分力,然后考虑如何最有效地承受这些力。但是码头上实际的系缆装置不可能完全符合各种受力情况的要求,致使系泊效果降低。图 3 -4 所示为一艘 25 000DWT 船舶的系泊模式,系船用钢缆直径 42 mm(最大断裂负荷 1 127 kN)。其中,图 3 -4(a)所示模式为状态 1(理想的全部钢缆系泊)和状态 2(理想的钢缆和聚丙烯索混合系泊),图 3 -4(b)所示模式为状态 3(不理想的全部钢缆系泊)。各种状态的系泊索受力情况见表 3 -3 至表 3 -5。从表中可看出,不同的系泊模式将导致各根系泊索负荷分配发生严重变化,而且如果风向改变,原来无负荷的系泊索将承担若干负荷。

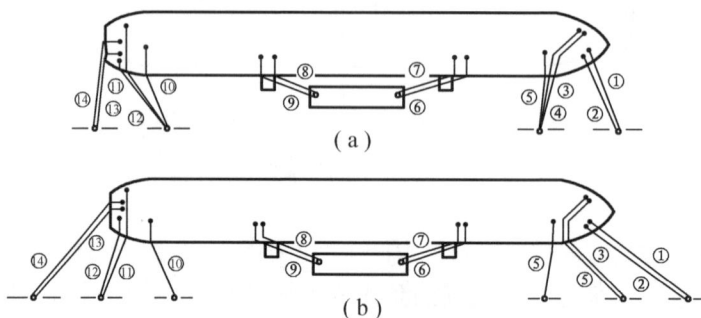

图 3 -4 系泊模式分析

(a)理想模式;(b)不理想模式

表 3 -3 状态 1:理想的全部钢缆系泊布置

负荷/kN	缆索号													
	1	2	3	4	5	6	7	8	9	10	11	12	13	14
风速 60 kn 首向风	84.28	110.7	0	0	0	0	0	382.2	387.1	0	0	0	0	0
风速 60 kn 偏离首向 45°风	555.7	559.6	338.1	342	382.2	57.82	57.82	106.8	110.7	253.8	248.9	333.2	244	231.3
风速 60 kn 横向风	555.7	555.7	387.1	391	440	129.4	129.4	61.7	61.7	132.3	417.5	559.6	501.8	466.5

表 3-4 状态 2:理想的混合系泊布置

负荷/kN	缆索号													
	1	2	3	4	5	6	7	8	9	10	11	12	13	14
风速 60 kn 首向风	155.8	49	0	40.2	0	0	0	386.1	386.1	0	352.8	0	26.5	0
风速 60 kn 偏离首向 45°风	897.7	66.6	533.1	57.8	613.5	75.5	71.5	142.1	147	268.5	53	492.9	53	329.3
风速 60 kn 模向风	893.8	66.6	599.8	57.8	684	168.6	164.6	93.1	93.1	657.6	57.8	862.4	61.7	715.4

注:仅 2、4、11 及 13 为聚丙烯索。

表 3-5 状态 3:不理想的全部钢缆系泊布置

负荷/kN	缆索号													
	1	2	3	4	5	6	7	8	9	10	11	12	13	14
风速 60 kn 首向风	101.9	115.6	53	80.4	0	0	0	280.3	280.3	8.8	0	0	0	0
风速 60 kn 偏离首向 45°风	515.5	489	475.3	426.3	822.2	191.1	186.2	49	49	359.7	297.9	399.8	244	235.2
风速 60 kn 模向风	550.8	529.2	519.4	471.4	866.3	173.5	168.6	115.6	119.6	688.9	489	688.9	453.7	448.8

船舶系泊设备必须能抵御诸多外力因素,如风、水流、潮汐、波浪和吃水变化等。通常,如果系泊设备的布置能承受最大的风力和水流力时,其储备强度也足够抵抗可能出现的其他较为缓和的力。而船舶由于潮汐涨落或装卸货引起的与码头相对高度的变化所产生的系泊力,可采取调整缆索的长度加以补偿。

二、系泊设备布置的一般要求

本节所述主要是对船舶在直码头和岛式码头系泊时的要求。

1. 系泊索

(1)系泊索尽可能对称于船舯布置,这样能更可靠地保证负荷的良好分配。倒缆和横缆的数量一般是偶数,如果使用的横缆数不是偶数,多余的缆索一般用在艉部,这是因为艉部的受力比艏部受力约高 10%。

(2)横缆尽量垂直于船体中心线,并尽可能靠近船首和船尾。

(3)缆索尽可能直接从绞车卷筒引向舷侧导缆器,尽量避免使用中间导向滚轮,即使采用导向滚轮,也应使缆索方向的改变保持最小,以降低导向滚轮上的负荷。当甲板空间受到限制时,采用绞车斜放或横放也能获得较好的布置。

(4)所有缆索应尽可能允许从任一舷引出,并将导向滚轮的数量减少到最低限度。

(5)倒缆尽可能平行于船体中心线,其引出点应尽量靠近船首和船尾。但是为了避免缆索在外板上摩擦,引出点又必须在平行中体部分的甲板上。

(6)应急状态时系泊能力的增强:

①当环境状态超过设计环境条件时,应增强系泊系统,使船舶获得补充的约束力。有两种可行的办法:其一为提供岸缆;其二为提供岸上滑轮,使船上缆索绕过它引回并固定到船上。两种情形都要求配置舷边导缆器和缆桩。

②防火钢索悬挂在船的离岸一舷,当船只起火时,拖轮可用此钢索把船拖离码头。一般提供两根钢索,一根靠近船首,一根靠近船尾。

2. 导缆器

(1)从绞车副卷筒直接引向导缆器时,缆索的方向与卷筒轴垂线之间的夹角向外偏角为零,向内偏角≤6°。缆索在副卷筒上的位置为离副卷筒内边等于三分之一的副卷筒宽度。

(2)从绞车卷筒直接引向导缆器时,卷筒上系缆索的放出角应小于4°。所谓放出角是指卷筒轴的垂线和缆索之间的夹角。即使在最恶劣的场合下,也要使放出角小于7°。

(3)对于钢缆系泊索,导缆器的滚轮净间距应大于(或等于)7倍钢索直径;对于合成纤维系泊索,滚轮净间距大于4倍纤维索直径。

(4)符合巴拿马运河通航规则的船舶,须配置一定数量的滚柱导缆器。

3. 带缆桩

供拖索用的带缆桩在船首和船尾各配置两个,带缆桩的方向与缆索曳引方向应一致。带缆桩和舷侧导缆孔或导缆器之间须保持一定的距离,在大船上应不小于带缆桩直径的6倍,小船则不小于10倍,一般应在1.5~2.5 m内。带缆桩周围1 m以内不得有任何障碍,带缆桩的外边缘与舷边的距离应不小于带缆桩直径的1.5倍。如果带缆桩和导缆孔中间有舷墙肘板,则带缆桩位置应考虑到缆索不会擦着肘板。

三、系泊设备布置示例

图3-5所示为22 000 m² LPG船系泊设备布置图。

任务三 系泊设备安装与检验

一、系泊设备安装前应具备的条件

(1)带缆桩、导缆钳、导缆孔等系泊设备,目前大都采用钢板焊接结构或将铸钢件焊接固定,其焊缝应符合焊接质量要求。如用铸件制作系泊设备,铸件表面应经过修整,铸件型箱连接处的缝隙须修平到表面,铸件表面不应有尖角、砂眼、裂缝等缺陷。

(2)装船的绞车钢丝绳应符合图样规定的规格、要求,并具有产品质量证明文件,应符合GB 1102—74的规定。

二、安装要求与检验方法

1. 带缆桩、导缆钳、导缆孔、导向滚轮的安装要求与检验方法

上述系泊设备的安装形式,有直接与甲板焊接的,有在甲板上安装加强复板后再焊接的,也有安装在基座上,基座与主甲板焊接的。对于上述几种安装方法,尽管方法不同,但

焊接要求是相同的,即焊缝的尺寸应符合图样规定,焊缝应无裂缝、漏焊、焊瘤、弧坑等缺陷。对于少量采用铸钢件的系泊设备,安装时直接将铸钢件与船体结构焊接,其焊接要求同上。上述系泊设备安装后,应检查其安装位置与安装质量。

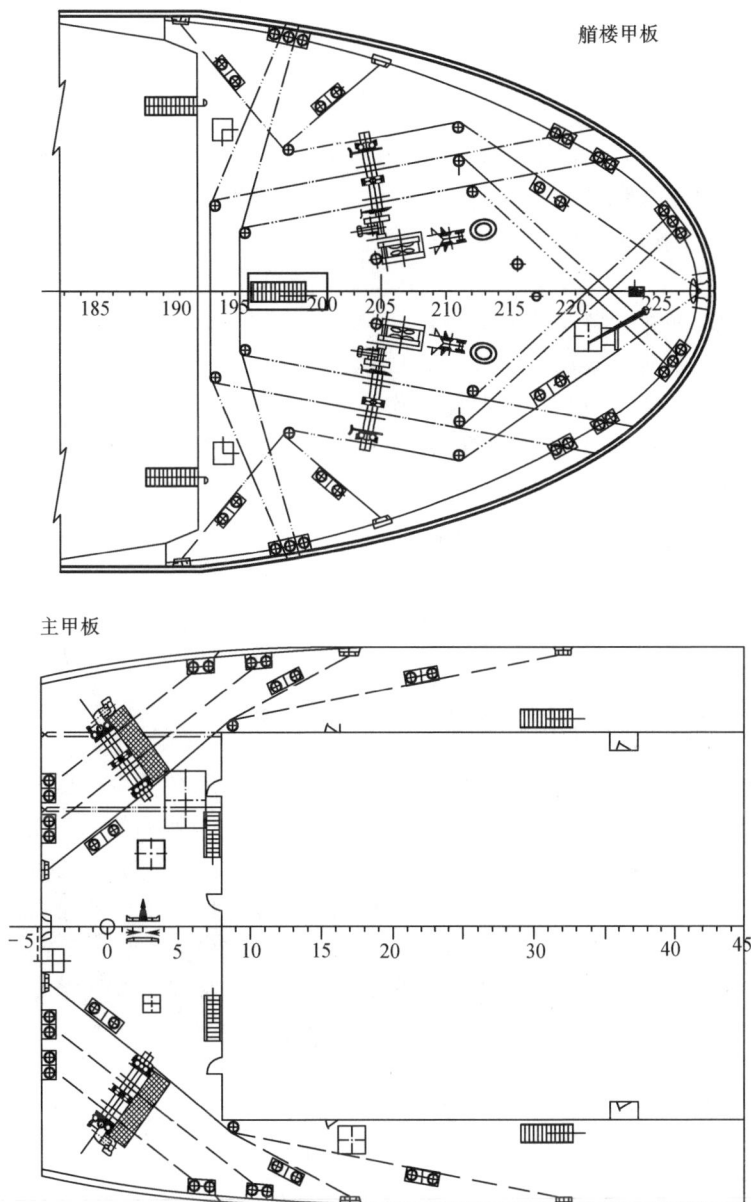

图 3-5　22 000 m³ LPG 船系泊设备布置

2. 绞缆机安装要求与检验方法

绞缆装置有锚机附带绞缆装置和起货机附带绞缆装置,此类机组安装归入相应的锚机、起货机安装。专用绞缆装置的安装中,绞缆机的机座应按图样尺寸在甲板上安装、焊接,焊接规格应符合图样规定,焊缝无裂缝、漏焊、焊瘤、弧坑等缺陷。机座上垫块(包括侧向基座)焊后应进行表面加工,要求向外倾斜小于1:100。

项目四　游艇拖带设备

【知识目标】

1. 了解规范拖带设备的设计方法;
2. 掌握拖带设备安装检验方法。

【能力目标】

1. 会正确编写拖带设备安装检验工艺;
2. 能安装各种拖带设备。

目前,由于海洋工程的发展,海上拖带作业十分频繁,如各种非自航航洋工程作业船舶、挖泥船、浮船,以及海洋平台的调遣,海洋工程装置的运送及大型海洋油船的应急拖曳等等。船舶拖带作业按航行区域可分为海上拖带、锚地拖带、港口拖带和内河拖带。按拖带方式可分为吊拖、首拖、绑拖(傍拖)和顶推等。

任务一　拖带设备的配置

一、非专业拖船拖带设备的配置

非专业拖船是指除专业拖船以外的自航船舶。由于船舶在营运过程中可能会遇到需要拖带其他船舶或被其他船舶拖带的情况,因此,一般来说,自航船舶均应配置适当的拖带设备。通常在艏、艉部各设置 1~2 对双柱拖缆桩(或加强的带缆桩),并在艏柱正上方的舷墙上设置圆形拖索孔(或导缆孔)。在艉部则利用系泊用导缆孔或设置带有滚轮和挡板的启闭式拖索孔。非专业拖船的拖索,根据船级社规范按舾装数选取。然而,按舾装数确定的拖索长度对于在波浪中的拖带显得不够,因此常常把拖索同被拖舰艇的锚链连接起来进行拖带。图 4-1 所示为采用锚链和拖索连接的拖带示意图。

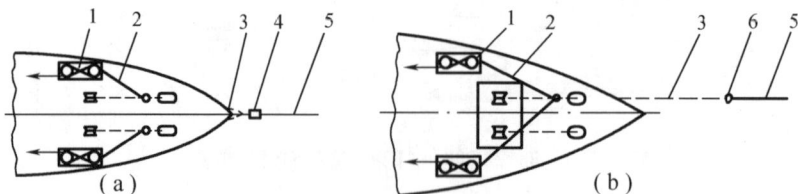

图 4-1　锚链同拖索连接的拖带作业

(a)双锚链;(b)单锚链

1—拖缆桩;2—牵索;3—锚链;4—三角板;5—拖缆;6—连接卸扣

二、专业拖船拖带设备的配备

专业拖船拖带设备应能保证各种拖带方式，包括采用短拖索或长拖索的拖带、绑拖、正拖和倒拖。对于绑拖和某些拖带作业来说还常常利用船上的系泊设备如带缆桩等。

专业拖船的拖曳设备通常包括拖缆、拖缆机（绞车）、拖钩装置、拖索承梁、拖索限位装置和拖索导缆孔，用于倒拖、绑拖和拖出搁浅船舶所需的艏部拖桩、舷侧拖桩、艉部拖桩和艉部拖索孔（或导缆器）等。大型海洋拖船还配有龙须链。

拖船的拖带设备应根据拖船和航区及其执行的拖带方式确定。海上拖航应使用拖缆机，一般不应使用拖钩装置。但在沿海和遮蔽航区内短距离航行时，允许使用拖钩装置。因此许多拖船既设有普通拖索车或自动拖缆作为主拖带装置，又设有拖钩装置和拖桩作为备用拖带装置，港内拖船则以拖钩为主拖带装置，拖桩作为备用拖带装置。

图 4-2 所示为一艘功率为 2 200 kW 的海洋拖船的拖带设备布置图，拖船同时设有自动拖缆机和拖钩装置。

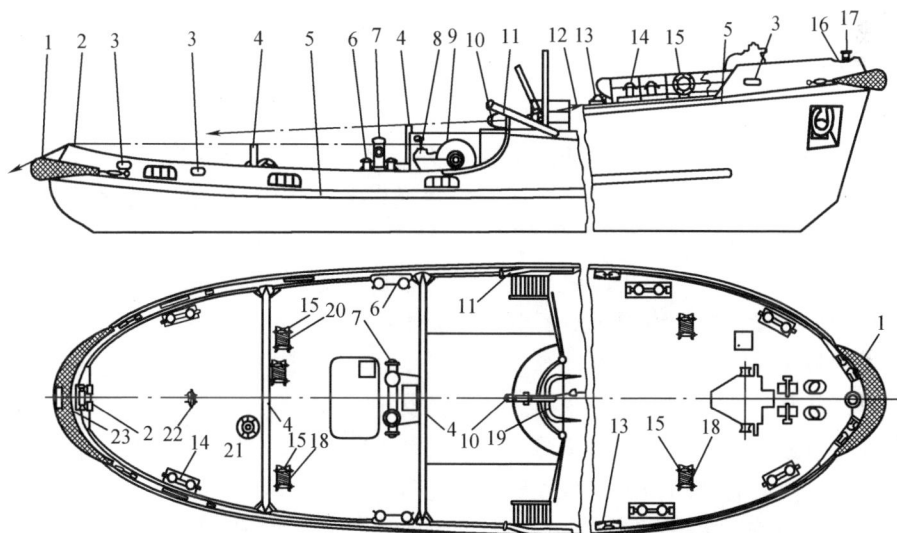

图 4-2 2 200 kW 海洋拖船拖曳设备布置图

1—艏艉软碰垫；2—带有可倒垂直滚柱的拖索导缆器；3—拖曳—系泊导缆孔；4—拖索承梁；5—护舷材；6—舷侧拖缆桩；7—挡绳柱；8—自动拖缆机；9—拖缆；10—拖钩；11—拖索限位器；12—拖缆远距离释放器；13—带有挡板和双滚轮的导缆器；14—拖曳—系泊带缆桩；15—卷车；16—双滚轮导缆器；17—艏部拖桩；18—拖曳—系泊索；19—拖钩弓架；20—电缆卷车；21—绞盘；22—眼板；23—防磨板

拖钩或拖缆机通常应位于船长中点后方 5% ~ 10% 的船长范围内，但在各种装载状态下，其位置均不应在拖船重心纵向位置之前，并应置于尽可能低的位置，以使拖船在正常工作时的横倾力矩减少到最小。

拖缆机在制动、拖带与回收拖缆操作时，应在任何情况下（包括正常动力源发生故障时）都能从驾驶室应急释放拖缆。

拖钩释放装置的操纵位置应设置在拖钩旁，遥控释放装置应设置在驾驶室内。

三、非自航船舶拖曳设备的配置

非自航船舶类型很多,诸如载货驳船、各种非自航挖泥船、浮船坞、起重船、海洋移动式平台及其他非自航工程作业船舶等。所有这些船舶本身无推进设备,或是虽有推进设备也仅能在短距离时使用,长距离调遣仍须依靠拖航。所有被拖船舶在拖航时应保持适当艉倾。

运输驳船及宽度较小且艏艉有线型的非自航船舶,通常在艏艉部设置拖桩、加强的兼拖曳用带缆桩、拖索孔等供拖航时拴系拖索使用。这些船舶的拖索直径和长度根据船级社的规范按舾装数选取。

在海上拖带大中型非自航工程作业船舶和海洋移动式平台时使用的拖索具除了主拖索外还配有龙须缆(链),为此在被拖船舶上通常设有主拖力点和备用(应急)拖力点。目前,作为主拖力点用得最多的是快解脱型拖力眼板,作为备用拖力点既可使用拖力眼板,也可使用带缆桩。除此之外,还应配置供龙须缆(链)使用的导缆孔及拖缆回收装置等设备。

ZC《海上拖航法规》对于被拖船舶拖力点的要求如下:

(1)被拖船至少应有两个合适的拖力点(拖力眼板)及能穿过拖链的合适的导缆孔,被拖船上合适的缆桩或锚机装置也可作为拖力点,导缆装置的形状应能防止拖链的链环超过其所承受的弯曲应力;

(2)拖力点或拖力眼板或系缆桩应至少能经受 13 倍拖缆或拖链的破断拉力;

(3)按照 IMO MSC35(63)决议案《油船应急拖带装置指南》的要求而设置的油船应急拖带装置,也可作为拖航的拖力点;

(4)应急拖力点的强度至少应超过主拖缆的破断强度;

(5)备用拖带设备的所有要求应不低于相应主拖带设备的要求;

(6)拖力眼板应布置于横舱壁和纵舱壁交叉处的甲板上,或甲板下方有足够强度的节点处,其形式应为可迅速解开或征得 CCS 认可的其他形式;

(7)拖力点或拖力眼板与船边导缆钳或导缆孔之间应有适当距离以便于操作;

(8)被拖物上应有备用拖力眼板或拖桩一对。

被拖船舶固定拖带设备的配置应根据船型确定。通常中型海洋工程船舶至少配备拖力眼板一对及拖缆桩一对,两者具有同样的强度要求,并配置相应的供用于龙须缆(链)使用的导缆孔。大型海洋工程船舶可配置两对拖力眼板,再设置一对应急拖缆桩以及相应的导缆孔。此外,被拖船舶还应配有拖缆的回收缆使用的导向和收放装置,回收缆的收放可设置专用绞车或利用锚机、系泊绞车或绞盘等设备。某些被拖船舶若是要求艏艉端均能拖航时,上述拖带设备应在被拖船舶的艏艉端均予设置。

一般说来,被拖船舶解拖时,主拖缆由拖船回收,其余拖索具均由被拖船舶回收。在某些大型工程船舶及海洋移动式平台上,回收的拖索具不予解开,而是由回收缆通过悬挂在直升机平台甲板下或专用结构下滑车将拖索具吊起来,等待下次拖航时再放下使用,操作极为方便。在这种情况下最好设置专用的回收缆绞车。

任务二 拖索具的配置

拖索具是海上拖带中使用的活动拖带设备。包括主拖缆、备用主拖缆、应急尼龙拖缆、短缆、三角板、龙须缆（链）、卸扣、连接环、回收缆等。

CCS《拖航指南》要求,拖索具的数量应不少于表4-1的规定。需要注意的是,该表中拖索具的数量应包括拖船及被拖船舶各自配套的拖索具之和。在实际配置中,主拖缆及备用主拖缆一般由拖船提供,其余拖索具由被拖船舶配置。此外,被拖船舶按规范配置的拖索也作为备用拖索。

表4-1 海上拖带拖索具的数量

航区	拖索具							
	主拖缆	备用拖缆	短缆	三角板	龙须链或龙须缆	卸扣	连接环或卸扣	套环
无限航区	1	1	2	2	2套	7×2		配套外另备1套
近海航区	1	1	1	1	2套	7×2		配套外另备1套
沿海航区 遮蔽航区	1				1套	1	1套	

除按表4-1配备拖索具外,如无备用主拖缆,则应配备应急尼龙拖缆一条,其尺寸应与拖船主功率相匹配,长度不小于200 m。如已配置备用主拖缆,则尼龙拖缆为建议配备。备用拖索具的尺寸应与主用拖索具的尺寸相同。

一套完整的拖索具通常应由主拖缆、短缆、三角板、连接卸扣、龙须缆（链）及回收缆组成。由于主拖力点通常采用拖力眼板,因此主用拖索具中经常配置龙须链(图4-3)或带有防擦链的龙须缆。备用拖力点若是采用拖力眼板,则备用拖索应同主拖索相同。但若备用拖力点为拖缆桩,则备用拖索具的龙须缆同拖缆桩的连接端应制成绳圈,以便套在桩柱上。主拖索具在船上的典型系结方式如图4-4所示。

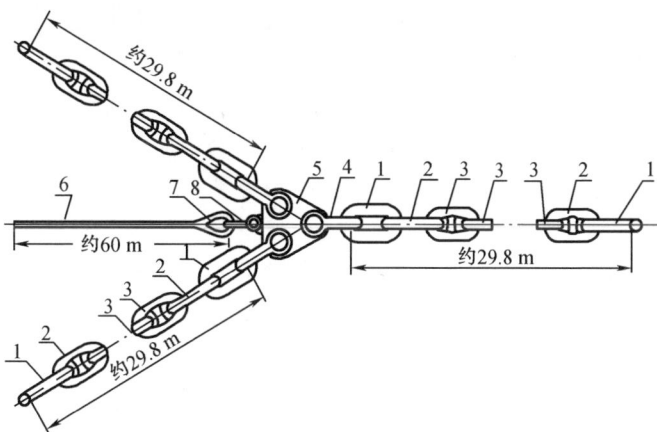

图4-3 配置φ70龙须链的拖索具

1—末端链环;2—加大链环;3—普通链环;4—连接卸扣;5—三角板;6—回收缆φ4.5镀锌钢丝绳;7—钢索套环;8—卸扣

对于无船员的被拖船舶,为使其能与拖船可靠而迅速地接拖,应急拖缆的一端应同备用龙须缆(链)连接,备用龙须缆(链)则与应急拖力点连接,应急拖缆的另一端连接在具有足够长度和强度的引缆上,引缆的端头应连接一个具有相当浮力的浮具,引缆通常采用可浮的合成纤维缆,其长度不小于 150 m,破断负荷不小于 294 kN。应急拖缆和引缆应挂于舷墙外,并按适当的间隔与舷墙或栏杆绑扎,从被拖物端部至浮标的距离应不小于 50 m,应急拖缆应能迅速拉开。

上述应急拖缆的长度应不小于 75 m,其破断强度应同主拖缆相当。应急拖缆及其引缆的固定方式,如图 4 - 4 所示。

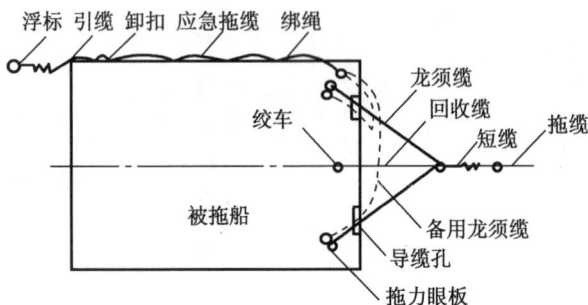

图 4 - 4　主拖索具及应急拖索具的系结方式

任务三　拖带设备安装与检验

一、拖带设备安装

拖缆机装置简要安装工艺如下:

1. 拖缆机基座制作加工及焊接精度控制

首先要根据拖缆机的重力重心和受力大小,确定好基座的形式、基座面板的厚度,以及对应部位的船体加强结构,制作出基座的施工图纸。在内场根据施工图纸制作基座时,由于拖缆机基座面积较大,需制订一套基座装配焊接精度控制方案,确保基座面板的平面度,必要时可进行基座面板的上表面整体机床加工。基座制作完成检验合格后,在船上焊接时,也要严格遵照基座船上焊接工艺,核对定位尺寸和结构加强后,分步骤将基座焊接在船上,过程中严格控制焊接变形,确保基座安装精度满足要求。

2. 拖缆机吊装安装

因为拖缆机本身体积较大,质量也很大,根据设备厂家提供的设备重心及吊点位置,制订详细的吊装方案,配合经验丰富的起吊师傅,确保设备的吊装安全。拖缆机拖力巨大,因此对安装精度要求也较高。为了增加设备与基座面板之间的接触面积,使设备各机脚与结构间受力均匀,从而使设备运行平稳,增加使用寿命,可以采用浇灌环氧树脂的形式作为调整垫片来安装设备。环氧树脂凝固后收缩量为 1/1 000,硬度较高,且与设备机座接触面为100%,因其安全、快捷、高效,在船上大型设备的安装过程中的应用已经越来越广泛。然后按照规定扭矩安装拧紧螺栓。

拖缆机安装完毕后根据厂家提供的工作资料敷设管路和电缆,敷设完毕验收合格后根据试验大纲规程进行拖缆机的功能试验。

二、拖带设备检验

1. 通则

(1)拖船和被拖物上各种拖带设备均应按认可的标准设计,并经验证合格,其验证合格证书应存放在船上。

(2)拖缆、应急拖缆、短缆、龙须缆(链)、三角眼板、卸扣及拖曳环等合格的试验证件和拖力眼板计算资料应提交验船师审核。

2. 拖缆机

(1)拖缆机的设计、尺寸及其支承件应能承受主拖缆的破断负荷且无永久变形。

(2)拖缆机的制动装置应具有相应于适用的最大拖缆的破断负荷的 1.1 倍的静态握持力。

(3)拖缆机卷筒上最内层拖缆的拖力,至少为拖船系柱拖力的 2.5 倍。

(4)拖船的拖缆机除有主制动装置外,尚应备有一应急制动装置,其最内层拖缆上的制动力至少应为拖船静态系柱拖力的 2 倍,且无须依靠拖缆机的常规动力源。

(5)新建造的无限航区拖船,建议在船上为拖缆机设置测量拖缆负荷的装置,该装置至少应能记录最大拉力和平均拉力,同时有超负荷报警器及拖缆放出长度指示器,并在驾驶室内显示上述资料。

(6)拖缆机在制动、拖曳与回收等操作时,应能从驾驶室应急释放拖缆,此应急释放应在任何情况下,甚至在正常动力源发生故障时均能操作。

(7)应急释放拖缆后,拖缆机制动器应仍能正常使用,而拖缆机的电动机不得自动连接。

(8)拖缆机在应急释放拖缆或失去电源时,均不能导致制动器完全脱开。

(9)制动器进行刹紧操作时,应能避免瞬间收紧钢缆,以防止拖缆咬住。

(10)拖缆末端与拖缆机卷筒不应牢固连接,其承载能力约为拖缆破断负荷的 15%,以便拖缆在应急释放后能顺利脱离卷筒。

(11)拖缆机卷筒最内层拖缆至少能绕卷 50 m 或以其他方式使拖缆在拖带作业中具有足够的摩擦力,且在操作失误时能有足够长度的拖缆可以放出,以防松脱。

(12)拖缆机应配用在卷筒上能有效排缆的装置。

(13)液压拖缆机应装有压力安全阀,以确保其系统的工作压力不超过额定压力。

3. 主拖缆与其他拖曳设备

(1)拖缆和其他拖曳设备的强度要求:

①主拖缆和备用拖缆应为钢缆,其最小破断负荷按拖船系柱拖力 F_t(表 4-2)决定。

表 4-2 最小破断负荷

系柱拖力 F_t/kN	最小破断负荷
<392	$3F_t$
392~883	$(3.8 - F_t/491)F_t$
>883	$2F_t$

②在正常作业情况下,拖缆所承受的负荷应不超过其破断负荷的50%。

③无限航区或近海航区的拖船,其主拖缆和备用拖缆应尽可能分别绕卷在各自独立的卷筒上。如不可以,应将备用拖缆存放在能确保安全有效且能迅速容易地转移至主拖缆卷筒的位置内。对于航程超过3周的拖航,应建议额外配备1根备用拖缆。它可存放在绞车的第2个卷筒上或第1根备用拖缆的卷轴上而不应损伤拖缆。如有2个被拖物,拖缆应分别连接(主缆和备用缆),建议再配备1根额外备用缆,存放要求同上。

④拖力点或拖力眼板或系缆桩至少能承受主拖缆最弱部分的破断负荷的1.3倍。

⑤应急拖力点的强度至少应超过主拖缆的破断强度。

⑥备用拖曳设备的所有要求应不低于相应主拖曳设备的要求。

⑦所有卸扣、环及连接设备的极限负荷能力应不小于其使用的最大拖缆的破断负荷的1.5倍。

⑧连接三角板与短缆的卸扣以及连接短缆与主拖缆的卸扣,其安全负荷应较连接三角板与龙须缆(链)卸扣和连接龙须缆(链)与拖力眼板的卸扣再增加20%的冲击负荷。对系柱拖力≥1 962 kN的拖船,上述卸扣仅须增加10%的冲击负荷。

(2)拖力眼板应布置于横舱壁和纵舱壁的交叉处,或甲板下方有足够强度的节点处。其形式应为可迅速解开式或船级社认可的其他形式。

(3)拖力点或拖力眼板与船边导缆钳或导缆孔之间应有适当的距离以便于操作。

无论使用单根或双根的龙须链,其伸出船边导缆钳或导缆孔到连接三角板或卸扣的一段长度至少为3 m。

(4)拖曳设备的卸扣应为螺栓式并带有螺帽及开口销。

(5)拖缆及龙须缆的琵琶头不应使用人工插接嵌入法,应使用包锌固定形式或其他机械接合的琵琶头,拖缆琵琶接头处应有硬压锻制材料的缆端嵌环或等效措施。

(6)拖缆和龙须缆的缆芯应为硬质钢芯或麻芯,并应有良好的润滑。每一侧龙须缆(链)的破断强度应不小于主拖缆的破断强度。

(7)在无限航区或近海航区拖航作业时,拖船与被拖船舶在接拖操作上的技术需要应使用一根长度不小于30 m的短缆(图4-4),短缆的破断强度应与主拖缆的破断强度相当,短缆两头的琵琶头应符合上述5的要求。如短缆采用尼龙缆时,其破断负荷应满足以下要求:

①拖船系柱拖力小于490.5 kN时,应为拖缆破断负荷的2倍;

②拖船系柱拖力大于981 kN时,应为拖缆破断负荷的1.5倍;

③拖船系柱拖力在490.5 kN～981 kN之间时,按内插法决定。

(8)除在沿海和遮蔽区内短距离拖航外,海上拖航应使用拖缆机,一般不应使用拖钩装置。

(9)对无船员的被拖船舶,为使拖船能可靠而迅速地接拖,其应急拖缆一端应连接至应急拖力点,另一端应连接在具有足够长度和强度的引缆上,引缆的端头处应连接一个具有相当浮力的鲜红色的浮具。

引缆通常应采用具有浮力的合成纤维缆,长度不小于150 m,其破断负荷应不小于294 kN,应急拖缆和引缆应引至舷墙外,并按适当的间隔与舷墙或栏杆绑扎。

从被拖物的末端至浮标的距离应不小于50 m。应急拖缆应能迅速拉开。

(10)在拖缆所经过的易磨损的部位一般应设有合适的防擦损设备,如使用防擦链。防擦链应从拖力点延伸至导缆装置之外至少 3 m,防擦链一般应为有挡链。

(11)回收缆一端应用卸扣连接至三角板的专用环上,另一端应固定在被拖物的绞车上。回收缆的破断负荷应不小于龙须链质量的 3 倍,且不小于 196 kN。

(12)拖曳设备配备的数量:

拖船至少应有重新布置拖带系统的一整套拖曳设备的备品,建议拖索具的配备数量不少于表 4 - 1 的规定。

除按表 4 - 1 配备拖索具外,如无备用拖缆,还应配备应急尼龙拖缆一根,其尺寸应与主机功率匹配,长度不小于 200 m;如已配备备用拖缆,则尼龙缆为建议配备。备用拖索具的尺寸应与主用拖索具的尺寸相同。

被拖物上应有备用拖力眼板或拖桩一对。

(13)主拖缆的长度根据拖船功率可按表 4 - 3 决定。

表 4 - 3 主拖缆的长度

拖船功率/kW	主拖缆最小长度/m
14 700 及以上	1 500
7 350 及以上	1 000
2 205 及以上	700
1 470 及以上	600
1 470 及以下	500

工程案例 4 - 1:应急拖带演示系泊试验

一、应急拖带演示系泊试验范围

这个试验程序将适用于船舶自备拖索的应急拖带(艏部)。

二、数量及特性

(1)制造厂:巨力索具股份有限公司 数量:1 根。

(2)技术参数见表 4 - 4。

表 4 - 4 技术参数

工作负荷	1 570 kN
材质及规格	60ZAA6 × 37 + FC1570 Φ60 mm

三、试验条件的检验

下列各项将进行预先检验:

(1)所用导缆孔、带缆桩安装报验结束;

(2)检查拖索是否符合相关技术参数。

四、试验程序

（1）用苏伊士运河灯吊通过苏伊士运河灯舱口盖从水手长间吊起到艏楼甲板上。

（2）将拖索一端的琵琶扣套在带缆桩上（图4-5）。

（3）将拖索另一端琵琶扣穿过艏舷墙中间的导缆孔。

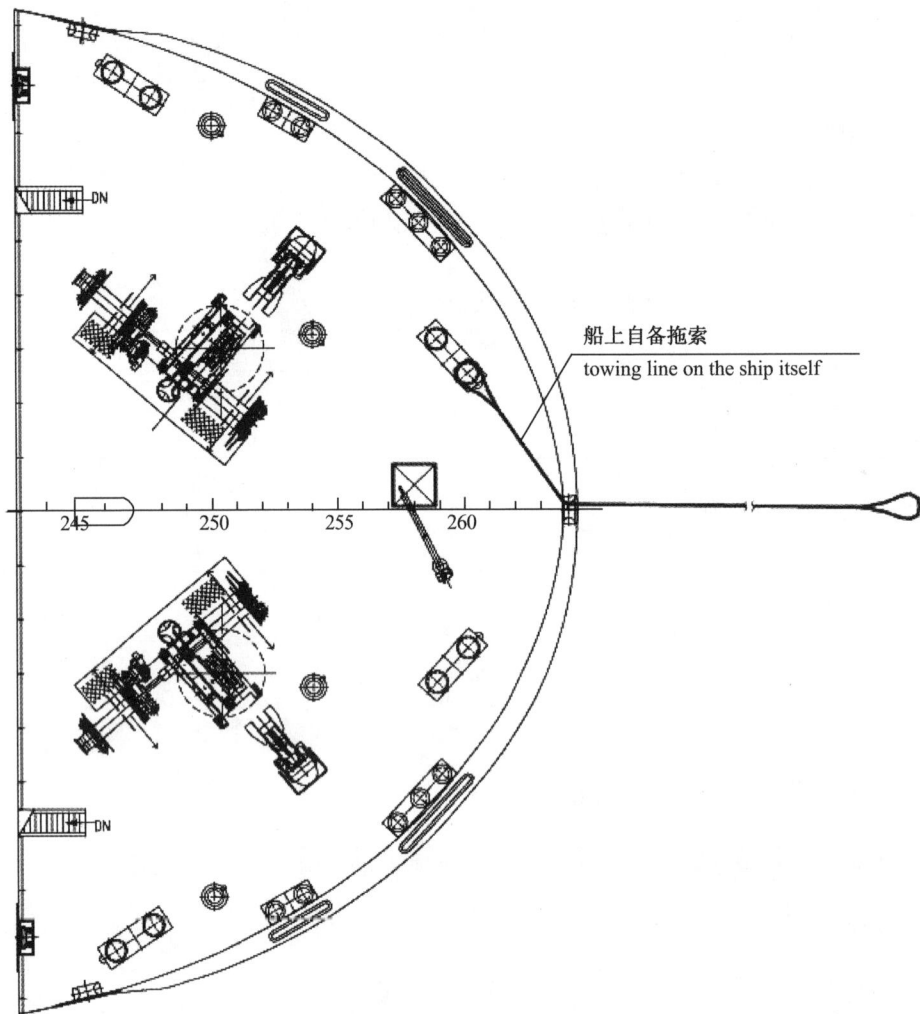

船上自备拖索
towing line on the ship itself

图4-5

五、试验记录（表4-5）

表4-5　试验记录表

船号		船东		船检	
项目:自备拖索的应急拖带(艏部)			场所:船上		
检验种类:操作演示检验			日期		
序号	描述		试验结果		备注
1	无负荷操作演示试验				

项目五　游艇救生设备

【知识目标】

1. 了解规范救生设备的配置方法;
2. 掌握救生设备的安装检验方法。

【能力目标】

1. 会正确编写救生设备安装检验工艺;
2. 能安装各种救生设备。

救生设备是指在船舶遇险时,使船上人员安全迅速撤离船舶并在水上维持生命的专用设备总称。它包括救生载具、个人救生设备、视觉信号、存放、登、乘、降落与回收设备、抛绳设备、无线电救生设备及通用应急报警系统与有线广播系统。

任务一　救生设备的配置

一、国际航行海船救生设备的配备

国际航行海船救生设备的配备应符合《国际海上人命安全》和《ZC 法规》的要求,两者实际是一致的。但这些要求不适用于小 500 总吨的货船、非机动船及渔船等。

此外,《国际海上人命安全》及《ZC 法规》均规定,下列情况可免除:

(1)对在航程中驶距最近陆地不超过 20 n mile 的个别船舶或某类船舶,如考虑到航程的遮蔽性及条件,认为实施公约(或法规)的任何具体要求为不合理或不必要时,则可免除这些要求。

(2)对于从事特种业务,载运大量特种业务乘客,例如朝山进香乘客的客船,主管机关如认为实施公约(或法规)的要求不切实际时,可对此类船舶免除这些要求。但此类船舶应完全符合《客船协定》的附则和《1973 年特种业务客船舱室要求议定书》的附则的规定。

《国际海上人命安全》将所有船舶划分为"客船"与"货船"两大类配备救生设备,本任务将择要予以阐述。

(一)客船救生艇筏及救助艇的配备

(1)救生艇筏:

①从事非短程国际航行的客船:应配备部分封闭或全封闭的救生艇,其在每舷的总容量应不少于船上人员总数的 50%。主管机关可准许以相等总容量的救生筏来代替救生艇,但是,船舶每舷应配备足够容纳不少于船上人员总数 37.5% 的救生艇。气胀式或刚性救生筏应使用等量分布在船舶每舷的降落设备,也可用一个或几个海上撤离系统代替所要求的救生筏和降落设备的等效容量。

另外,还应配备总容量至少为船上人员总数 25% 的气胀式或刚性救生筏。这些救生筏每舷应至少有1台降落设备,该设备可以是按上述要求装设的设备,或是能在两舷均可使用的等效认可设备。

②从事短程国际航行而且符合《国际海上人命安全》第Ⅱ-1/ 6.5条规定的特种分舱标准的客船:应配备部分封闭或全封闭救生艇,其总容量应至少为船上人员总数的30%。救生艇应尽可能等量分布在船舶每舷。

应配备气胀式或刚性救生筏,其总容量连同上述救生艇容量应能容纳船上人员总数,这些救生筏应使用等量分布在船舶每舷的降落设备,也可用一个或几个海上撤离系统代替所要求的救生筏和降落设备的等效容量。

另外,还应配备总容量至少为船上人员总数25%的气胀式或刚性救生筏。这些救生筏每舷应至少有1台降落设备,该设备可以是按上述要求装设的设备,或是能在两舷均可使用的等效认可设备。

③从事短程国际航行但不符合《国际海上人命安全》第Ⅱ-1/ 6.5条规定的特种分舱标准的客船,应按从事非短程国际航行客船的要求配备救生艇筏。

④为船上人员总数弃船所需要配备的所有救生艇筏,应能在发出弃船信号后30 min内,载足全部乘员及属具后降落。

⑤500总吨以下的客船,凡船上人员总数少于200人者,为代替满足上述(1),(2)或(3)的要求可遵照下列要求:

船舶每舷所配备的气胀式或刚性救生筏的总容量应能容纳船上人员总数。但是,除非这些救生筏存放在同一层开敞甲板上能迅速地从一舷转移到另一舷降落,否则,应配备附加救生筏,使每舷的总容量为船上人员总数的150%。

如所配备的救助艇也是符合《国际救生设备规则》要求的部分封闭或全封闭的救生艇,则可计入上述所要求的总容量,但是船舶任何一舷的总容量,至少是船上人员总数的150%。

在任何1艘救生艇筏掉失或不能用时,每舷可供使用的救生艇筏,包括存放在同一层开敞甲板上能易作舷对舷转移的救生艇筏,应能足够容纳船上的人员总数。

(2)500总吨及以上的客船应在船舶每舷至少配备1艘救助艇,500总吨以下的客船应至少配备1艘救助艇。倘若救生艇也符合救助艇的要求,则可同意将此救生艇作为救助艇。

(3)客船应配备足够数量的救生艇及救助艇,确保供船上全体人员弃船时用于救生筏的集结。每艘救生艇或救助艇需要集结的救生筏不多于1只。从事短程国际航行而且符合《国际海上人命安全》第Ⅱ-1/ 6.5条规定的特种分舱标准的客船所配备的救生艇及救助艇的数量,应确保需要每艘救生艇或救助艇集结的救生筏不多于9只。

(二)客船个人救生设备的配备

1.救生圈

客船配备的救生圈数量应不少于表5-1的规定。救生圈应按规定配备自亮灯、自发烟雾信号及救生索等属具,但不论如何规定,长度为60 m以下的客船应配备不少于6只带有自亮灯的救生圈。

表 5-1 客船配备的救生圈数量

船长/m	最少救生圈/只
60 以下	8
60 至 120 以下	12
120 至 180 以下	18
180 至 240 以下	24
240 及以上	30

2. 救生衣及救生衣灯

应为船上每个人员配备 1 件船用救生衣(非气胀式或气胀式)。另外,尚应配备船上乘客人数至少 10% 的适合儿童穿着的救生衣,或为每个儿童配备 1 件救生衣。还应配备供值班人员使用的,并供在很远的救生艇、筏地点使用的足够数量的救生衣。值班人员的救生衣应存放在驾驶室、机舱、控制室及有人值班的地方。

此外每艘客船应配备供不少于船上人员总数 5% 的救生衣。这些救生衣应存放在甲板上或鲜明易见的地方。

在所有客船上,每件救生衣应配备 1 盏救生衣灯。

3. 救生服和抗暴露服

应为被指派为救助艇员和海上撤离系统的每个工作人员配备 1 件救生服或抗暴露服。如果船舶一直在温暖气候区域航行,主管机关认为没有必要进行温度保护,则可不必配备保温服。

4. 救生服和保温用具

所有客船上的每艘救生艇应配至少 3 件救生服。此外,救生艇中没有配备救生服的人应配备 1 件保温用具。若具有下列情况下之一,可不必配备这些救生服和保温用具:

(1)全封闭或部分封闭救生艇中的人员;

(2)如船舶一直在温暖气候航区航行,而主管机关认为保温用具不必要时。

(三)客滚船的附加要求

1. 救生筏

(1)客滚船的救生筏应同海上撤离系统或降放装置配套使用,并沿船舶两舷均匀分布。

(2)客滚船的每一救生筏应配备自浮式存放装置。

(3)客滚船的每一救生筏应装备登筏踏板。

(4)客滚船的每一救生筏应为自行扶正救生筏或为带顶篷的可逆转救生筏,因为它们在海上是稳定的,且不论哪边朝上,都能安全操作。船舶除配备正常配员的救生筏以外,还配这样的自行扶正救生筏或带顶篷可逆转救生筏,它的总容量至少为救生艇容纳人数的 50%。附加的救生筏容量应按船上总人数和救生艇能容纳人数之间的差额来确定。每一只这样的救生筏,须经主管机关批准。

2. 快速救助艇

(1)客滚船上的救助艇应至少有 1 艘为快速救助艇,该救助艇应经主管机关批准。

(2)每一艘快速救助艇应配备 1 台经主管机关批准的降放装置。主管机关在批准这一降放装置时,应考虑到快速救助艇拟在非常恶劣的气象条件下降放和回收,同时也应考虑到 IMO 拟通过的建议案。

3.救生衣及救生衣灯

(1)尽管应按前述一般客船的要求配备救生衣,但还应有足够数量的救生衣储存在集合地点附近,这样乘客不必回到自己的舱室内去取救生衣。

(2)在客滚船上,每件救生衣应配备1盏救生衣灯。

(四)货船救生艇筏及救助艇的配备

1.救生艇筏

(1)货船每舷应配备1艘或多艘全封闭救生艇,其总容量应能容纳船上人员总数。另外,还应配备1只或多只气胀式或刚性救生筏,且应存放在同一开敞甲板平面并能容易地从一舷移至另一舷,其总容量应能容纳船上人员总数。如1只或多只筏不是存放在同一开敞甲板平面,且不能容易地从一舷移至另一舷者,则每舷可供使用的总容量应足以容纳船上人员总数。

(2)为代替满足上述本款(1)项的要求,货船可配备1艘或多艘能在船尾自由降落的救生艇,其总容量应能容纳船上人员总数。另外,每舷还应配备1只或多只气胀式或刚性救生筏,其总容量应能容纳船上人员总数,至少在船舶一舷的救生筏应使用降落装置。

(3)除油船、化学品液货船和气体运输船外,长度为85 m以下的货船可按照下列要求来代替满足上述本款(1)或(2)项的要求:

每舷应配备1只或多只气胀式或刚性救生筏,其总容量应能容纳船上人员总数。但是,除非这些所要求的救生筏存放位置为同一开敞甲板平面并能容易地从一舷移至另一舷,否则应配备附加救生筏使每舷可用的总容量能容纳船上人员总数的150%。

如所配备的救助艇也是符合《国际救生设备规则》要求的全封闭救生艇,则该艇可计入上述规定的总容量,但每舷可用的总容量至少是船上人员总数的150%。

在任何1艘救生艇筏掉失或不能使用时,每舷可供使用的救生艇筏,包括存放在同一层开敞甲板上能易作舷对舷转移的救生艇筏,应能足够容纳船上人员总数。

(4)凡从船首的最前端或船尾的最末端至最靠近的1艘救生艇筏的最近端的水平距离超过100 m的货船,除配备上述(1)和(2)项所规定的救生筏外,尚应额外配备1只救生筏。在合理可行的范围内,尽量靠前或靠后放置,或1只尽量靠前和另1只尽量靠后放置。

(5)除了能从最轻载航行水线以上小于4.5 m高度的甲板上登乘的且质量不大于185 kg的救生艇筏外,为船上人员总数弃船所需配备的所有救生艇筏应能在从发出弃船信号后10 min内,载足全部人员及属具,全部降落水面。

(6)运载散发有毒蒸气或毒气的货物的化学品液货船和气体运输船,应配备有自持式空气支持系统的救生艇,以替代全封闭救生艇。

(7)运载闪点不超过60 ℃(闭杯试验)的油船、化学品液货船和气体运输船应配备耐火救生艇,来替代全封闭救生艇。

2.救助艇

货船应至少配备1艘救助艇。如救生艇也符合救助艇的要求,则可同意将此艇作为救助艇。

(五)货船个人救生设备的配备

1.救生圈

货船配备的救生圈数量应不少于表5-2的规定。救生圈应按规定配备自亮灯、自发烟雾信号及救生索等属具。

表 5 - 2　货船配备的救生圈数量

船长/m	救生圈数/只
100 以下	8
100 至 150 以下	10
150 至 200 以下	12
200 及以上	14

2.救生衣及救生衣灯

应为船上每个人员配备 1 件船用救生衣(非气胀式或气胀式)。另外尚应配备供值班人员使用的,并供设置在很远的救生艇、筏地点使用的足够数量的救生衣。值班人员的救生衣应存放在驾驶室、机舱、控制室及有人值班的地方。每件救生衣应配备 1 盏救生衣灯。

3.救生服和抗暴露服配备与客船相同。

4.救生服和保温用具

货船上的每艘救生艇至少应配备 3 件救生服,当主管机关认为必须或可行时,则为船上每人配备 1 件救生服。但是,船舶除了救生艇筏和救助艇已配备的保温用具外,尚应为船上未配有救生服的人员配备保温用具,如该船符合下列要求之一时,则不必要求配备这些救生服和保温用具:

(1)船舶每舷配有全封闭救生艇,其总容量能容纳船上人员总数;

(2)配有能在该船船尾自由降落下水的全封闭救生艇,其总容量能容纳船上人员总数,而且能从存放地点直接登乘和降落下水的救生艇,同时船舶每舷救生筏总容量能容纳船上人员总数;

(3)经常从事温暖气候航区航行,而主管机关认为救生服为不必要时。

(六)客船和货船其他救生设备的配备

(1)每船应配备 1 具抛绳设备。

(2)应配备不少于 12 支火箭降落伞火焰信号,并应存放在驾驶室或其附近。

(3)客船直升机降落和救生区域:

①所有客滚船应配备 1 个直升机救生的区域,并应经主管机关批准;

②1999 年 7 月 1 日及以后建造的长度为 130 m 及以上的客船,应配备 1 个直升机的降落区域,并应经主管机关批准。

二、非国际航行海船救生设备的配备

非国际航行海船是指中国籍船舶,其船长为 20 m 及以上的海船。

(一)救生艇筏与浮具的配备

1.一般要求

(1)除另有规定外,非国际航行海船的救生艇、救生筏和救生浮具应符合《ZC 法规》的要求,救助艇应符合有关规定;

(2)按规定配备救生设备时,救生筏可以替代救生浮具,按规定配备的救生圈如作为救生浮具计入容量时,每个救生圈限定定员 1 人;

(3)按规定配备的气胀救生筏应尽可能左右舷均匀分布;

（4）救助艇若符合救生艇的要求，其额定乘员人数可计入救生艇容量之中。

2. 客船

（1）每艘客船全船配备的救生艇、筏、浮具的乘员定额数对船上总人数的百分比应不少于表5-3的规定。

表5-3　非国际航行客船救生艇、筏、浮具配备

航区		救生艇	吊架降落救生筏	气胀救生筏	救生浮具	全船总容量
远海航区		50	25	50	—	125
近海航区		50	60	—	110	
沿海航区		25	50	40	110	
遮蔽航区	$L \geqslant 40$ m		—	30	30	60
	$L < 40$ m		—	40	40	

注：①每舷系少应配1艘机动救生艇。

②长江口以北航区禁止使用救生浮具，应另配与救生浮具等容量的气胀救生筏。

③L为船长，m。

（2）航行于沿海航区及近海航区的客船，全船机动救生艇、救助艇（如设有时）总数与救生筏比值不得小于1:12。

（3）航行于沿海航区的客船，船长大于或等于60 m，每舷至少应配备机动救生艇1艘；船长大于或等于40 m而小于60 m，全船至少配备机动救生艇或救助艇1艘；船长小于40 m，救生艇可用气胀救生筏替代。航行于沿海航区而船上总人数超过500人的双体客船，全船至少配备1艘机动救生艇或救助艇。

（4）航行于旅蓬（旅顺至蓬莱）和旅龙（旅顺至龙口）航线的客船，在限定航行条件下经同意，救生设备的配备可按沿海航区要求。

（5）航行于琼州海峡航线的车客渡船，船上总人数不超过200人，救生艇可用气胀救生筏替代。

（6）配有海上撤离系统的客船，吊架降落救生筏可用抛投式气胀救生筏替代。

3. 货船

（1）每艘货船配备的救生艇筏乘员定额数对船上总人数的百分比应不少于表5-4的规定。

表5-4　非国际航行货船救生艇筏的配备（%）

航区	船长/m	救生艇	气胀救生筏	全船总容量
远海航区	—		200	200
近海航区	$L \geqslant 60$		150	150
	$L < 60$	—	150	150
沿海航区	—	—	110	110
遮蔽航区	—	—	100	100

注：①每舷配备1艘机动救生艇或救助艇。

②全船配备1艘机动救生艇或救助艇。

③如$L < 25$ m的货船配置救生筏有困难，经同意，救生筏可用救生浮具替代。

（2）航行于近海航区的有人载货驳船，救生筏的总容量至少应为船上总人数的110%；航行于沿海航区和遮蔽航区，救生筏总容量至少应能容纳船上总人数。

（3）装运闪点不超过60 ℃（闭杯试验）货物的油船、液化气体船和散装化学品船，其救生艇、筏配备如下：

航行于远海航区或近海航区且船长等于或大于85 m的船舶，每舷应配备经认可的能容纳船上总人数的耐火救生艇。此外，全船还应配备能容纳船上总人数50%的气胀救生筏。

航行于近海航区且船长等于或大于60 m但小于85 m的船舶，其救生设备的配备定额与远海航区船舶相同，但所配备的救生艇可采用其艇体为阻燃或不燃材料制成的开敞式机动救生艇。

航行于近海航区船长小于60 m或航行于沿海航区和遮蔽航区的船舶，救生艇、筏的配备与货船要求相同。

（4）装运闪点超过60 ℃（闭杯试验）货物者，救生设备均按货船要求配备。

（二）客船与货船个人救生设备的配备

1. 救生圈

每艘船舶配备的救生圈及其属具的数量应不少于表5−5的规定。

表5−5　非国际航行海船救生圈及其属具配备表

船舶种类	船长 L/m	救生圈总数/只	其中		
			带自亮灯		带救生浮索
			总数/只	其中带烟雾信号/只	
客船	45 > L ≥ 20	4	2	—	全船1只
	60 > L ≥ 45	8	4	每舷至少1只	每舷至少1只
	120 > L ≥ 60	12	6		
	180 > L ≥ 120	18	9		
	240 > L ≥ 180	24	12		
除客船以外的其他船舶	45 > L ≥ 20	4	1	—	全船1只
	75 > L ≥ 45	6	3	—	每舷至少1只
	100 > L ≥ 75	8	4	每舷至少1只	
	150 > L ≥ 100	10	5		
	200 > L ≥ 150	12	6		
	L ≥ 200	14	7		

2. 救生衣

（1）所有船舶，船上每人至少应配备1件救生衣。

（2）每艘船舶应配备供值班人员使用和供远置的救生艇、筏存放处使用的足够数量的救生衣。

（3）航行于远海航区、近海航区和沿海航区的客船还应配备至少为船上乘客人数5%的适合儿童穿着的救生衣。

（三）客船与货船其他救生设备的配备

1. 救生抛绳器

航行于远海航区、近海航区和沿海航区，且船长大于和等于 40 m 的客船和船长大于和等于 60 m 的其他船舶（非机动船除外），应配备手提式救生抛绳 4 具或抛枪 1 套（包括抛绳枪 1 支，抛绳、火箭体和击发器各 4 支）。抛绳用具应经认可。

2. 烟火信号

每艘 500 总吨以上的船舶应配备 12 支认可的火箭降落伞火焰信号。对等于和小于 500 总吨的船舶可减半配备。救生艇、筏的烟火信号配备应符合《ZC 法规》的规定。

任务二　救生设备的选择和布置

一、救生艇及救助艇的选择

各类船舶应根据不同航区与不同船型，按《国际海上人命安全》或《ZC 法规》的要求，并考虑船东的特殊要求选择救生艇和救助艇。

1. 货船

船舶设置两艘全封闭救生艇时，通常将右舷的一艘救生艇兼作救助艇，这样可省去一艘救助艇的配备。

全封闭救生艇选用侧开门还是后开门要根据船舶围壁布置情况决定。

如果货船采用自由降落救生艇，由于该型艇不能兼作救助艇，因此必须另行配备一艘救助艇，且一舷的救生筏必须采用可吊式筏，而不能采用抛投式筏。所以从总体上说，配置自由降落救生艇比配置两艘吊架降落救生艇在经济上更为昂贵。

2. 客船

全封闭救生艇价格较贵，因此客船一般选用部分封闭救生艇。但客船不允许选用自由降落救生艇。客船所选用的部分封闭或全封闭救生艇如同时符合救助艇要求时可兼作救助艇。客滚船的救助艇中，至少有一艘为快速救助艇。

二、救生艇的存放与布置

对于救生艇筏的存放、集合与登乘布置、降落与回收装置，《国际海上人命安全》和《ZC 法规》均有详尽而具体的要求，这里择要叙述如下：

1. 救生艇筏的存放、集合与登乘布置

救生艇筏应存放在尽可能靠近起居和服务处所的地方。救生艇筏的降落站位置应尽可能使救生艇筏从船舷平直部分降落下水。如降落站设于船的前部，则应设置在防撞舱壁后有遮蔽的地方。

顺船舷降落的救生艇应存放布置在推进器之前尽量远的地方。在船长 80 m 及以上但小于 120 m 的货船上，救生艇应存放在使救生艇尾端至少在推进器之前不小于救生艇长度的地方。在船长为 120 m 以上的货船与 80 m 及以上的客船上，救生艇应存放在使救生艇尾端至少在推进器之前不小于 1.5 倍救生艇长度的地方。

在安全和可行的情况下，救生艇筏应存放在尽可能靠近水面处且不能突出船舶的舷外。而且艇筏（须抛出船外降落的救生筏除外）应处于这样的位置：在登乘位置上的救生艇筏,当满载船舶在纵倾10°和向任何一舷横倾20°或横倾到船舶露天甲板的边缘浸入水中的角度(以两者中较小角度者为准)时,应离水线不小于2 m;

集合与登乘地点两者应紧靠在一起,且设在容易从起居和工作处所到达的地方,其布置应能使担架病人抬进艇筏。每个集合地点应有足够的场所,以容纳指定在该地点集合的所有人员,每人的甲板面积至少为0.35 m²。

2. 救生艇筏降落与回收装置

通常情况下,所有救生艇筏及救助艇应配备重力式或储存机械动力式降落装置,但是具有下列情况之一者可予以免除:

(1)从最轻载航行水线以上小于4.5 m高度的甲板上登乘的救生艇筏,且质量不大于185 kg;

(2)从最轻载航行水线以上小于4.5 m的高度的甲板上登乘的救生艇筏,且存放在处于不利纵倾达10°和向任何一舷横倾达20°时,可直接从存放地点降落下水;

(3)超过按船上总人数200%所配备的救生艇筏范围的救生艇筏,且其质量不大于185 kg;

(4)超过按船上总人数200%所配备的救生艇筏范围的救生艇筏,且存放在处于不利纵倾达10°和向任何一舷横倾达20°时可直接从存放地点降落下水;

(5)配备有连同符合海上撤离系统一起使用的救生艇筏,且存放在处于不利纵倾达10°和向任何一舷横倾达20°时可直接从存放地点降落下水。

救生艇筏降落与回收装置应使该设备的操作人员在救生艇筏降落期间及在救生艇回收期间,能随时在船上观察到救生艇筏。

每艘救生艇应配有1台能降落和收回该艇的设备。吊艇索应有足够的长度。当船舶最轻载航行时,在不利纵倾达10°和向任何一舷横倾达20°时,使救生艇能到达海面。如配备部分封闭救生艇(或敞开式救生艇),应装设吊艇架横张索,在其上设置不少于2根救生索,当船舶最轻载航行时,在不利纵倾达10°和向任何一舷横倾达20°时,使救生索的长度足以随艇到达海面。

3. 客船救生艇筏存放、集合与登乘布置,除了满足本条上述1和2款的要求外,还必须满足下述附加要求

(1)吊架降落的救生艇筏处在登乘位置时,吊架顶部至最轻载航行水线之间的高度应不超过15 m。

(2)救生艇筏登乘布置的设计应适于从存放处或从登乘甲板直接登乘并降落。

(3)乘客集合地点应设在登乘站附近(或是两者在同一处所),使乘客易于到达。且有集结和指挥乘客用的宽敞场地,每位乘客的面积至少为0.35 m²。

(4)2 000总吨及以上的货船,静水中以5 kn速度前进时救生艇应能安全降落,必要时可利用艇首缆。

三、救助艇的存放与布置

对于救助艇的存放、集合与登乘布置、降落与回收装置的主要要求如下所述:

(1)救助艇应存放在适宜降落并收回的位置,并处于5 min内降落下水的备用状态。如救助艇兼作救生艇,应符合救生艇的存放要求。

(2)如救助艇是船舶救生艇筏中的一艘,其登乘布置与降落站应符合救生艇的集合、登

乘布置与降落站的要求。

（3）客船与货船配备的一切救助艇。当船舶在静水中前进航速达到 5 kn 时,应能降落下水,必要时可利用艇首缆。

（4）救助艇载足全部乘员及属具在中等海况下回收的时间应不超过 5 min。如救助艇兼作救生艇,应能迅速回收载足救生艇属具及至少 6 个额定乘员的救助艇。

客船除了满足上述要求外,其救助艇的布置还应使艇可在指定船员载足的情况下从存放处直接登乘并降落。如救助艇兼作救生艇,且其他救生艇均从登乘甲板登乘并降落,此时救助艇布置为也能从登乘甲板登乘并降落。

任务三 救生设备安装与检验

一、救生设备安装

救生艇(救助艇)及其释放装置是船上重要的救生设备,也是港口当局检查的必检项目。因此,有必要在建造检验过程中进行细致、全面的检验。下面介绍艇架降放装置的安装检验中应该注意的几个问题:首先,应检查吊艇架降放装置在船上的安装是否符合设计图纸的要求。通常,船厂只提供吊艇架的船用产品证书,而不提供安装说明书。检验过程中,我们应注意检验艇架和绞车是否按其设计使用说明的要求进行安装。其次,艇架和绞车的底座均应予以加强。现场验船师可以要求船厂通过该处甲板加厚(或加复板),并且在底座所在的甲板下增加构件达到加强目的,并且要注意检查底座及其加强的焊接质量。

一般来讲,船厂对于艇架的底座安装往往能按图施工,而绞车、定滑轮机构、舷边释放机构等安装,则可能由于实船布置的不同而有所变动,从而造成缺陷。如在检验中曾发现,由于安装原因,吊艇索可能与绞车的电机相碰,或者吊艇索的运动路线妨碍人员进入登乘平台等,这些都应在安装检查过程的检验中予以解决。

二、救生设备检验

除另有明文规定或主管机关经考虑船舶所经常从事的特殊航线,认为其他要求为宜者外,所有救生设备应能满足以下要求:

（1）以适当的工艺和材料制成;

（2）能防腐烂,耐腐蚀,并不受海水、油类或霉菌侵袭的过度影响;

（3）在所有有助于探测的部位具有鲜明易见的颜色;

（4）在有利于探测的位置张贴逆向反光材料;

（5）如拟在风浪中使用,则能在该环境中令人满意地工作;

（6）清晰地标出批准的资料,包括批准的文号及任何操作限制;

（7）如适用,提供适路电流保护以防损坏或受伤;

（8）主管机关应确定容易老化变质的救生设备的使用期限。这类救生设备应标明确定其使用年限或必须更换的日期。确立有效使用期的可取方法是永久性地标明失效日期。如果每年都更换电池,或是可充电电池(蓄电池),若电介质的状态易被检测,则这些电池上不必标明失效日期。

（一）救生衣、保温服的检验

救生衣、保温服应按证书要求配置,保证自亮灯在有效期内,哨子可用。保温服在存放时应保证拉链常开,在无协助的情况下 2 min 应能穿好。驾驶台和机舱应额外配备不低于正常当班人数的保温服和救生衣。前尖舱配备的救生衣应装在水密容器内。救生衣和保温服存放位置附近应有 IMO 标志,特别是个人房间应注意检查。保温服要确保每人都合身,特别是身材高大者。救生衣和保温服要印有国籍、船名、船籍港。注意左右救生艇应每艇至少配备三件保温服。

（二）救生圈的检验

救生圈的数量,公约是这么规定的:100 M 以下至少 8 个,100～150 M 至少 10 个,150～200 M 至少 12 个,200 M 以上至少 14 个。救生圈应明确分布位置和数量。掌握驾驶台左右两翼的 MOB 烟灯组合信号救生圈的释放方法。MOB 救生圈的质量应大于 4 kg。核查带灯救生圈是否至少一半,并均等分布在左右两舷,带索救生圈至少 2 个,分布两舷引水梯附近的救生圈最好配备干电池自亮灯浮。带灯救生圈不应配备绳索。带索救生圈的绳索一头与救生圈相连,另一头不能系固在船上。绳索长度取其存放处到最轻载重线高度的 2 倍或 30 M 中的较大者。梯口附近的救生圈如有配灯,电池应最好是干电池,方便 PSC 检查。救生圈应干净且反光带状况良好。圈体印有清晰的船名、船籍港,附近有 IMO 标志。

（三）救生艇的检验

1. 艇外

外观整洁干净,反光带张贴正确(包括龙骨下)。船名、定员、尺寸、船籍港、呼号清晰;艇架无锈蚀,滑车活络,刹车正常并有明显的颜色区分以示警示。救生艇存放位置附近应有 IMO 标志、放艇操作说明、钢丝换新时间,并处于应急照明之下。防碰垫完好,救生抓绳、手握胶木完好,螺旋桨不得涂漆。艇首缆与大船连接,限位装置完好。封闭式救生艇玻璃清晰、水密,示位灯、探海灯工作正常。登乘梯长度足够(该梯子最下一级踏板应在救生艇轻载水线以下不小于 0.4 m 处),无霉烂断档,登乘梯绳索系固强度足够。踏板无裂缝且应用防滑处理,配备扶手绳 2 根。

2. 艇内

启动艇机,正倒车运转正常,操舵系统正常,脱钩装置有明显的颜色区分,一般涂标志红,另附警示标志和操作说明。三副应熟练本船救生艇的脱钩及脱钩后挂钩的方法,并培训全船。封闭式救生艇安全带完好(检查时注意夹扣弹簧是否完好,固定螺丝是否固定可靠);艇底塞完好,并配有备用的放在一起;桨、篙按规定配备;淡水、食品足量,且在有效期内(淡水如是桶装自己更换的,应注意桶内是否干净,有无青苔等);急救药箱是否在有效期内;磁罗经有无气泡,无太大误差,磁罗经旁应有照明(一般为煤油灯);有备用艇缆,备用艇缆不能用作艉缆用;救生艇用作救助艇的,应额外配备一根长度大于 50 M 的浮索用作拖带缆;艇内应配备灭火器;救生信号齐全;艇内应有船员名单(船长签名盖章);应配备救生艇左右舷均可使用的小登乘梯(容易忽视);手摇泵工作正常,橡胶管无老化裂缝;排烟管无漏烟,隔热裹层无脱落;艇内关键设备操作处应涂标志红,并做相应警示标志。封闭式救生艇如配备了空气供给系统的,应注意检查压力是否足够,管路有无漏气;开敞式救生艇应有吊艇架横张索(一般为钢丝,在艇架最上面连接前后艇架),在横张索上应至少有 2 根长度足够的救生索,其末端应固定在钢丝上(应注意对固定在钢丝的末端检查保养)。其他用品可参照训练手册全部配齐。

(四)救生筏的检验

每年年检,包括静水压力释放器检验及易断绳的更换。存放位置有 IMO 标志,操作说明处于应急照明之下;艇架无锈蚀;艏缆与静水压力释放器连接正确,静水压力释放器不可涂漆。筏体上应有国籍、船名、船籍港、检验日期、下次检验日期、定员、最大存放高度和型号等。艏救生筏可不用静水压力释放器固定,艏救生筏登乘梯应注意检查保养,配备扶手绳。所以救生筏应特别注意,送岸检验回船装妥固定后应立即将固定用的捆扎带剪断(容易忽视)。

(五)救生信号、抛绳器的检验

熟悉各救生信号、抛绳器的使用方法,并培训全船。包括火箭降落伞、手持火焰信号、漂浮烟雾信号,应按要求配备,保证在有效期内。抛绳器应在有效期内。应配备至少 12 支火箭降落伞信号存放在驾驶台或附近(驾驶台没有强制要求配备漂浮烟雾信号和手持火焰信号)。

工程案例 5-1:救生设备系泊试验

一、范围

这个试验程序将适用于全封闭自由降落式救生艇/救助艇/救生筏的艇架及起艇机。

二、特性

1. 项目

(1)全封闭自由降落式救生艇

制造厂和型号:江阴新江玻璃钢有限公司 (JY-FN-6.80)

艇容量:(人员)(30 人×82.5 kg)=2 475 kg

空艇+属具质量:3 792 kg

轻载质量(空艇+属具+3P):3 792+3×82.5=4 039.5 kg

满载质量:3 792+2 475=6 267 kg

核准高度:20 m

(2)救助艇:

制造厂和型号:江阴新江玻璃钢有限公司 (GJ4.25)

艇容量:(人员)(6 人×82.5 kg)=495 kg

空艇+属具质量:459 kg

轻载质量(空艇+属具+2P):459+2×82.5=624 kg

满载 :954 kg

(3)可吊式救生筏:

制造厂和型号:上海星星橡胶制品有限公司 (RAFT-D-16)

筏容量:(人员)(16 人×75 kg)=1 200 kg

空筏质量 :162 kg

满载质量:162+1 200=1 362 kg

2. 救生艇与救助艇航行试验

救生艇与救助艇各进行 15 min 的航行试验,检查完整性与操纵可靠性,以及艇机的性能,在此期间如下项目将进行试验:

（1）艇下水后向前及向后的功能试验。

（2）"Z"形转弯功能试验。

（3）进行救生艇的应急操舵功能试验和排水泵功能试验。

（4）分别用两套蓄电池供电系统启动主机，进行磁罗经功能试验，磁罗经指示方向正确。

3. 救生艇艇架试验

制造厂和型号：江阴新江玻璃钢有限公司（JYF75）

最大工作负荷：75 kN

最大起升负荷：50 kN

救生艇起升速度：≥3.0 m/min

设计工况：横倾（list）20° + 纵倾（trim）10°

钢丝绳规格：18×19 – 20 – 1 770 – I – Galv

电源：AC,440 V,60 Hz,3φ

电动机参数：

功率：15 kW

防护等级：IP56

电动机型号：Y160L – 4 – H

绝缘等级："F"

工作制式：30 min

艇架总重：艇架（davit）约 6 500 kg

（1）试验条件（此条也适用于救助艇/救生筏的吊架）

下列各项将进行预先检验：

①检查艇架安装角度及降落净高在下水后需要马上检查确认。

②储藏状态进行检验。

③所有的索具、限位开关等都适合于操作；进行救生艇收存绑扎演示；在不抛艇的条件下，进行救生艇的释放和锁紧机构功能试验。

④艇机齿轮箱内的油位进行检验。

⑤滑轮、滚筒和销轴等均都注润滑脂并转动良好。

（2）绞车制动器进行 1.1 倍最大工作负荷的动负荷刹车试验（1.1×6 267 = 6 894 kg）：

①试验负重 6 894 kg 重块。

②救生艇吊架转至舷外，借助外力把重块（6 894 kg）挂到艇架上，重块离开水面 5 m，然后以最大下降速度做下放刹车 2 次，试验过程中检查绞车制动器的可靠性。

（3）救生艇轻载收放试验：

①轻载质量（空艇 + 属具 + 3P）3 792 + 3×82.5 = 4 039.5 kg。

②按艇架厂商下放操作规程进行下放救生艇。

③下水后，释放掉艇挂钩。

④将艇与挂钩连接好后，用艇架回收装置将艇收回至收藏位置。

⑤检查救生艇和滑架的配合情况，确认艇完全收回到停艇位置。

⑥检查艇内灯具的照明情况。

（4）救助艇/救生筏吊架试验：

救助艇/救生筏吊架 制造厂和型号:江阴新江玻璃钢有限公司(JYR21)

最大工作负荷:Max.21 kN

起升负荷 d:14 kN

回转半径:3.8 m

钢丝绳起升速度:≥18 m/min

钢丝绳下降速度:40~60 m/min

最大回转负荷:14 kN

最大回转角度:≤330°

蓄能回转角度:110°

用蓄能器回转时的速度:0.6~0.8 r/min

用电动机回转时的速度:≥0.25 r/min

设计工况:横倾(Heel)20 +°纵倾(Trim)10°

钢丝绳规:18X7 - 14 - 1770

卷筒容绳量:30 m

蓄能器型号:NXQ2 - F40/31.5 - H

电动机防护等级:IP56

绝缘等级:"F"

电制:AC,440 V,60 Hz,3 Ph

艇架自重:约3 000 kg

(5)艇吊(兼筏吊)超负荷试验:

①试验负重,负重Ⅰ(救助艇超负荷负重):1.1×954 kg = 1 049 kg;负重Ⅱ(救生筏超负荷负重):1.1×1 482 kg = 1 630 kg。

因负重Ⅰ<负重Ⅱ,取负重Ⅱ(1 630 kg)为艇吊动载超负荷试验负重,采用重块。

②艇吊(兼筏吊)转至舷外,将试验负重Ⅱ(1 630 kg)借助外力挂在救生筏吊钩上,重块离开水面5 m,然后以最大下降速度做下放刹车2次,试验过程中检查绞车制动器的可靠性。

③在救助艇空艇(459 kg)中均布590 kg的沙袋,将艇挂在救助艇吊钩上,分别做起升、旋转及下降动作,下降过程中做二次刹车检查;将艇收回,在救助艇空艇(459 kg)中均布507.5 kg的沙袋再上1名操作人员,将艇挂在救助艇吊钩上下放至水面漂浮,由操作人员手动脱钩,检查是否脱钩顺利。

(6)艇吊(兼筏吊)额定负荷试验:

①救助艇在额定负重954 kg下进行配重块升降、旋转试验,并测量下降及起升速度,起升速度应不小于18 m/min,下降速度应不小于下式的计算值 S。

$$S = (0.4 + 0.02H) \times 60 = (0.4 + 0.02 \times 20.3) \times 60 = 48.4 \text{ m/min}$$

式中,H = 艇吊架顶端(舷外位置)距轻载水线高度。

②救生筏在额定负重1 362 kg下进行配重块下降试验,并测量下降速度,应不小于上式的计算值 S。

③检查起升过程中限位开关的功能。

(7)蓄能器功能测度:

①在进行手动操作时,禁止操作电气起升按钮。

②切断电源,打开阀,激活贮能器,操作回转机构,试验后关上阀。手动操作时,禁止抬起刹车配重和按动提升按钮。

③在使用蓄能器回转及下降的状态下,将手柄插入并逆时针旋转,此时吊钩升起,验证手动吊艇功能。

(8)救助艇轻载放/收艇试验:

①从甲板上操纵降落控制器将空艇释放,并同时检查回转遥控和下降遥控及救助艇脱钩等功能(空艇+属具+2P)。

②将艇挂在救生筏挂钩上,模拟救生筏自动脱钩试验。

③人员离艇,回收救助艇空艇,检查艇的回收存放状况。

三、试验记录

表5-6 试验记录表

船号		船东		船检	
项目:救生(助)艇			场所:码头		
检验种类:操作检验			日期:		
艇航行试验:					

序号	描述	结果		附注
		救生艇	救助艇	
1	艇机启动试验			
2	正车及倒车试验			
3	"Z"形功能试验			

表5-7 救生艇及救助艇绞车试验

序号	描述	结果		附注
1	绞车制动器试验(1.1倍动态工作负荷)	救生艇		
		救助艇		
2	轻载释放脱钩试验	救生艇		
		救助艇		
3	救助艇遥控释放试验			
4	救助艇在额定负荷下的速度	下降		
		起升		
试航吃水(艏/艉)	水深	风向		风速度
m	m			m/s
5	1.1倍负荷救生艇抛艇和空艇回收			

船东代表:＿＿＿＿＿＿ 验船师:＿＿＿＿＿＿ 验船师:＿＿＿＿＿＿

工程案例5-2:救生艇抛艇和回收试验/ 救助艇释放和回收试验

试验条件:试验海区风平浪静。

1. 满负荷抛艇和回收试验

在试航轻载瘫船试验状态下,30 个沙袋 =6 267 kg×1.1 -3 792 kg =3 101.7 kg,放入艇(空艇 + 艇属具 =3 792 kg)内(沙袋应均布在座位上并绑扎牢固),脱钩自由降落入水。艇上浮后利用拖轮将艇内沙袋接走后,利用艇架上的自回收系统将艇回收,检查艇及艇架的功能。检查下水时救生艇从落入水中到完全漂浮整个过程,要注意艇与下水装置间的摩擦和碰撞,要求试验海域水深≥9 m 且在此深度范围内水下无突起物,周围 100 m 范围内无障碍。

2. 当船速降至 7 kn 左右时,主机停机,大船靠惯性前进,1 名救助艇操作员进入艇内,下放救助艇到水面以上约 1 m 位置。

3. 当船速降至 5 kn 时,启动救助艇内部的艇机,脱钩下放救助艇到水面。

4. 将救助艇收回,检查救生艇和救助艇及其附件应无损坏。

5. 试验记录

表 5-8 试验记录表 1

船号		船东		船检	
项目:艇下水和回收试验			场所:海上试验		
检查种类:下水和回收检验			日期:		

试航吃水(艏/艉)		水深		风向		风速	
m		m				m/s	

表 5-9 试验记录表 2

序号	描述	结果	附注
1	1.1 倍满负荷救生艇抛艇和空艇回收		
2	救助艇释放和回收		

船东代表:_____ 验船师:_____ 船厂:_____

项目六 游艇动力装置

【知识目标】

1. 掌握游艇动力装置分类；
2. 了解动力装置的减振降噪措施；
3. 了解浇注型环氧机座垫片的应用和施工工艺。

【能力目标】

1. 能正确编写浇注型环氧机座垫片的施工工艺。

游艇动力装置可分为舷内机、舷外机和舷内外机。后两种是适合小型游艇使用的带螺旋桨的集成推进装置。

任务一 舷外机和舷内外机

一、舷外机

舷外机是挂在游艇尾板上直接驱动艇的集成推进装置，把发动机、减速器、传动轴、螺旋桨及控制机构集合成一个总成。国内外小型摩托艇普遍采用舷外挂机驱动。这种驱动方式相对来说较为简单，与艇体的关联较少。一般是艇体造好后，买一部挂机来装在艇尾板上就能开航，不用时可以拆下来保管，或供其他的艇使用。

一般长度6 m以下的小型游艇常用舷外挂机。在这样的小艇上，如果把发动机装在舷内，势必要占去一定空间，那么剩下的可利用的空间就很小了。发动机产生的振动、噪音和维修环境也是要考虑的因素，所以小型游艇上很少有采用舷内机作为动力的。舷外机因其体积小、质量轻、功率大、结构及安装简单，在小型高速纤维增强塑料船(简称玻璃钢船)、橡皮艇上作为动力装置被广泛选用。长度为15 m的房艇也采用两台舷外挂机作为推进动力。

四冲程机和二冲程机各有其优势，四冲程机比较节油，但二冲程机容积率高。以同等功率比较，二冲程机的体积小，质量轻。所以小功率机宜用四冲程机，大功率机以二冲程机为宜。舷外挂机几乎全部为汽油机。

舷外机是一个集成的推进系统，由汽油发动机、动力传递系统、转向机构、减速齿轮和螺旋桨推进器组成一个极其紧凑的动力推进和操纵系统。

舷外机也起到舵桨合一的驾驶作用。在一些小艇上，驾艇人员坐在后面直接操纵连接舷外机的手柄，使整个机器旋转一个角度来操纵艇的航向。稍大一些艇上，舷外机的转向是通过钢丝绳牵引或液压来实现的，驾驶员可以坐在艇前面的驾驶座椅上，通过手轮来驾控艇。在驾驶台上还可以通过仪表了解机器的工作情况。选择舷外机时要注意轴的长度与艇尾板的高度相匹配。轴的长度有15 in，20 in，25 in，30 in(1 in = 2.54 cm)几个档次。游艇使用人员关心的是桨轴额定功率、机器质量、启动方式等。

图 6-1 舷外机

舷外挂机的缺点是：

①挂机大多为汽油机,耗油率高,使用经济性差,安全可靠性差;

②发动机转速高,有的高达 5 000～6 000 r/min,故障率高,使用寿命短,不适合恶劣的工况;

③输出功率受到局限,只适用于功率要求较低的艇。

二、舷内外机

舷内外机(图 6-2)的全称是舷内机舷外推进装置,即发动机放在舷(船)内,联动的艇尾传动装置(含推进器)固定在艇尾板上或者艇底板上。舷内外机组中的发动机采用柴油机,经济性和可靠性大大优于舷外汽油挂机,结构同样紧凑,是中小型高速艇理想的动力装置,功率范围从 100 hp(73.5 kW)到 250 hp(183.8 kW),适合长度 8～16 m 的各种游艇。

图 6-2 舷内外机

任务二 动力装置的减振降噪措施

游艇追求舒适性,采用减振降噪措施,降低由振动源引起的艇体结构振动、降低由噪声源引起的空气噪声和结构噪声,意义重大。

艇体结构产生振动的首要原因是螺旋桨和船艇主机的干扰力作用。由于螺旋桨所处流场的伴流不均匀,当桨叶处在伴流峰值位置时,叶型在较大的来流攻角下产生较大的推力和切向力,随着桨的旋转,当桨叶处在较小的伴流中时相应产生较小的推力和切向力,使传递到轴承上的力产生周期性的变化。同时螺旋桨在旋转时,每片桨叶均被压力场所包围,在旋转过程中,这些回转压力场就会在船底后部桨叶上方部位产生压力冲量(称为表面力),使得艉部船板上承受的压力产生周期性变化,产生振动和噪声。当螺旋桨产生较大范围的空泡时,这种压力变化会有更大的幅值。对于小艇,尤其是高速艇,螺旋桨引起的振动和噪声对整个艇都有影响,使人感到不舒服,引起结构疲劳和过早损坏。

对于船舶主机而言,活塞在燃烧混合气体的推动下,通过活塞杆、连杆、曲轴、轴承传递运动会激起机械振动;艇体结构振动同样也会由机舱辅机或其他设备如往复式压缩机、通风机引起。

在某种状态下,由波浪运动传递到艇体外板上的周期性的波浪力也会引发艇体结构产生振动,振动和噪声是共生的。当结构产生振动以后,这种往复运动传递到周边的空气场中导致了空气噪声;当振动在结构中传播至诸如舱壁、板格处再传递到空气中就导致结构噪声的产生。如果艇体材料是钢、铝等金属,内部阻尼很小,结构噪声传播时能量损失非常小。玻璃钢艇体材料是一种很好的隔振材料,所以玻璃钢艇体产生的振动和噪声相对小得多。

一、减振降噪措施

1. 针对螺旋桨的减振措施

作用于螺旋桨的不均匀进流是导致振动和激起螺旋桨噪声的主要原因,因此改善艇尾伴流分布,提高尾流场的均匀性,可以起到明显的减振降噪效果。具体措施有:

(1)改良艉部的线型。

采用双艉、球艉的优秀的艇模系列及艉部加设尾鳍等,都能很好地改善艉部伴流。如如果能通过船模试验对艉部线型进行优化,将会取得更好的效果。

(2)使用导管桨。

许多情况下在螺旋桨外面安装一导流管可明显减小振动和噪声,这是由于导流管可以使伴流分布更加均匀。

(3)尽可能加大螺旋桨和艇体的间隙。

螺旋桨与周围艇体间的间隙应尽可能加大,这样可以大大降低由螺旋桨产生的脉动压力场传递到艇体板的表面力。特殊情况下,当无法增大桨与艇体间的间隙时,采用特殊的减振装置——减振穴,会带来很好的减振效果。其主要原理是利用密闭的空气弹簧和水质量的吸振作用。

(4)选用大侧斜螺旋桨。

大侧斜螺旋桨是指桨的叶片呈弯刀形,且叶梢向旋转的反方向倾斜。一般的高速艇螺旋桨都带有侧斜,选用该种形式的螺旋桨不会影响到螺旋桨性能,但可以大幅度减小螺旋桨的激振力。

(5)增加螺旋桨的桨叶数。

桨叶数的增加可能会导致螺旋桨的敞水效率略有下降,但就表面力而言,形成空泡时螺旋桨产生的压力冲量总是随桨叶数的增加而减少,并且能使该压力值保持在一个较低的量级上;同样的,随着桨叶数的增加,也会降低螺旋桨作用在轴承上的负荷,如果桨叶数为偶数时,效果更佳。

(6)选用环氧垫充料轴系安装工艺。

浇注型环氧垫充料由高强度改性环氧树脂加入各种填料、助剂合成的。它最早用于机座垫片,后来推广到艉轴管、美人架的定位,是一种用途非常广泛的黏接、定位、承压材料。中小型高速艇上由于装机功率大,主机、轴系、美人架、螺旋桨引起的剧烈振动一直是高速艇制造者困扰的问题。近来,一批高速艇采用环氧浇注型垫料来固定美人架使轴系振动大幅度下降,它不仅使美人架与艇体的连接强度增高,而且由于环氧垫料与钢铁的声阻抗不同而使噪声大大下降,有效地改善了高速艇乘坐的舒适性。

2. 针对机舱设备的减振措施

机舱里的主机及其他辅机、减速齿轮箱等机器设备在工作时不可避免地会产生振动和噪声,并且噪声会以空气噪声和结构噪声两种形式同时存在,特别是当机器与结构刚性安装时影响更甚。结合振动的特点及声音传播特性可以采取的减振降噪措施有:

(1)增加机座的尺寸和刚性。

提高机座的刚性可以有效地降低由机器传递过来的振动幅度。从理论上讲,当机座的刚度足够大时,可以使机座的振动趋向于零,但由于增加刚性会导致结构尺寸的增加和质量的增加,对一艘尺度和质量都受到限制的小型游艇来说不够现实,因此还要兼顾经济性的考虑。

(2)采用弹性支撑和弹性连接。

弹性支撑一般是采用隔振器,有橡胶隔振器和金属隔振器等形式。橡胶隔振器的优点是价格便宜、不易塑性变形,缺点是高温下易老化及弹性变差、可燃;金属隔振器优点是抗水耐油,高温下不变形且维护方便,缺点是价格较贵。隔振器一般都是随机供应的,主机厂商会把隔振器的特性调整到与主机振动特性最匹配的状态。设备采用弹性支撑,因为机器在弹性机座上运转时不可避免地会产生上下、左右颤动,所以轴系同机器的连接同心度变差,必须采用弹性联轴器来补偿。弹性联轴器安装于主机输出轴与传动齿轮箱之间,它含有橡胶元器件,传递动力时允许有一定的轴向和径向位移及一定的角偏差,吸收了振动能量。

当采用环氧机座垫片工艺来安装机器后,机器与机座的连接就由弹性支撑转变为刚性支撑,在刚性支撑的轴系中,如果对中(即轴系同心度)较好的话,那么弹性联轴器也是可以省去的。

(3)敷设阻尼材料。

在机舱的合适部位敷设阻尼材料。利用阻尼材料在其内部产生拉伸、弯曲、剪切等变形,吸收大量的入射能量。利用材料的黏弹性将部分振动机械能转变为摩擦热能而损耗掉,从而达到减振降噪的目的。除机舱外,在螺旋桨上方船底板处、主机座面板和腹板处、主机座前后艇体结构处、机舱前壁处,有时在与上甲板室邻接的机舱顶甲板处等位置进行敷设,都有利于降低振动和噪声的传播。

船用阻尼材料目前主要分为片状粘贴材、阻尼钢板和涂料3种类型。

早期的片状材料以沥青系列制品为主,价格低廉,来源广泛,但阻尼性能较差。随后出现的橡胶型片材因其阻尼性能较沥青材料有较大的提高,在船上得到广泛应用。但也存在一些难以克服的缺点,如对底材的表面处理要求相当严格,施工时需用特殊的胶黏剂粘贴,常因粘贴不牢在使用一段时间后脱落,导致阻尼性能下降。对于复杂结构(如碰钉、马脚、焊缝等)和曲率较大的施工部位,橡胶型片材的应用受到限制。

阻尼钢板阻尼材料是将一层黏弹材料复合在两层相同厚度的钢板之间,形成所谓夹心阻尼结构,具有阻尼效果好、外表美观的优点;缺点是材料密度较大,剪裁困难,尤其是焊接工艺复杂,焊接过程中黏弹材料易燃烧损坏,影响其阻尼性能,同时由于其成本较高,故应用受到限制。

阻尼涂料作为阻尼材料具有制造工艺简单、施工方便、性能优异等特点,发展极为迅速。初期的阻尼涂料为溶剂型,以沥青为主要成膜物,加入其他的树脂、助剂、填料及有机溶剂混合而成,不仅阻尼性能差,而且易燃易爆,使用不安全,污染环境,应用受到很大限制。20世纪80年代中后期,国内外开始对水性阻尼涂料进行研究和应用开发,取得了较好的效果。水性阻尼涂料虽然解决了污染和易燃易爆问题,但存在干燥时间长,厚涂困难的缺点。在气温较低、湿度较大的情况下,该类涂料施工受到很大限制。无溶剂阻燃型系列阻尼涂料,克服了以往船用阻尼涂料在阻尼性、工艺性、实用性等方面的诸多不足,成为综合性能较理想的阻尼材料之一。由于阻尼材料贴敷成本较高,一般只在高档豪华游艇上使用。

(4)采用浇注型环氧机座垫片。

在以往船艇用柴油机、甲板机械安装时,传统的方法是用钢铁块作机座垫片。与采用弹性支撑相反,精密安装的刚性垫片限制了机械振动的幅度,增加了机座的刚度,同样能起到减振的作用,且可以省去弹性联轴器。但这种方法施工工艺要求很高,对轴系中心线与机器中心线的重合度(俗称"校中")要求很高,不大适合小型游艇。现有JN120A浇注型环氧机座垫片大大简化了施工工艺,而且由于这种材料的黏弹性与钢铁不同,振动和噪声在两种介质中传播会受到干扰和损耗,因此减振和降噪效果显著。

3.针对机舱的降噪措施

机舱里的噪声主要是各种机器发出的空气噪声,在某种情况下,也可能是第二噪声源以结构噪声的形式辐射出来,比如螺旋桨在艉舱板上激发出的结构噪声。一般来说,机舱的噪声都会在90 dB以上,足以损伤人的听力,必须采取综合性的措施进行降噪处理。可以采取的措施主要有:

(1)选用低噪声的设备。

在机舱机电设备选型时,选用低噪声型号,从源头上注意降低机舱的总噪声。

(2)采用吸声设施降低总噪声级。

吸声材料一般多采用多孔性材料或纤维性材料,诸如矿渣棉、玻璃纤维织物等。当声波传递到吸声材料内部结构中时,就会引起吸声材料的振动,导致材料间的相互摩擦,振动能转换成热能。吸声材料一般用拉制的金属丝网或钢、铝质穿孔薄壁板固定在机舱围壁和天花板位置处。这种结构形式必须注意两点:

①钢、铝质穿孔薄壁板的穿孔面积要达到30%以上;

②吸声材料不能被油烟所覆盖,不能油漆,否则会大大降低吸声性能。

(3)采用隔声罩。

机器发出的噪声部分是结构噪声,部分是空气噪声。对于空气噪声部分可以采用隔声罩将机器封闭在有效屏蔽的罩壳空间内(除了必要的冷却水和空气进出口),在罩壳内部表面敷设吸声材料。游艇用的柴油发电机组都是带隔声罩的。

(4)装设隔声屏障。

声音的一个特性是遇到坚硬的表面时能非常有效地反射,如钢板能反射大约99%的声波,而且与声音的频率基本无关。隔声屏障要想取得明显效果,其高度尺寸要大于波长,所以隔声屏障适用于产生短波高频噪声的小型机械,在以反射声场占主导地位的机舱里很难起到令人满意的效果。

(5)进排气及通风管道中的消声。

进排气、通风管道中的噪声也是机舱噪声的组成之一,采用安装消声器的方式可以有效降低噪声。消声器有两种结构形式:抗式消声器和阻式消声器。抗式消声器的原理是通过管道流通面积的变化,反射一部分入射声能来降低噪声。该种消声器结构简单,使用普遍,对一定的频段相当有效。阻式消声器的原理是通过吸收一部分入射的声能并将之转换为摩擦热能来降低噪声。这种消声器在宽广的频率范围内都有效。

二、避免共振

艇体结构在多种激振源和不同振动频率的联合作用下,设计参数选择不当时极有可能产生共振现象。在设计当中首先应该避免下述情况的发生。

(1)避免螺旋桨与艇体结构、主机及轴系发生共振现象。

主要通过增加螺旋桨的叶数即叶频来避免与艇体结构、轴系的自然频率相近,避免主机的汽缸数、冲程数和螺旋桨叶数相等或成整数倍。有时通过调整螺旋桨安装角度,使螺旋桨推力激振力与曲轴纵振动激振力相抵消也是有效的方法。

(2)调整局部结构的形式。

不同结构形式的固有频率是不一样的。当有共振发生的可能时,可采用调整局部结构的类型、设置支柱等方式来改变结构固有频率以避免共振。需要注意的是在振动节点处设支柱是无效的,在振幅最大处设置支柱最为有效。

(3)提高结构的刚度。

在没有其他更好办法的情况下,可以加大结构尺寸规格来提高局部结构的刚度,加强局部结构的边界约束条件,从而降低结构对振动的响应值,将振动控制在可接受的程度上。

任务三　浇注型环氧机座垫片的应用和施工工艺

中高档游艇采用浇注型环氧垫片来安装主、辅机,各种设备和轴系定位,在改善振动降噪的同时,艇的安全性、舒适性、经济性均有所提高。

一、JN120A 浇注型环氧机座垫片

各类高速艇、穿浪艇、游艇的减振降噪一直是设计人员关注的问题。而引起振动、噪声的原因很多,通常高速艇的艇体及上层建筑大都采用薄板或铝合金,结构比较薄弱,直接的

原因是主机、辅机、轴系所引起的。以往采用的方法大都是在机脚位置安装弹性减振器,但效果并不理想。寻找一种新型材料和工艺来替代弹性减振器,改善船艇的舒适性、安静性一直是设计人员和船东的共同愿望。

20世纪80年代初期,国际、国内造船业蓬勃发展,世界各地的船东及船厂特别是一系列的军用舰艇、潜艇在主、辅机、甲板机械、轴系安装中大量采用了浇注型环氧机座垫片这一新型材料,引起了广泛关注。我国经过多年的试制,开发成功"JN120A浇注型环氧机座垫片",从20世纪90年代开始各种高速船艇的设备定位采用JN120A浇注型环氧机座垫片来改善振动和噪声,取得了较好的效果。经过大量船艇设备的使用经验证明,该产品是用于各种动力机械设备安装的最佳材料。

二、JN120A环氧垫片的特性

由于常规的钢铁垫片接触面积小,特别在螺栓附近受压通常很大,随着离螺栓距离的增大而压力迅速下降。而浇注型环氧垫片能与主机机座完全接触,确保轴系中心精确。环氧垫片夹在机座和基座之间,这种异种材料带来的声阻抗再加上具有较低的弹性模数有效地吸收振动和噪音,使高速艇在海上航行时因颤动而诱发出局部的瞬时压力被缓和,并均匀地分布在基座支承面上,这样就不会因局部的瞬时压力使螺栓和垫片损坏或变形,从而引发事故。

环氧垫片具有很高的摩擦系数,用环氧垫片安装各种机械设备时对基座的表面要求不高,无须加工并能在不规则的表面上进行垫片浇注工作。因浇注型环氧机座垫片的接触面为100%,基座与机座面之间极难发生滑动,理论上没有磨损现象,所以螺栓不易松动。

环氧垫片另一特性是热膨胀系数比钢铁垫片约大2.5倍,当主机工作时,环氧垫片的膨胀力被紧固螺栓限制了,增加了螺栓的张力,并增进了垫片的稳定性。除此之外环氧垫片还具有如下特点:

(1)室温浇注、室温固化、工艺简单、黏度低、表面张力小、能填满基座面上的任何凹坑。

(2)浇注过程中物料不沉淀、固化后不分层、外观均一。

(3)固化后的材料性能稳定,耐油、耐海水、抗紫外线、对金属无腐蚀、具有自熄性能、浇注时无毒无污染。

(4)线收缩率极小(≤0.000 2)。

(5)质量小(相对密度为1.67)。

(6)使用寿命长(>60年)。

以上特性保证了主、辅机的安装位置准确,不易发生偏差,由于接触面积大,吸振降噪性能好,使机舱噪声降低,舒适性、安静性提高。在多年的应用过程中,凡已用环氧垫片的主、辅机很少发现任何质量问题。特别是一大批军用的高速艇、穿浪艇浇注环氧垫片后效果十分明显。环氧垫片适用于钢、铝板基座,同时也适用于水泥基座上作为快速垫片来安装各种设备。表6-1为JN120A浇注型环氧机座垫片主要技术性能指标。

表 6 – 1 JN120A 浇注型环氧机座垫片主要技术性能指标

序号	项目	标准	要求性能	实测结果
1	泊松比	ASTM – D – 638	0.05%	0.05%
2	抗拉强度	ASTM – D – 638	50 MPa	69.1 MPa
3	抗压强度	ASTM – D – 695	120 MPa	154.9 MPa
4	抗弹性模数	ASTM – D – 695	5 000 MPa	5 207 MPa
5	冲击强度	ASTM – D – 256	0.20 J/cm	0.232 J/cm
6	振动实验	MIL – STD – 167	无损坏	无损坏
7	线性收缩	ASTM – D – 2566	<0.02%	0.012%
8	硬度	ASTM – D – 2583	>35 巴氏	40~45 巴氏
9	氧指数	GR2406 – 80	35	35
10	水平燃烧性	GR2406 – 80	Ⅱ级	Ⅱ级
11	热变形温度	ASTM – D – 648	80 ℃	85 ℃
12	可燃性		自熄	自熄
13	与钢结合力	ASTM – D – 243	30 kN	55 kN
14	吸水率	ISO62	0.5%	0.42%

三、环氧机座垫片的施工工艺

1. 浇注垫片的所需物

浇注垫片的所需物有以下几类:

(1)JN120A 浇注型环氧机座垫片为双组分材料:由环氧浇注料(每听 3.6 L)和固化剂(每瓶 300 g)两部分成套供应。每一套可浇注的体积为 3 600 cm³。使用前可按图纸计算出所需的用量,应考虑浇注溢口、厚度变化及其他损耗,通常订货量为垫片所需量再增加 40%左右。气温大于 30 ℃时,固化剂加入量每套应适当减少至 270 g 左右。

(2)清洁表面用材料:

①钢丝刷;

②砂纸;

③擦布;

④丙酮。

(3)浇注模腔制作用材料:

①柔性海绵条;

②前、后挡板(厚 1~2 mm 钢板或铝板);

③密封胶泥;

④脱模剂;

⑤油脂(用于螺栓表面防粘);

⑥割刀(切割海绵用);

⑦海绵管或木塞。

（4）搅拌及施工用器具：

①防护手套；

②重型手提电钻（转速在 200 r/min 之内，可配一只调压器以控制转速，手枪钻速度太快会产生气泡）；

③JIFFY 搅拌头；

④浇注时用的淌板。

（5）冬季用加热器（热风机或远红外灯泡）：如钢板表面温度 ≤10 ℃，要用加热器或小太阳灯将接触面温度加热至 10 ℃ 以上；夏季用风机：如环境气温 ≥30 ℃，应在清晨或晚间施工，并在施工现场配备几只风机。

（6）制作试样用物料：

①试样围框（用 0.5 ~ 1 mm 铁皮制作）D100 mm × H40 mm；

②巴氏硬度计（用于检测环氧垫片固化后的硬度）。

2. 机座与基座表面的准备工作

（1）用砂纸或钢丝刷把机座底面和基座表面油漆、氧化皮及锈斑等物除去，并用丙酮或四氯化碳反复擦净。

（2）机座底面和基座表面的水分应全部擦干净，如表面留有水分会影响固化物的质量。

（3）如果基座表面涂有薄层且又牢固的无机锌粉末涂料和类似环氧类车间底漆（涂料）是可以接受的，无须清除。

3. 主机的安装与定位

（1）主机按轴系中心线初步定位，在主机基座上画出主机底脚螺栓（包括支承螺栓）的位置。

（2）将主机基座面板上的定位螺栓孔全部钻好。

（3）清除铁锈后，将后挡板点焊在基座上。后挡板与基座平面垂直，挡板高度应低于垫片厚度 5 mm 左右，后挡板的作用是防止海绵条滑倒。

（4）主机轴系中心定位，为考虑机座固定螺栓拧紧后垫块的压缩量，轴中心线应考虑提高，提高量为垫片每厚 10 mm，轴线抬高 0.01 mm。

（5）用丙酮反复擦洗基座和机座表面上的杂物与油污，直至手摸上去无油泥。

（6）设计垫片时，尽量选择最佳厚度为 30 mm；垫片的厚度选择范围是 12 ~ 75 mm。若垫片厚度超过 75 mm，可分两次浇注。

（7）按设计要求的垫块尺寸图制作模框，用厚度 18 ~ 25 mm 的海绵条按垫片的不同高度裁切，海绵条的高度应比垫片高出 8 ~ 10 mm（确保有一个良好的密封效果），用小木条轻轻将海绵条塞进间隙，形成模框。游艇的主机大多采用高速柴油机，通常是 4 ~ 6 个机脚，可采用两个"L"形的挡板点焊后做成模框，缝用胶泥密封。

（8）除拂配的螺栓外，在定位螺栓、紧固螺栓和木塞上均匀地涂上薄薄的一层不融化油脂，以使螺栓在日后维修时便于拆卸，螺头在下，螺杆向上，便于施工，并在六角头的内侧平面上嵌一圈胶泥，防止浇注料泄漏。如遇细颈螺栓做定位螺栓，可在螺栓外套上一段海绵套管，以便拆装，或用海绵管（外径比螺孔大 3 ~ 5 mm）塞入螺孔内，待环氧垫片完全固化后拔掉海绵管，装入细颈螺栓。

拂配螺栓可在浇注前先拂配好，也可在浇注后拂配。如果在浇注后拂配，应在拂配孔位置装拂配螺栓导管并用木塞固定。每个拂配螺栓导管的高度比垫片高度低 1 ~ 2 mm。

（9）在整片区域应当用脱模剂喷涂，方便以后拆装。

（10）点焊前挡板，挡板与机座侧面的间隙为 12 ~ 20 mm。前挡板应高出机座下平面 20 mm 以上，挡板与基座的间隙用胶泥堵塞，在溢口的两边塞入小泡沫，留出 12 ~ 20 mm 的间隙是用于注入环氧浇注料的浇注口。

（11）再次检查模框，在确认不漏后，机座下平面、基座上平面及前挡板的内侧表面喷涂脱模剂，使挡板和环氧垫片可方便拆卸。

4. 混合环氧浇注料

（1）为了便于浇注，在浇注前先用撬棍将环氧浇注料的沉淀物撬起，放入 70 ~ 80 ℃ 的烘箱内，1 ~ 2 h 拿出后用 JIFFY 搅拌头将环氧浇注料拌匀，也可放在电炉上加热使浇注料的流动性变好，环氧浇注料降温至 25 ~ 30 ℃ 时就可以使用了。

（2）把一瓶固化剂倒入一桶环氧料内，用手提钻（转速尽量控制在 200 r/min 左右）装上 JIFFY 型搅拌头，以旋转方式混合，在混合中搅拌头不能升高露出液面，防止气泡带入，混合时用两脚夹紧桶以防搅拌时甩出，直到固化剂和环氧浇注料均匀一致。

（3）搅拌均匀后放置 2 min 以排出气泡，或找一个空桶来回倒两次将气泡消除。

5. 浇注

（1）浇注工作人员必须经专门培训，持有船级社颁发的浇注技工合格证。

（2）在浇注工作过程中乃至完全固化前应停止柴油机上和周围的一切工作。

（3）混合均匀后的浇注料应尽快地利用淌板进行浇注，桶离淌板 30 cm 左右，浇下的料应成细条状流在淌板上，淌板与模框平面呈 45°角。浇注时从垫块较低的一端开始浇注以便将模框中的空气排出，不要刮用桶边及桶底部的残余物。

（4）浇注应该连续进行，直到浇注口满过垫片。固化过程中应注意防漏，并不断在每个浇口进行补充。

（5）若在室外进行浇注工作，要注意防雨、防水，直到完全固化。

（6）在浇注结束时，现场浇注一块 $D100 \text{ mm} \times H40 \text{ mm}$ 的试样块，与机座垫片处于同一环境中固化，到时检验试块的硬度，要求柴油机用环氧垫片的硬度在 35 以上（巴氏）。甲板机械用环氧垫片硬度在 24 以上（巴氏）。

6. 固化条件及固化剂加入量

室温在 10 ℃ 以下，可利用热风机、小太阳灯或远红外灯加热，使室温升到 10 ℃ 以上，保持 12 h。再在室温情况下固化 48 h，固化剂加入量 300 g/套。

室温在 10 ~ 20 ℃，室温固化 48 h，固化剂加入量 290 g/套。

室温在 20 ~ 30 ℃，室温固化 24 h，固化剂加入量 280 g/套。

室温在 30 ℃ 以上，浇注工作应在晚间或清晨进行，固化剂加入量 270 g/套。

7. 紧固螺栓

（1）先盘测一下中心数据，查看固化过程是否出现偏位下沉，然后松掉支承螺栓，再测一下中心数据，按设计要求的扭力矩采用扭力扳手或拉伸器紧固螺栓。

（2）用扳手拆除前挡板，用锉刀将垫片浇注口的锐角修整成圆角，使浇注口不会积油。

（3）测量柴油机的臂距差，并做好记录，备查。

四、浇注型环氧垫片料在轴系安装中的应用

JN120A 浇注型环氧机座垫片料还用于高速艇和游艇美人架的安装及螺旋桨轴毂与轴管套之间的黏结与定位,具有良好的减振降噪效果。

1. 美人架的安装

采用斜轴传动的螺旋桨轴(又称艉轴)往往用 1~3 个美人架把艉轴固定在艇底下。早期的做法是美人架直接固定在艇底板上,螺旋桨和轴系的振动直接传至艇底板上,不仅会引起艇底板的疲劳,而且会引起结构噪声。自从浇注型环氧垫片料开发之后,人们发现用环氧垫片料来安装定位美人架更加省力,并解决了一直困扰的螺旋桨激振降噪的难题。具体做法是在美人架与艇体连接部位开一个俗名为"财神腔"的穴腔,将美人架初步固定后进行轴系校中,待轴系中心调整准确后,将穴腔内的空间用 JN120A 浇注型环氧垫片料充垫满。它不仅使美人架与艇体的连接强度增强,而且由于环氧垫料与钢铁的声阻抗不同使振动大大下降,有效地改善了游艇乘坐的舒适性。

对高速短美人架的定位通常采用两次浇注。第一次对调整中心后的上平面进行浇注,确保轴系中心准确;第二次浇注是将穴腔内垫充满,使美人架强度提高。

2. 轴毂与艉轴套管之间的黏结

轴毂与艉轴套管之间的黏结也可采用环氧浇注工艺,以取代传统的现场镗孔工艺。采用环氧浇注工艺时,轴毂内径及轴管衬套的内外径都可在内场加工完毕,然后将艉管轴承压入轴管衬套内,将轴焊于船体上。再把轴管衬套置入轴毂内(装入前将环氧垫片料接触面用丙酮反复擦净),用轴毂上的调节螺栓,将轴管衬套按照激光仪光心定位(两端间隙用海绵条密封),或用 6~10 mm 挡板点焊后,缝隙用手捏型环氧胶泥填充密封,待其牢固,检查合格后,从注入料斗倒入浇注环氧料,直到透气管溢出为止。由于压力较高允许分层浇注,在 20 ℃温度下 24 h 即可完全固化,在固化过程中,料斗应不断补料以补充环氧料固化过程中排出的小气泡。

采用这项工艺的最大优点是可以提高轴系校中质量,彻底改掉以往用镗排加工轴系的老工艺,尤其对有美人架的细长轴系加工及安装更显节能、省工的优点。

3. 喷水推进装置定位安装

喷水推进装置的艉喷口法兰、吸口法兰、艉轴封法兰、中间轴承定位采用浇注型环氧垫片来安装非常简单可靠,在多艘各类喷水高速舰艇上应用效果很好。

施工时先调整好喷水推进装置的中心位置,加以定位,将与环氧垫片接触面用丙酮反复清洁干净,不能有任何油、水侵入。环氧垫片浇注单边最小空隙应大于 10 mm。用宽度 35 mm、厚 1~2 mm 的铁皮作挡板,点焊固定到艇体构件上,周围的缝隙、螺栓处用特种 JN120HDg 密封胶泥做好密封工作。浇口放置在 12 点位置的接缝处,后端如果人无法进入密封,应考虑开工艺孔。

项目七 游艇推进装置

【知识目标】

1. 掌握游艇推进装置分类。

【能力目标】

1. 能正确选择螺旋桨、表面桨及其他推进装置。

本项目着重介绍适合游艇使用的推进装置,包括螺旋桨、表面推进装置、喷水推进器、侧推器和风帆推进装置。

任务一 螺旋桨与表面桨

一、螺旋桨

螺旋桨把发动机传送过来的旋转扭矩转化为推动船艇前进的力,它是游艇上用得最多的推进装置。根据螺旋桨的特征又可分为固定螺距螺旋桨、可调螺距螺旋桨、导管桨、对转桨、表面桨等不同类型。

1. 螺旋的特征参数

螺旋桨有3个特征参数:

(1)螺距(pitch)。

螺距是指螺旋桨旋转一周在轴向移动的距离。假定螺旋桨在原地不动,则意味着叶片把水向后推移一段距离,这是理论上的,而实际上叶片推动水时会打滑,导致能量损耗,这就产生了螺旋桨效率。

叶片的螺距越大,叶片相对于桨盘面的螺距角也越大(图7-1)。但相对于某 航速来说,它有一个最佳螺距角。固定螺距螺旋桨的叶片是不能转动的,因此它在设计航速时的效率最高;当航速下降时,它的效率也会降低。可调螺距螺旋桨就不一样,它的叶片能够转动,即螺距是可以调节的,因此对于航速要求多变的船艇来说,采用可调螺距螺旋桨可以提高效率,节约能源。

(2)直径(diameter)。

螺旋桨直径是指桨叶顶端最外圈的直径。在螺旋桨设计中总

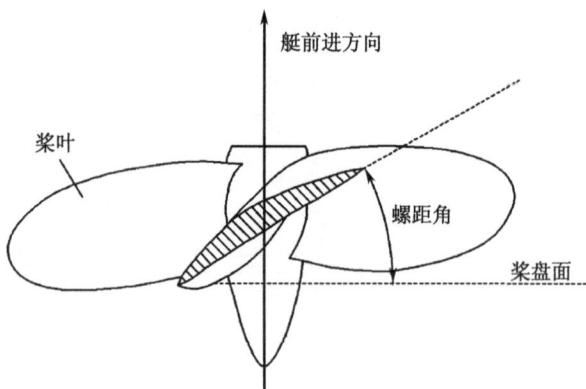

图7-1 叶片的螺距角

是希望采用尽可能大的直径,提高螺旋桨吸收功率的能力,改善空泡性能。但在游艇上,螺旋桨直径是受吃水和安装位置限制的。过大的螺旋桨直径得不到艇体的防护,容易碰伤,所以并不可取。

(3)盘面比(EAR)。

螺旋桨的盘面积是指螺旋桨直径所围成的圆盘面积,即 $\pi D^2/4$。把叶片摊平放在平面上就成了叶片的展开面积,叶片展开面积的总和除以盘面积,就得到了盘面比。

盘面比大,意味着叶片较宽而且丰满,叶片单位面积上的负荷就轻,有利于避免空泡的产生。但增大盘面比会导致螺旋桨效率的下降,因此在不发生空泡的前提下应使盘面比尽量取得小一些,以利提高螺旋桨效率。

极大部分螺旋桨的盘面比小于1,但高速艇螺旋桨的盘面比有大于1的。

2.螺旋桨的几何形状

螺旋桨通常由桨叶和桨毂两部分组成,如图7-2所示,常用的有三叶和四叶桨,个别也有两叶和五叶甚至六叶的。桨叶是产生推力的,从船尾向船首看到的一面称为叶面,另一面称为叶背。从螺旋桨叶面看,靠前面的一边称为导边,顺车转动时,它领先与水接触,靠后面的一边称为随边。桨叶与桨毂相连的地方称为叶根,远离桨毂的一端称为叶梢。

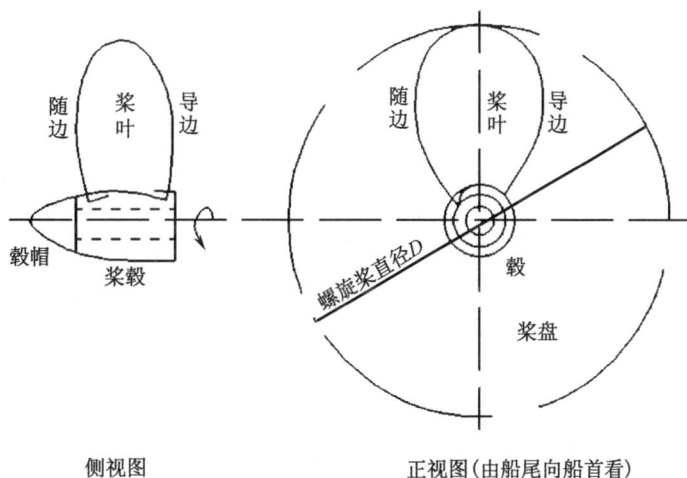

图7-2 螺旋桨各部分名称

桨毂是固定桨叶和连接桨轴的锥形体,它不产生推力。为了减小水的阻力,在桨毂后边加一整流罩,与桨毂形成一光顺的流线型形体,称为毂帽。

桨叶切面形状一般可区分为机翼型和弓背型,如图7-3所示,图中是展开后的切面。切面两端点间的距离 b 称为切面弦长,两端的连线称为弦线。叶切面的最大厚度用 t 表示。桨叶各切面的最大厚度位置不是一成不变的,机翼型切面的最大厚度在离导边三分之一弦长处,如图7-3(a)所示;弓背型切面的最大厚度常在弦的中间,如图7-3(b)所示。有些螺旋桨其叶根切面的形状与叶片切面的形状并不相同。例如荷兰船模试验池发表的B型螺旋桨系列形状,其叶根切面是机翼型,叶梢切面是弓背型,中间是过渡形式,最大厚度由叶根切面处的35%弦长过渡到叶梢切面处的50%弦长。

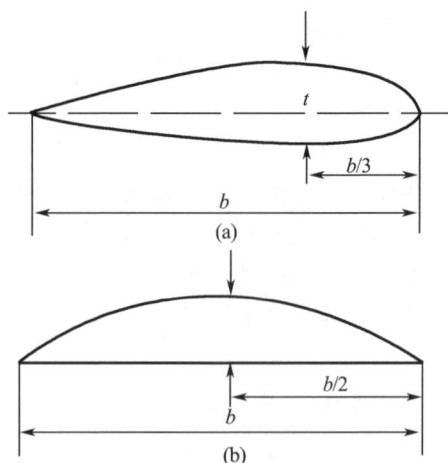

图 7 - 3 桨叶切面形状

3. 空泡现象

船用大功率、高转速的主机不断出现,船舶的航速也随之提高。螺旋桨的空泡就是在船舶采用大功率、高转速主机之后出现的一种现象。所谓空泡,就是在桨叶背面(吸力面),液体的压力低于饱和水蒸气压力时水流发生汽化,同时水中的气体往该处聚集而形成的气泡。当螺旋桨出现"空泡"后,会对螺旋桨的性能带来不同程度的影响,或者使航速降低,或者使桨叶材料受到损坏,这种损坏有时还延及桨后的舵、桨上方的船体板,或者使船体产生严重的振动和噪声。所以空泡是一种有害的现象,应当尽量克服。

在高速艇上,螺旋桨要想完全避免空泡是不可能的。根据空泡的程度,螺旋桨可区分为非空泡桨、亚空泡桨和超空泡桨。当桨叶背面的空泡面积小于 10% 时称为非空泡桨,此时桨叶的推力、转矩和效率均不受影响;当桨叶背面空泡继续扩大时,桨叶的推力、转矩和效率均有不同程度的下降,这样的桨称为亚空泡桨;当转速再增加时,桨叶背面全部笼罩在空泡中,甚至出现与大气连通的通风现象,此时桨的推力不再下降,反而会随着来流速度的增加而增加,这样的桨称为超空泡桨。

4. 定距桨

固定螺距螺旋桨简称"定距桨"(图 7 - 4),其构造简单,是中小型游艇上用得最普遍的推进器。常见的有三叶桨和四叶桨。高速艇的吃水浅,螺旋桨的直径受到限制,为了吸收高的功率这种螺旋桨的叶片都做得很宽大,盘面比大,甚至有超过 1 的。

图 7 - 4 固定螺距螺旋桨

倘若是一艘排水量型游艇,螺旋桨应尽量采用大直径、低转速的桨以提高螺旋桨的效率。这种桨工作时须全部浸沉在水中,又称全浸桨。近代推进装置的含义已从螺旋桨扩到轴系、轴承、变速箱及各种附件,诸如艉轴管、艉轴密封装置、轴系托架(又称"美人架")等,有的还包含导流管、吊舱、舵等,构成一个系统。

游艇常见的斜轴推进系统中的"斜轴"是指轴系相对于艇底平面来说,有一个向下倾斜的角度,目的是使螺旋桨全部浸沉在水中。斜轴的一端与齿轮减速器相连,另一端则固定螺旋桨。发动机的功率经齿轮减速器减速后驱动螺旋桨轴,带动螺旋桨旋转。为实现倒车,主机或齿轮箱应具有逆转功能。舵一般布置在螺旋桨的正后方,舵的转向操纵机构(舵轮)和发动机的转速控制机构(俗称"车钟")设置在艇前部的驾驶台上,通过电动或液压方式来操纵舵的转角和机器的转速,实现艇的驾驶和操纵。

5.可调螺距螺旋桨

定距桨的缺陷是螺距不能变化,一次性制作很难做到与船的航速、发动机功率的正确匹配,因此很难做到效率最大化。同时,游艇的航速也是经常变化的,有时需要风驰电掣般的速度,有时需要悠闲自在地在海上巡弋。这时如果螺距能够改变,那么主机和螺旋桨可以工作在最佳状态,在节省能源的同时,还能提高机器的寿命,可调螺距螺旋桨能满足这种需要。可调螺距螺旋桨简称"可调桨"(图7-5)。可调桨的优点:

①可根据航速的变化调节螺距,使船、机、桨得到合理匹配,提高推进效率,节约能源。

②具有倒车功能。倒车时无须主机或齿轮减速器反转,工作平稳,倒车反应灵。但也有缺点,就是调距机构比较复杂,拥挤在空间狭小的桨内,制造复杂,造价高,维护不便,比定距桨大的桨毂直径也增加了阻力。

可调桨的桨叶根部是一个圆形的法兰盘,用螺栓固定在桨毂的调距机构上,可根据遥控指令转动桨叶,调节螺距角。调距机构可分为两类,一类是机械式的,它通过空心的螺旋桨轴内部的一根可伸缩的杆,顶动桨毂内的一个偏心机构带动叶片旋转。这种机构相对简单,但只适合小型的可调桨。另类是液压式的,通过油压的变化来推动桨中的滑块带动叶片旋转。这种机构比较复杂,但功率大,适用于大型的可调桨。调距桨的造价高,使用也比较复杂,一般用在较大的高档游艇上。

图7-5 可调螺距螺旋桨

6.对转桨

在同一个转轴上安装有前后2个转向相反的螺旋桨,称为对转桨(图7-6)。

螺旋桨工作时,桨叶搅动水流,在产生推力的同时,使桨后的水流加速并产生旋转。桨后水流旋转带走了一部分能量,使推进效率下降。采用对转桨,前面螺旋桨产生的旋转水流正好被后面的桨所利用,吸收了一部分旋转能,提高了推进效率,这是一种节能的解决方案。

后面桨产生的旋转水流正好抵消前桨的旋转水流,起到了整流作用,可以带给游艇更好的操控性能,还可以消除螺旋桨旋转产生的侧滚力。缺点是对转桨增加了轴系传动的复杂性。

7. 导管桨

把螺旋桨安装在导管中,称为导管桨(图7-7)。导管引起流场的变化,它使螺旋桨前方的来流收缩,在导管中加速,形成速度更高的喷射流,提高了推进效率。导管还能够减少螺旋桨的叶梢涡流损耗,从而进一步提高了螺旋桨的效率。

图7-6　对转桨　　　　　　　图7-7　导管桨

螺旋桨大多安装在艇的尾部,艇在前进的时候会带着一部分水往前走,这部分水称为伴流。伴流并非完全不好,有时候它对提高螺旋桨效率还是有帮助的,只是伴流在螺旋桨工作的圆盘内并不均匀,容易引起桨的振动,对艇带来不利影响。在艇尾安装导流管后,可使伴流变得更加均匀,对减振降噪有利。

导管大部分固定在船体上,称为固定导管桨。但也有一些导管悬挂在船尾或船体下面并且能够转动,称为转动导管桨。这种导管桨具有舵和桨的组合功能,并具有转向机构,故称为舵桨组合体,船艇采用这种舵桨装置大大提高了操控性能。其导管的叶片形状也与普通的螺旋桨不同,它的叶梢比较宽,呈圆弧状,与导管壁的间隙小,有利于提高推进效率。导管桨适用于中低速船艇,转动导管桨适用于机动性要求高的船艇,但不适用于高速船艇。因为对于高速艇来说,导管大大增加了附体阻力。

8. 超空泡桨

当要求一艘小艇以极高的速度航行时,螺旋桨叶片上的空泡已经不可避免。当螺旋桨的叶片背面上全部被空泡覆盖时,螺旋桨就工作处于"超空泡"状态。超空泡的发现使舰船设计师们大受鼓舞。他们设计出了超空泡螺旋桨,使螺旋桨叶片背面完全被汽化了的水分子所覆盖,推进效率就不再降低,对螺旋桨叶片的剥蚀也减少了。

超空泡桨一般有4~6个叶片,叶片轮廓像一把刀似的。它的导边呈弯曲的圆弧形,随边呈辐射状的直线形。超空泡螺旋桨为了使"超空泡"状态提前到来,并且形成稳定的叶背面空穴,它的叶切面形状与常规螺旋桨截然不同。常规螺旋桨的叶切面最大厚度位于距导边 1/3～1/2 弦长处,通常导边的厚度大于随边的厚度。超空泡螺旋桨恰好相反,不管叶片的轮廓形状如何变化,超空泡桨翼型剖面特征是导边尖削,随边为厚度较厚的钝边。在超空泡状态时,叶片背面的形状是不重要的,关键是压力面形状的设计,按超空泡原理设计的螺旋桨,其叶片的压力面负荷比常规的非空泡螺旋桨高得多,因此叶片的抗弯强度也要求较高。超空泡桨只适用于高速艇,低速航行时效率很低。

二、表面桨

表面桨采用割划水面式螺旋桨,俗称半浸桨(图 7-8),其特点为螺旋桨浸水部分仅为螺旋桨直径的 40%～60%,螺旋桨轴的上部出现在水面上,当螺旋桨转动时,桨叶像刀一样切割水面,从而产生推力。由于水面桨叶依次入水,会把空气带进水里,和空泡现象不同,它会阻止螺旋桨在水里产生空泡,从而提高效率;同时由于表面桨不受空间限制,桨的尺寸较大,可以充分发挥发动机功率。

图 7-8　表面桨推进系统

表面桨适合采用超空泡螺旋桨,解决了常规螺旋桨在高速时普遍存在的空泡问题,如设计得当,其敞水效率可达到 70% 以上。滑行状态时,由于桨轴在水面上,避免了桨轴和附体对来流的干扰,消除了占总阻力 30% 以上的附体阻力,使艇的阻力大大减小。再则,桨轴的倾角小,通常为 4°～7°,比斜轴桨小得多,推力的分量损失小。表面桨驱动具有良好的浅水机动性、节省燃料,并且表面桨结构紧凑、质量轻、耐腐蚀、性能可靠、维修简单等特点。

表面桨多用在高速艇上,而高速艇在航行过程中,其吃水和纵倾角会发生变化,导致表面桨的浸沉深度发生变化。当表面桨的浸深增加,超过设计浸深时,桨叶负荷增加,导致桨轴扭矩增加,主机就会超负荷;当桨的浸深减小时,主机就会因负荷变轻而超速。这种现象都导致机和桨的负荷不相匹配,所以要通过调节表面桨浸深的方法来调节负荷。

表面推进装置根据其浸深调节方式可区分为微调式、固定式、可调式 3 种。

现代早期的表面驱动装置将螺旋桨轴露出艉板底部,螺旋桨安装在固定的螺旋桨轴上,所以只有螺旋桨底部的叶片处于艉板下的水流中。这种简易装置存在的问题是随着艇航速的增加,航行吃水和航行姿态改变,桨的浸深不能调节导致桨的负荷与主机不能匹配。

表面驱动装置在市场用得最多的是高速巡逻艇,也有船厂将该系统用于休闲艇上。游艇采用这种驱动装置能使艇达到更高的速度水平。当小艇的速度要求达到 30 kn 以上时,表面驱动装置逐渐体现其优越性。表面桨都属于超空泡螺旋桨,它在低速时的工作效率极差,因此不宜在中低速游艇上使用。

任务二 其他推进装置

一、吊舱式推进装置

吊舱式推进装置的英文名称为 pod drive,把推进装置包裹在水下悬体(Pod)中,悬挂在船艇的底下,就成了吊舱式推进装置(图 7 - 9)。

图 7 - 9 吊舱式推进装置

二、侧向推进器

侧向推进器一般装在艇首或艇尾,其轴线垂直艇的中纵剖面,产生的侧向推力可以使艇产生横移、改变艇首航向或摆动艉部(图 7 - 10,图 7 - 11)。游艇在海上航行时,风力和海流都会使艇偏离航向,如果艇上装有侧向推力器,可以抵消风和海流的作用,实现精确的航向控制,同时降低驾驶操作的复杂性。在高档游艇上,普遍使用侧向推进器来控制航向、精确定位和靠泊码头。

侧向推进器是一种导管推力器(tunnel thruster),分为可调螺距侧向推进器和固定螺距侧向推进器两种形式。原动机常用电动机或液压马达驱动。固定螺距侧向推进器结构比较简单,但需要原动机反转来产生反向推力。可调螺距侧向推进器的优点是无须反转机构,可产生双向推力。这对于船舶机动性来说非常有利。

游艇上使用的侧推器要求精致、小巧、低噪音而推力大。

侧向推进器只能进行短时、间隙运转,电机长时间运转会产生过热现象,一般连续运转时间不宜超过 30 min。当需要较长时间运转,或质量、地位受到限制时,可以采用液压侧推器。

图 7-10 船首推进器

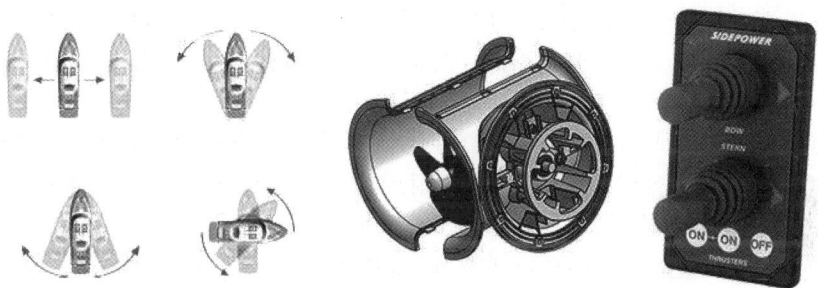

图 7-11 船尾推进器

三、喷水推进装置

与常规螺旋桨驱动模式相比,喷水式驱动带来了诸多优势。不再需要螺旋桨、螺旋桨轴、支撑架(托架)和方向舵,从而使艇体的附体阻力大大减小。喷水式驱动对于中高速度艇显示出独特的优越性(图 7-12)。由于艇体内能容纳整个动力传动系统,故可以在极浅的水中航行。喷水式驱动所具备的无外部螺旋桨驱动艇体的能力正是使 PWC 小艇(个人艇)变得现实可行的主要因素,这种驱动器对于靠近游艇游泳的人及海洋生物来说,体现出极高的安全性。

在高速航行状况下,应用喷水式驱动要比螺旋桨推进所产生的噪音更小,船只也更加平稳。喷水推进器已对营运航速大于 25 kn 的艇上推进器的选用构成巨大冲击。考虑到总的推进效率,喷水推进器在较高航速时优点突出,此外,在减少振动和航行吃水等方面也要优于其他推进器。

喷水推进装置通常由进口流道、喷水推进泵、操舵倒航机构、液压系统和控制系统 5 大部分组成。游艇上大都采用平进口喷水推进器,所谓平进口是指它的进水口与艇底相平,一般的进水口处都装有格栅,以防异物侵入。

图 7 – 12   喷水推进装置

喷水推进器与其他船用推进器的不同之处在于推力不是直接由推进器产生,而是由喷射泵(简称"喷泵")将水从喷口吸入后,经喷泵的转子加速,喷泵中的定子起整流作用,然后经喷口喷出。喷口的直径比进口直径小得多,因此喷射流的速度比进水流的速度要大得多,喷射流的动能就是推动船舶前进的动力。它与喷气式发动机的推进原理基本相同,只不过喷气式发动机使用的介质是空气,而喷水推进器的介质是水。因此,从理论上讲,喷口设在水面上和水面下是一样的。从减小喷泵流的运动阻力来说,喷口设在水面上更好一些。

如今游艇可以完全依赖喷水推进,也可以使用常规螺旋桨驱动的同时配备喷水推进装置作为加速器,以便在需要达到高速时提供附加动力。在此类配置中,喷水推进器的喷嘴是直喷的,不带任何附加装置,它只负责提供前进推力。

常规使用的喷水推进装置的喷口还装有控制航向的偏流器和倒车斗,以便提供游艇机动所需要的侧向推力和倒车力。偏流器和倒车斗形如一个导流罩,平时位于喷口的上方,当艇前进时,它不起作用。当艇需要机动时,液压机构把它放到喷口的后面,它就会使喷射的水流向两侧发生偏转,如果一侧的喷口受到阻挡,则水流只能向不受阻挡的一侧喷射,产生转向力矩,使艇转向。如果左右两侧的喷口同时受到阻挡,则水流只能向艇首方向喷出,产生倒车力,使艇从前进变为后退,这就成了倒车斗。

有些游艇的推进装置包含 3 台喷水推进器,其中 2 台在舷侧的喷水推进器装有提供侧向推力的偏流器和倒车斗,而那台中心的喷水推进器是不带任何附加装置的,它仅在需要达到最高航速时才使用。

喷水推进装置的制造可以用各种不同的材料,包括铝、不锈钢及其他合成材料以适应各种各样的应用需求。

作为典型安装,大多数喷水推进装置被安装在艇体尾部,这种安排可以使发动机靠后安装,因此能够进一步减少动力装置占用的空间。在功率相对较小的安装方案中,喷水泵可以与发动机直接耦合起来。当船艇需原地不动时,所配备的偏流器可提供零推力。然而这种方法的缺点是喷水泵工作时会搅动船只周围的水,水浅时还会卷起泥沙。在喷水泵和发动机之间的耦合使用带离合器的变速器,这有利于发动机的转速与喷水泵的运行实现合理的匹配,当主机处于怠速状态时可以让喷水泵保持不动。

喷水推进装置的功率目前已达数万千瓦,和常规的螺旋桨驱动系统一样,喷水推进装置也应和艇体、主机精密匹配,包括航速、功率和机动性指标。目前大多数喷水推进装置的供应商能提供这方面的服务,包括主机和传动系统的选型。

对于高速船只来说,进水口设计备受关注,因为在高速峰值状态下,进水口必须有足够的进水量以防喷水泵出现打空现象。在通常情况下,海水要通过呈直角的管口进入,其供应给喷水泵腔的流量非常大。

水泵的设计呈多样化,包括单级和多级轴流及混流设计。还有专门用于小河流等浅水区域的水泵,这些地方经常会遇到泥沙进泵的现象。喷水推进装置的设计还要考虑如何清理泥沙和维护保养,否则可能导致进水口被堵塞或水泵被卡住。这些方法包括利用倒转水泵来清理进水口,其他手段有使用耙子或预设清理用的通道等。

四、风帆

帆船是依靠风帆来推进的,风帆有横帆和纵帆之分(图 7-13)。

图 7-13　风帆

横帆,又叫方形帆,顺风的时候扯起来,效果比纵帆要好。当风向与风帆成 90°时,风帆的推力达到最大值,此时风帆的推力等于每平方米风帆面积上的风压力乘以风帆的面积,如果船的航向与风向一致,船就能乘风破浪地前进。横帆适合远洋航行,但逆风时效果很差,此时可以把帆卸下,靠其他动力行驶。

纵帆,又叫三角帆,是一种可以来回转动的帆,操作简便,顺风、逆风都可以使用,受风向影响小,顺风时不如横帆,但逆风航行能力强,它是一种真正的流体动力学推进装置,这种帆犹如一片机翼,无论在顺风、逆风中,只要掌握好与风向的夹角,风帆上就能获得前进的动力。

纵帆的工作原理与机翼很相似,当飞机前进时,气流在飞机机翼断面上流动,从机翼正前方吹过来的风会沿着机翼的形状,形成上、下两股气流。从机翼上方通过的气流因受到机翼的影响会形成一道流线形的弧线,与机翼下方通过的平直气流流线相比,机翼上方流线的弧度明显比下方大，所以会造成流速加快的现象。根据伯努利定律流速快的地方气流内部压力会降低的原理，机翼上下面间就形成了一定的气压差。这就产生了机翼的升力，将飞机托起。

　　风帆也会产生同样的现象，这就是风帆在气流中产生推力的原因。它与机翼的不同之处在于它没有厚度，但有很大的拱度。当气流与风帆成一定的夹角流经帆面时，气流发生绕流现象，流经背风面的流线走的距离比迎风面的长，根据"伯努利效应"，距离长的流动速度加快，压力降低；距离短的流动速度减缓，压力升高。所以在风帆的背风面会产生负压力（吸力），风帆的迎风面则产生正压力。两者压力之差就产生了垂直于风帆弦线的推力，推动帆船前进。

项目八　游艇电器设备

【知识目标】

1. 了解游艇电站和游艇导航设备；
2. 了解游艇驾驶台和操作系统。

【能力目标】

1. 掌握游艇电站、导航设备、驾驶台和操纵系统功能。

在游艇上,电器设备和导航仪表是优质生活的保证。随着科学技术的日新月异,游艇电器设备和导航仪表的面貌正在不断改变,趋向于小型化、多功能和智能化。本项目主要介绍适合中小型游艇的典型设施。

任务一　游艇电站和导航设备

一、游艇电站

(一)供电系统

供电系统有多种形式,如交流供电系统、直流供电系统和交直流供电系统。

船艇电力是实现高度自动化的保障。船艇电力系统是由电站、电网及其负载组成的。电站是船上电能的源泉,它包括电源和配电控制箱两大部分。

船上电能的来源主要有船用发电机组(俗称"电站")、主机附带的发电机、岸电和船上携带的蓄电池组。当主机工作时,它所附带的发电机发出的电力如果足够的话,船用发电机组就不必启动,这两者互为备用,可提高船艇的安全性。当船艇主机不工作时(停泊状态),可启动电站供电,多余的电力可通过浮充电方式储存在蓄电池组中。游艇靠岸时可利用岸电为电池充电,这些操作有时是通过配电控制箱自动进行的。

船艇用电设备通常有交流和直流两种电制。由于交流电气设备具有质量小、体积小、成本低、工作可靠、船陆通用、维护方便等一系列优点,所以近年来在游艇上得到广泛使用。但在一些小艇上,所配套的设备大多是低压电器,如各种泵、机等,在设计电制时通常以50 ft为分界线,50 ft以下游艇多采用直流12 V电制,50 ft及以上游艇大都采用直流24 V电制。使用电池供电的直流供电系统依然存在,此时若存在交流电器设备,可通过逆变器供电。在大部分游艇上,直流电器和交流电器并存的现象较为普遍,所以这些艇上采用交直流供电系统,其配电箱直流和交流是分开的。

当游艇停靠码头时,可以采用岸电供电,并向蓄电池充电。游艇开航时,启动发电机供电。应急状态时,全部采用电池供电。

(二)配电板

游艇的配电板由于舱室空间的原因,一般都做得很精巧(图8-1)。

配电控制箱是由各种控制、保护、调整、测量、配电和信号设备所组成的一套综合电气设备,可通过它来完成下列任务:

(1)对发电机和电网的电压、电流、绝缘、频率等参数进行测量、调整,以保证供电质量。

(2)对电网的运行状态进行监控和操作,如发电机的启动和并网,当发电机或电网发生过载、短路、逆功率、欠电压等故障时自动切断故障电路,并发出报警讯号。

(3)根据电力需要配送电力,并通过信号设备或仪表指示发电机和电网的工作状态。

供电安全可靠是每艘游艇所必需的。对于多个电源供电的系统,如岸电、发电机和电池供电,必须有一个配电箱来进行控制和转换。

图8-1 游艇配电板

对于船上有交流和直流两套电制的电路,配电板应分成两屏,并在屏的中间做有效隔离。

交流部分屏的上部装有检测发电机工况的电表及岸电工作指示灯、汇流排电源指示灯、绝缘测试按钮及绝缘指示灯,在屏的中间装有发电机供电主开关及岸电供电开关,在屏的下部装有负载供电开关。发电机主开关与岸电开关之间相互连锁,不能同时合闸。

直流部分屏在屏的上部装有电流表、电压表、母线供电指示灯、绝缘测试及绝缘指示灯,屏的中间装有蓄电池供电的转换开关,在屏的下方装有航行信号灯供电开关及辅助设备供电开关。

(三)电站

游艇上使用的电力通常由岸电、艇上自带的电站和电池提供。

电站通常是由一台柴油机和发电机组装在一起构成的,发出的电力通过配电板传送给各种用电设备。也有发电机是附带在推进主机上的,但这种电站在主机不工作时不能提供电力,需要由岸电或电池供电。

帆艇上也需要电力,所以小型电站是不可缺少的装备。一些小型游艇上要求电站体积小、质量小,也有采用汽油发电机组的。

游艇上的电站要求质量小、噪声小,因此最好使用全封闭式的电站。有静音箱的小型柴油发电机组把柴油机、发电机组装在一起,外部用一个隔音箱封闭起来。隔音箱的外壳为多层玻璃纤维增强聚酯结构,内部填充乙烯树脂泡沫隔音层。隔音箱结构阻止了噪音传播和红外辐射。

游艇电站的结构非常紧凑。当代先进的船用发电机组均装备基于微处理器的高级数字控器,不但能有效控制机组运行情况,而且还能将重要的信息转发到远程仪表和显示器上,显示功率、蓄电池电压、机油压力、发动机运行小时数、运行工况和系统故障状态,使操作者一目了然。

(四)电池

在游艇上,当电站不工作时,依靠蓄电池供电可满足日常照明、对外通信联络、各种导航仪表及生活电器的电力需求。一些艇上依靠蓄电池供电还能保持机动能力,太阳能的利用使电池的重要性日益突出。

电池可分为两大类:原电池和蓄电池。原电池泛指能产生电能的小型装置,它无须充电,游艇上常见的有太阳能电池、燃料电池。蓄电池是指要充电才能使用的电池,可以经历多次充电、放电循环,反复使用。

电池的性能参数主要有电动势、容量、比能量和电阻。

电池的能量储存有限,电池所能输出的总电荷量叫作它的容量,通常以安培小时为单位,它也是电池的一个主要性能参数。

1. 原电池

(1)燃料电池:燃料电池是一种把燃料在燃烧过程中释放的化学能直接转换成电能的装置。与蓄电池不同的是它可以从外部分别向两个电极区域连续地补充燃料和氧化剂而不需要充电。燃料电池由燃料(例如氢、甲烷等)、氧化剂(例如氧和空气等)、电极和电解液等四部分构成。其电极具有催化性能,且是多孔结构,以保证较大的活性面积。工作时将燃料通入负极(阴极),氧化剂通入正极(阳极),它们各自在电极的催化下进行电化学反应以获得电能。

燃料电池是利用氢气在阳极进行的氧化反应,将氢气氧化成氢离子,而氧气在阴极进行还原反应,与由阳极传来的氢离子结合生成水。氧化还原反应过程中就可以产生电流。燃料电池的技术包括了碱性燃料电池(AFC)、磷酸燃料电池(PAFC)、质子交换膜燃料电池(PEMFC)、熔融碳酸盐燃料电池(MCFC)、固态氧化物燃料电池(SOFC)、直接甲醇燃料电池(DMFC)等,其中利用甲醇氧化反应作为正极反应的燃料电池技术被业界所看好而积极发展。

燃料电池把燃烧反应所放出的能量直接转变为电能,所以它的能量利用率高,约等于热机效率的2倍以上。此外它还有如下优点:

①设备轻巧;

②不发噪声,很少污染;

③可连续运行;

④单位质量输出电能高,等等。

因此已在宇宙航行中得到应用,在军用与民用的各个领域中也有广泛的应用前景。

(2)太阳能电池:

太阳能电池是把太阳光的能量转换为电能的装置。用于人造卫星、宇宙飞船中的太阳能电池是半导体制成的(常用硅光电池)。日光照射太阳能电池表面时,半导体 PN 结的两侧形成电位差。其效率在 10% 以上,典型的输出功率是 $5 \sim 10 \ mW/cm^2$(结面积)。

2. 蓄电池

(1)铅蓄电池:船艇上最为常用的电池是铅蓄电池。铅蓄电池由正极板群、负极板群、电解液和容器等组成。其极板是用铅合金制成的格栅,电解液为稀硫酸。两极板均覆盖有硫酸铅。充电后正极极板上的硫酸铅转变成棕褐色的二氧化铅(PbO_2),负极极板上的硫酸铅转变成灰色的绒状铅(Pb)。当两极板放置在浓度为 27% ~ 37% 的硫酸(H_2SO_4)水溶液中时,负极板的铅和硫酸发生化学反应,二价的铅正离子(Pb^{2+})转移到电解液中,在负极板上留下两个电子($2e^-$)。由于正负电荷的引力,铅正离子聚集在负极板的周围。而正极板在电解液中水分子作用下有少量的二氧化铅(PbO_2)渗入电解液,其中二价的氧离子和水化合,使二氧化铅分子变成可离解的一种不稳定的物质——氢氧化铅($Pb(OH)_4$)。氢氧化铅由 4 价的铅正离子(Pb^{4+})和 4 个氢氧根($4OH^-$)组成。4 价的铅正离子(Pb^{4+})留在正极板上,使正极板带正电。由于负极板带负电,因而两极板间就产生了一定的电位差,这就是电池的电动势。当接通外电路,电流即由正极流向负极。在放电过程中,负极板上的电子不断经外电路流向正极板,这时在电解液内部因硫酸分子电离成氢正离子(H^+)和硫酸根负离子(SO_4^{2-}),在离子电场力作用下,两种离子分别向正负极移动,硫酸根负离子到达负极板后与铅正离子结合成硫酸铅($PbSO_4$)。在正极板上,由于电子自外电路流入,而与 4 价的铅正离子(Pb^{4+})化合成 2 价的铅正离子(Pb^{2+}),并立即与正极板附近的硫酸根负离子结合成硫酸铅附着在正极上。随着蓄电池的放电,正负极板都受到硫化,同时电解液中的硫酸逐渐减少,而水分增多,从而导致电解液的相对密度下降。在实际使用中,可以通过测定电解液的比重来确定蓄电池的放电程度。在正常使用情况下,铅蓄电池不宜放电过度,否则将使和活性物质混在一起的细小硫酸铅结成较大的晶体,这不仅增加了极板的电阻,而且在充电时很难使它再还原,直接影响蓄电池的容量和寿命。铅蓄电池充电是放电的逆过程。

铅蓄电池的工作电压平稳、使用温度及使用电流范围宽、能充放电数百个循环、贮存性能好(尤其适于干式荷电贮存)、造价较低,因而应用广泛。采用新型铅合金,可改进铅蓄电池的性能。如用铅钙合金作板栅,能保证铅蓄电池最小的浮充电流、减少添水量和延长其使用寿命;采用铅锂合金铸造正板栅,则可减少自放电和满足密封的需要。

对于移动设备,有些使用的是全密封,免维护的铅酸蓄电池,这类电池已经成功使用了许多年,其中的电解液硫酸是由硅凝胶固定或被玻璃纤维隔板吸附的。

铅蓄电池的电动势约为 2 V,常用串联方式组成 6 V 或 12 V 的蓄电池组。电池放电时硫酸浓度减小,可用测电解液比重的方法来判断蓄电池是否需要充电或者充电过程是否可以结束。铅蓄电池的优点是放电时电动势较稳定,缺点是比能量(单位质量所蓄电能)小,对环境腐蚀性强。

(2)铅晶蓄电池:

铅晶蓄电池所采用的高导硅酸盐电解质是传统铅酸电池电解质的复杂性改型,其在生产、使用及废弃物中都不存在污染问题,更符合环保要求。由于铅晶蓄电池用硅酸盐取代硫酸液作为电解质,从而克服了铅酸电池使用寿命短,不能大电流充放电的一系列缺点,更加符合动力电池的必备条件。

铅晶蓄电池较铅酸电池具有无可比拟的优越性:

①铅晶电池的使用寿命长。

一般铅酸电池循环充放电都在 350 次左右,而铅晶电池在额定容量放电 60% 的前提下,循环寿命 700 多次,相当于铅酸电池寿命的一倍。

②高倍率放电性能好。

特殊的工艺使铅晶电池具有高倍率放电的特性,一般铅酸电池放电只有 3 C,铅晶电池放电最大可以达到 10 C。此处 C 为电池应能放出的最低容量,单位为 A·h。

③深度放电性能好。

铅晶电池可深度放电到 0 V,继续充电可恢复全部额定容量,这一特性相对铅酸电池来讲是难以达到的境界。

④耐低温性能好。

铅晶电池的温度适应范围比较广,从 -20 ~ 50 ℃ 都能适应,特别是在 -20 ℃ 的情况下,放电能达到87%。这对广大低温地区是不可多得的特性。

⑤环保性好。

铅晶电池所采用的新材料、新工艺和新配方,不存在酸雾等挥发有害物质,对土地、河流等不会造成污染,更加符合环保要求。

(3)纳米电池:

纳米即 10^{-9} m,纳米电池即用纳米材料(如纳米 MnO_2、$LiMn_2O_4$、$Ni(OH)_2$等)制作的电池。纳米材料具有特殊的微观结构和物理化学性能,如量子尺寸效应、表面效应和隧道量子效应等。目前国内技术成熟的纳米电池是纳米活性炭纤维电池。主要用于电动汽车、电动摩托和电动助力车上。该种电池可充电循环 1 000 次,连续使用时间在 10 年左右。一次充电只需 20 min 左右,平路行程达 400 km,质量在 128 kg 左右。

二、导航设备

游艇的导航设备是用来确定船舶的位置、航向、航速、水深、周围目标及自动驾驶用的设备的。犹如人的耳目,导航设备是保证船艇在大海中准确和安全航行的重要设备。随着电子技术的进步,游艇上的导航设备突飞猛进,日新月异,许多航空电子技术正在向船艇转移,其总的发展趋势是集成化、网络化和智能化。

早期船艇上配备的导航设备较为简单,主要是磁罗经和海图。确定船位的技术比较复杂,航海人员要学会使用六分仪根据天体的位置来确定船位。后来发明了无线电定位技术,使船艇的导航技术发生了质的飞跃。无线电导航仪利用接收地面导航台的信息可以方便地确定船位。电子海图的出现和网络技术的应用更是使现代导航设备面貌一新。传统的纸质海图已被电子海图所取代,无论航行到哪里,都可以通过网络下载当地最新版的海图,还可以获得最新的导航信息。电子海图还可以和雷达显示屏、自动舵、渔探仪等集成,形成多功能显示器,再添加实时的各种导航信息,使驾驶人员对自己的船位和周围的情况一目了然。

智能化是新一代导航系统的发展趋势,它在现有集成系统的基础上,通过计算机处理,使船上各种设施实现智能化管理。

1. 罗经

罗经是船上用来指示航向的重要仪器。

(1)磁罗经。

磁罗经(图 8-2)是最早在航海上使用的一种指向仪器。它和我们祖先所发明的指南针一样,其基本原理是磁棒(磁针)受地磁场的作用而指向地球磁极的方向。由于磁罗经的构造简单、性能可靠、使用方便又不需要供电,所以尽管有许多高精度的导航仪器装备在船艇上,磁罗经却仍是船艇上不可缺少的导航仪器。但是磁罗经的指向精确度不高,因为磁罗经的指向受所在地点的外界磁场的影响。精确的测量结果表明,各地的地磁场是随时间在缓慢地变化着,另外,磁罗经周围磁性物体的变化都会引起磁罗经的指向误差。因此,磁罗经只适用于沿岸航行的船舶,或作为备用罗经。

(2)电罗经。

图 8-2 磁罗经

电罗经是 1852 年法国物理学家列昂·付科（Lean Foucault）在利用陀螺仪证明地球自转时，提出利用陀螺仪作为方向指示器的设想而发明的。电罗经是指示子午线的仪器。因它的指向与地磁场无关，也不受周围磁性物体的影响，方向准确性高，稳定性好。

电罗经的指向精确度高，但它的结构复杂，存在着体积大、成本高、噪声大、故障率高、维护频繁等缺点，而且必须有电才能工作，这在小型游艇上使用比较困难。图 8 - 3 为电罗经。

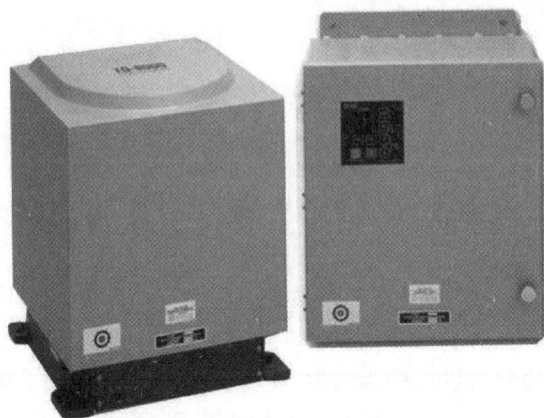

图 8 - 3　电罗经

（3）基于 GPS 的卫星罗经。

随着科学技术的发展，特别是电子技术的发展，使得船舶电子及导航设备朝着小型化、高可靠性、高性价比的方向发展。人们一直在寻求一种可替代传统电罗经的指向设备，为此研究人员开发了电子指北设备来代替电罗经。

GPS 卫星定位系统是当今比较成熟的定位系统，因此研究人员构想出了基于 GPS 卫星定位系统的指北设备——卫星罗经，又名 GPS 罗经，图 8 - 4 为卫星罗经。

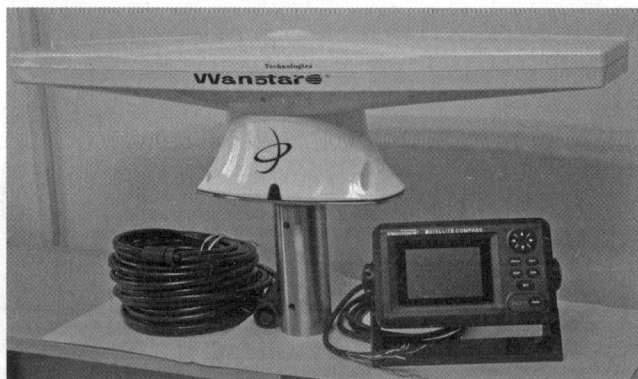

图 8 - 4　卫星罗经

2. 导航系统

任何一个曾在海上航行过的人都知道传统的人工导航技术,它需要用较长的时间将罗经的方位、雷达测量的距离、电子测量或者天空观察到的位置变换并绘成海图航线,再用船位推算法对航向和速度进行估计以显示实时状态。这样的方法已经很陈旧了,游艇的驾驶人员学习起来也很困难。

现代导航技术从船舶电子传感器,包括罗经、计程仪、卫星导航接收机、雷达及其他设备传递来的数据信息,直接送至计算机,并立即转换成彩色电子海图显示在屏幕上。

现在的导航系统能够直接利用电子海图的数据库,它可以实时观察到包括船舶确切位置、船舶运动及水面航行交通信息的"快照"。

(1)自动舵。

自动舵是一种自动操舵装置。它是在通常的操舵装置上加装自动控制部分而成。其工作原理是:根据罗经显示的船舶航向和规定的航向比较后,得到航向误差信号,即偏航信号,然后输出纠偏指令到舵机,转动舵产生合适的偏舵角,使船在舵的作用下,转向规定的航向。自动操舵仪具有自动操舵和手动操舵两种工作方式。船舶在大海中直线航行时,采用自动操舵方式,可减轻舵工劳动强度和提高航向保持的精度,从而相应缩短航行时间,节省能源;船舶在能见度不良或进出港时,采用手动操舵方式,具有灵活、机动的特点。

自动舵的彩色显示器可以很清断地显示船航向、罗经、GPS、舵角等信息。自动舵的操控器可以设定需要的航向,让它去执行。如果驾驶的船具有飞桥,设置上、下两套操舵装置,则可以选择安装双自动舵显示控制器,这样方便驾驶,非常适合舱内舱外同时操作。

(2)电子海图/雷达综合显示系统。

电子海图是指利用计算机多媒体技术和海洋地理信息系统实时显示船舶航线或航道沿途自然环境及障碍物的图件。

电子海图/雷达综合显示系统是一种集成式导航信息系统,它在使用电子海图的基础上将导航信息、海图信息和雷达信息集成在一起处理和显示。

电子海图之所以引起高度重视,是因为它具有传统纸质海图无法比拟的优点。电子海图系统可以进行自动航线设计、航向航迹监测、自动存储本船航迹、历史航程重新演示、航行自动警报(如偏航误入危险区等)、快速查询各种信息(如水文、港口、潮汐、海流等)、船舶动态实时显示(如每秒刷新船位、航速、航向等),将雷达/ARPA(自动测绘雷达)的回波图像叠显在海图上,数千幅海图的自动更正只需几分钟。

电子助航的核心是电子海图/雷达/渔探综合显示系统,而综合显示系统的多语言是选择的重要因素之一。中小型游艇上使用的电子海图/雷达综合显示系统要求体积小、操作简便。

(3)自动导航装置。

在游艇上自动导航装置的应用非常普遍,其耗电少、准确率高,在航行过程中还能节省燃料。

以往自动导航装置依赖具有一定灵敏度的磁航向传感器,因此导航性能仅适用于平静或中等海浪情况。如今自动导航装置采用的是固态磁航向传感器。在带有全球定位系统的船用陀螺仪的辅助下,即使是在特殊情况下仍然能够获得理想的导航效果。

通过与船载全球定位系统接收器或海图仪连接,自动导航装置能够在复杂的航行路线中准确地为驾船者导航,并且能够自动更正风速和水流对船的影响。只要游艇的方向舵在转动就会有能量损耗,因此自动导航装置可以将船只保持在与预定航向或航线非常接近的方向,以便减少不必要的舵转动而导致能量损耗。

3. 计程仪

计程仪是在航海中用来指示船舶航速和航程的仪器。计程仪与罗经配合使用可以确定船位。目前船舶使用的4种计程仪通常为水压计程仪、电磁计程仪、多普勒计程仪和声相关计程仪,虽然都是测量船舶航速、航程的仪器,但其测速原理不同、测速功能不同、测量精度也不同。

(1)水压式计程仪。

这种计程仪是利用船舶航行时水对船体的动压力会随船速的增加而增加这一原理制成的,由实践和分析得知,动压力是与船速的平方成正比的。水压式计程仪就是利用压力传感器测出动压力与静压力之差,利用压差的大小计算出瞬时航速,再乘以时间算出航程。

水压式计程仪安装的部位要求在船艇的最低吃水线以下,测得的航速和航程数据被传至装于驾驶室内的显示器上显示。

水压式计程仪测得的动压力是船相对于水的速度,而我们需要的航速是相对于地面的速度,即以地岸为参考点的速度,两者存在着误差,且是无法消除的。例如顺水和逆水的航速是不同的。在海洋中各处的洋流是不同的且是变化的,因此水压式计程仪的精度较差,船的实际行程须通过其他仪器进行修正。

(2)电磁计程仪。

电磁计程仪是利用电磁感应原理来测量船舶的瞬时航速并累计航程的。它先把非电量的水流速度转变成相应的电势量,再根据电势的大小来指示航速和累计航程。

通过电磁感应原理可知导线在磁场中做切割磁力线的运动时,导线的两端将产生感应电势。当磁力线、导线和导线的运动方向三者互为垂直时,导线两端感应电势的大小与导线运动速度成正比。

船舶前进时,船体相对于水运动。我们从船底外用一根既不导电也不是铁磁材料做的管子把流水引进传感器,在流水导管处于磁极位置的水平两侧装有一对电极,当水充满导管时,水就将电极连接起来。在一般情况下水是导电物质,则两电极之间就相当于有一根水平的“导线”存在。当导管内的水流动时就可以看作这根“导线”在运动,而且运动方向是与“导线”垂直的。由磁场绕组产生的磁力线是垂直方向的,电极之间的“导线”是水平安置的,水流方向也就是“导线”的运动方向,是沿着流水导管的轴流动的,这就形成了磁场、“导线”及运动方向互相垂直的局面。这时在传感器的磁场绕组上施以 220 V 50 Hz 的交流电,则两磁极之间就产生一个 50 Hz 的交变磁场。在这种情况下,流水导管两电极上就会产生 50 Hz 的交流感应电势,它的大小与水流速度成正比,这就把非电量的速度值转换成了相应的电信号。

与水压式计程仪一样,电磁计程仪也只能测量船舶相对于水的速度,不能消除水速误差,但是电磁计程仪与水压式计程仪相比较,具有航速灵敏度高、能测低速的优点。

(3)多普勒声呐计程仪。

多普勒声呐计程仪是利用在水中声波传播的多普勒效应来测量船舶相对岸壁或海底的运动速度、并累计航程的仪器(图8-5)。

多普勒效应是人们所熟知的,例如鸣笛的火车从我们身边飞驶而过,当火车朝我们开来时,笛声越来越尖,而当火车离我们远去时,笛声音调逐渐变低。笛声音调的变化是由于声源的运动使得每秒钟撞击我们耳膜的声波数（即声频）发生了变化。这种物理现象称之为"多普勒效应"，而接收到的声频与发射出的声频的偏差就称为多普勒频移。

多普勒声呐计程仪就是利用上述效应进行工作的。安装于船底的发射换能器以一定的俯角向下前方海底发射声波，声波传到海底，经过反射和散射后部分返回水面，由船底的接收换能器接收。如果船处于静止状态，则接收声波的频率与发射频率相同，如果船以某一航速向前航行，则接收频率会发生变化。接收频率与发射频率之差即多普勒频移，与船速 V 成正比。测得多普勒频移后，就能确定船的瞬间航速 V，通过计算即可累计航程。

图 8 - 5　多普勒计程仪

多普勒声呐计程仪与水压式和电磁计程仪相比具有如下优点：

①水深在 150 ~ 300 m 以内，能测量船舶相对海底或固定目标的绝对速度；水深大于 300 m 时，则测量船舶相对 20 ~ 60 m 深处的平静水层的速度，精度较高，可达 0.1% 。

②能精确测量低船速，测速阈值为 0.01 kn。

③不仅能测船舶前进和后退速度，而且能测量横向速度，甚至三维空间的速度向量。

缺点是测量精度受声在水中传播速度的影响，而水中声速随海水压力、温度和含盐量的不同而变化。因此在多普勒频移量向船速的转换中，必须进行声速校正或补偿。

（4）声学相关计程仪。

声相关计程仪是 20 世纪 70 年代研制成功的一种绝对计程仪，它是利用对水声信息的相关原理来测量船舶速度和累计船舶航程的。

声相关计程仪在 4 种计程仪中是功能比较齐全、比较先进的计程仪。它与水压式计程仪和电磁计程仪相比具有测量精度高，能够测量绝对航速、航程，能够测量船舶横向移动速度等优点。与多普勒计程仪相比，它除了具有与多普勒计程仪相同的优点之外，在海底跟踪状态下还可以测量水深，即兼有测深仪的作用。声相关计程仪的测量精度不受超声波在水中传播速度的变化影响，因此其测量精度一般比多普勒计程仪高。

4. 通信设备

台式 VHF 电台主要作用是用于船上人员与航行的商船及陆地海事部门保持联系。扬帆远航的一段时间内可能会与陆地失去联系，手机没有信号，这时台式 VHF 电台就起到了重要的作用。

5. AIS 目标识别系统

航行中通常会在途中遇到许多商船，由于我们不知道对方是谁，用 VHF 呼叫时对方不应答。如果船上配备了 AIS 目标自动识别系统，就可以很方便地知道对方的船名、船籍、呼号、航速、航向等信息，这样便于我们直接呼叫和避让。图 8 - 6 为 AIS 船载自动识别系统。

6. 航海雷达

航海雷达的主要功能是扫描船舶附近的障碍物，起到发现目标、防碰撞的功能（图 8 - 7）。游艇在航行

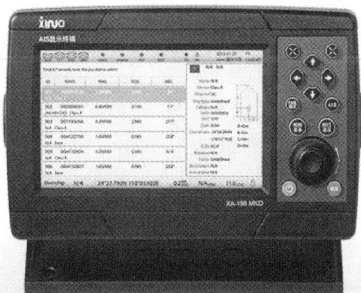

图 8 - 6　AIS 船载自动识别系统

中,雷达的工作时间几乎是 24 h 不间断地开机,特别是在夜间和大雾中航行时更是必不可少的,游艇雷达基本工作在 3 nm 和 6 nm 以下距档,能在近距档高清晰地分辨出渔网、浮漂等障碍物。由于在大部分时间里,游艇驾驶人员均在露台上操纵驾驶,因此要求雷达对人体超低辐射、超长工作时间、近距档高清晰分辨率。

7. 航行灯

航行灯,又称"信号灯"(图 8 – 8),用于显示船舶航行或停泊状态,可表示夜间本船的航行方向和本船的大小。航行灯包括桅灯、舷灯、尾灯、环照灯等。

图 8 – 7　航海雷达

左舷灯　　　　　　舷灯/桅杆灯　　　　　　右舷灯

图 8 – 8　航行灯

(1)桅灯:安置在船舶的桅杆上方或者艏艉中心线上方的号灯,在 225°的水平弧内显示不间断的灯光,其装置要使灯光从船舶的正前方到每一舷正横后 22.5°内显示。总长 12 m 及以上的游艇,其桅灯安置在艇体以上高度应不小于 2.5 m;总长小于 12 m 的游艇,桅灯安装高度允许小于 2.5 m,允许用环照白灯代替桅灯,但此灯的设置至少应高于舷灯 1 m。

(2)舷灯:安置在船舶最高甲板左右两侧的左舷的红光灯和右舷的绿光灯,各自在 112.5°的水平弧内显示不间断的灯光,其装置要使灯光从船舶的正前方到各自一舷的正横后 22.5°内分别显示。舷灯遮板向灯面应当涂以无光黑漆。遮板的高度至少等于灯高。舷灯安置在艇体以上的高度应不超过前桅灯高度的 3/4;舷灯如并为一盏,则应安置在低于桅灯不小于 1 m 处。

(3)艉灯:安置在船尾正中的白光灯。在 135°的水平弧内显示不间断的灯光,其装置要使灯光从船舶的正后方到每一舷 67.5°内显示。

(4)环照灯:360°的水平弧内显示不间断灯光的号灯。

任务二 驾驶台和操纵系统

一、驾驶台

动力游艇的驾驶台内配置主机操纵手柄、监视仪表、操舵装置、主机遥控及显示仪表、航行信号管理、磁罗经、甚高频无线电话等。从安全和方便驾驶员操纵方面考虑,大部分电气设备控制都集中在驾驶区域(图8-9)。

图8-9 游艇的驾驶台布置

中小型游艇的驾驶台占据的空间都很小,这样可以留下更多的生活空间,但要求有宽阔的视野,以便在驾驶座上进行各种驾艇操作。

对于有飞桥甲板的游艇,一般都有复式驾驶台,即在飞桥甲板上设置一套与座舱中主驾驶台一模一样的副驾驶台,主、副驾驶台是联动的,可完成相同的功能,唯一的区别是复式驾驶台上配备的显示器尺寸可能会小一些。

二、游艇操纵装置

1. 液压操舵系统

一个液压操舵系统的基本配置包括舵轮带动的液压油泵、驱动舵转动的液压油缸、连接油泵和油缸的液压油管路。

手动液压操舵系统增加一些元件后可以很方便地转换为电动液压操舵系统。液压操舵系统由电气控制回路和液压动作回路两部分组成。电气控制回路的核心是控制箱,液压动作回路的核心是电动液压油泵。当电动液压油泵不工作时,手动油泵也能担负起驾驶操舵功能。手动液压操舵系统转换为电动液压操舵系统之后可接入自动驾驶仪、随动驾驶器和电动遥控驾驶器。随动驾驶器和电动遥控驾驶器可以在驾驶台以外的任意地点操纵舵机。

2. 电气操舵装置

结合双机装置,电气操舵装置使用电动舵机来驱动舵。每个舵叶各自转动,其舵角改变的大小取决于艇回转的紧凑程度。

3. 单手柄操纵器

单手柄操纵器对艇的操纵非常直观,可以把手柄扳到想要的航向,手柄发出的命令经控制箱内的中央控制器处理后会变成操舵命令和操纵推进器或侧推器的命令,使艇按照驾艇者的意图行进。

无论是单手柄操纵器发出的航向命令,还是主机控制手柄(车钟)或遥控操纵器发出的指令都在控制箱内经计算机处理后,转变成为控制主机油门、变速箱档位、艏、艉侧推器和舵机的指令,由各种执行器执行。舵的转动角度由舵角传感器反馈给控制箱,再进行修正。一些高档游艇上,单手柄操纵器和智能驾驶仪结合起来,使复杂的驾驶操作转变成为简单而直接的程序。

三、主机操纵器

主机的控制主要是调节油门大小和变速齿轮箱的变挡。除了一些简易小艇上依然采用钢丝绳牵引控制外,极大部分中高档游艇上都采用了电气控制系统。游艇上双控制头控制双主机系统,其控制原理是驾驶员操纵控制头手柄的信号经中央控制单元处理后送至执行机构执行。目前油门的控制方式有机械式和电子式两种,可适配适当的执行机构。控制头是用来控制主机油门和排挡的指令发送器,形式很多,大同小异。

主机操纵器的品牌很多,现代游艇上使用的主机操纵器大都融入以微处理器为核心的智能驾驶系统中,成为冗余控制模式中的一种模式,并且可以被其他操纵模式(如单手柄操纵模式、遥控操纵模式)所取代。

四、帆船操舵装置

帆船属于非动力艇,它的操舵装置以人力为主。为了省力,操舵轮的直径通常在1 m左右,大的可达到1.8 m。海洋帆船简易操舵装置的底座用螺栓固定在甲板上,底座的顶部安装一台磁罗经,正面除了舵轮外,还可安装指示仪表。侧面是操纵辅助发动机(如果有的话)的手柄,上部还有一个保护磁罗经兼做扶手的环。

小型帆船上只设一台操舵装置,通过钢丝绳牵动舵旋转。大一点的帆船左右各设置一台操舵装置,两台操舵装置是联动的,人在左舷或右舷都可以驾驶船。除了钢丝绳牵引使舵转动的方式外,也有采用齿轮、齿条、连杆机构传动方式的,但这类机构比较复杂,造价较高。

项目九　游艇消防设备

【知识目标】

1. 了解游艇消防设备的分类；
2. 了解游艇消防系统的安装过程。

【能力目标】

1. 能正确编写消防系统的安装工艺。

任务一　消防设备的分类

船舶消防系统的设置是根据船舶的用途和动力装置的种类决定的，一般常采用两种以上的消防方式。蒸汽机船舶通常装有水灭火系统和蒸汽灭火系统；内燃机船舶通常装有水灭火系统和二氧化碳或卤化物灭火系统。对一些小范围的油类等火情，常使用手提式二氧化碳泡沫灭火器。

1. 水灭火系统

水灭火的原理是降低燃烧的三个要素之一的燃烧温度。水与燃烧物接触时，蒸发成蒸汽，从而吸收大量的热量，使燃烧物温度降低以至熄灭。压力大的水柱不仅能冷却燃烧物的外部，而且能穿透它，使之不会发生再燃烧的现象。

水灭火系统用来扑灭机舱、干货舱、居住舱室和公共舱室内的火灾；扑灭甲板、平台、上层建筑等露天部分的火灾和扑灭其他船和码头建筑物的火灾。但水灭火系统不能扑灭油类的燃烧，因为油比水轻，油会在水的自由液面上蔓延，随着水的流动使火势扩大。正在工作的电器设备舱室的灭火，也不宜用水，因为水能导电，可能导致短路。水灭火系统可以用于冲洗甲板、舱室和洒水降温。

水灭火系统管系较简单，所以基本上每条船都装了水灭火系统。

2. 蒸汽灭火系统

蒸汽灭火的原理是将饱和蒸汽通入封闭的舱室内，以形成不能维持燃烧的空气环境，使火熄灭。作为灭火系统的蒸汽压力要用 0.5 MPa、1.2 MPa 的饱和蒸汽，如果锅炉蒸汽压力高于此值，应装置减压阀使之降到规定的压力，不能利用过热蒸汽作为蒸汽灭火的工质。

蒸汽灭火系统主要用在干货船和油船上。它一般设置在干货舱、货油舱及相邻的隔离舱、煤舱、燃油柜、燃油的锅炉舱和贮藏室、灯间、油漆间等。具有主（或副）锅炉的所有船舶上，在贮存燃料的舱室内均装备蒸汽灭火系统。

蒸汽灭火系统的特点是结构简单、造价和使用费用低廉。其缺点是对人有致命的危险，只能用于封闭的舱室内，使用时使货物和设备也会受到损失。

3. 二氧化碳灭火系统

二氧化碳灭火的原理是在封闭的舱室内，比空气重的二氧化碳气体包围着燃烧物，使其周围形成不能维持燃烧的气层,燃烧物在空气供应不足的情况下,自行熄灭。

二氧化碳灭火系统主要用于干货舱、燃油柜、货油舱、柴油机的扫气箱和消音器等处的灭火。

二氧化碳灭火系统的主要优点是不仅能扑灭一般火灾,而且能扑灭油类和电气设备的火灾,同时对设备无损害。但是二氧化碳对人有致命的危险(若舱室中含有 6% ~8% 二氧化碳气体的成分,人在内停留 30 min 以上者就有中毒的可能),因此在使用时要特别小心。

4. 泡沫灭火系统

泡沫灭火的原理就是在燃烧物上覆盖一层一定厚度的二氧化碳泡沫,使燃烧物与空气中的氧隔离而扑灭火灾。

泡沫灭火系统取得的方法和它的成分,可分为化学的和空气—机械的两种。

化学的泡沫是酸和碱反应的产物:$2HCl + Na_2O_3 \rightarrow 2NaCl + H_2O + CO_2 \uparrow$,在此种泡沫的空泡中藏有二氧化碳气体。

化学的泡沫灭火系统是在泡沫灭火站内,利用高压水经过泡沫发生器或泡沫容器,将酸和碱(均用粉末)反应后的泡沫通过管路送到发生火灾的舱室去灭火。

空气—机械的泡沫灭火系统,不需要专门的泡沫灭火站和泡沫发生器,泡沫就在管路末端的空气—泡沫喷头中产生,管路所输送的是水与泡沫形成的混合物。用空气—机械式形成的泡沫,耐久性比化学的泡沫差,用它作覆盖物的泡沫层要厚一些,通常比化学泡沫厚一倍左右。

泡沫灭火系统主要用于扑灭运油船、驳油船和干货船的油类火灾。

5. 卤化物灭火系统

卤化物灭火系统是一种对可燃气体和电气火灾非常有效的灭火装置。这种灭火剂的分子中,含有一个和多个卤族元素的原子,如氟、氯、溴和碘等。在化合物中,由于卤族元素存在,增加了化合物惰性、稳定性、不燃性,所以成为有效的灭火剂。如甲烷(CH_4)或乙烷(CH_6)等碳氢化合物中的氢原子,若被卤族元素原子取代后而生成化合物,它的物理化学性质都发生了显著的变化,例如甲烷和乙烷都是易燃气体,而四氟化碳(CF_4)则是一种惰性、不燃和低毒的气体;四氯化碳(CCl_4)是一种不可燃、易挥发的液体,具有很大的毒性。到目前为止,只有四种氟化物可用作灭火剂,它们是:三氟一溴甲烷($CBrF_3$),代号"1301";二氟二溴甲烷(CBr_2F_2),代号"1202";二氟一氯一溴甲烷($CBrClF_2$),代号"1211";四氟二溴乙烷($C_2Br_2F_4$),代号"2402"。

船舶灭火用的卤化物灭火剂可以采用二氟一氯一溴甲烷"1211"或三氟一溴甲烷"1301"。

任务二　水灭火系统的设计

一、水灭火系统布置

水灭火系统的布置形式是由它的用途及对船舶生存力的作用来决定。

水灭火系统的布置形式按干管布置形式分为直线的和环形的两种。直线的干管采用在船宽小于 19 m 的船舶上,而环形干管用于排水量大的船宽大于 19 m 的船舶上。

图 9 – 1 所示为水灭火系统环形干管布置图。

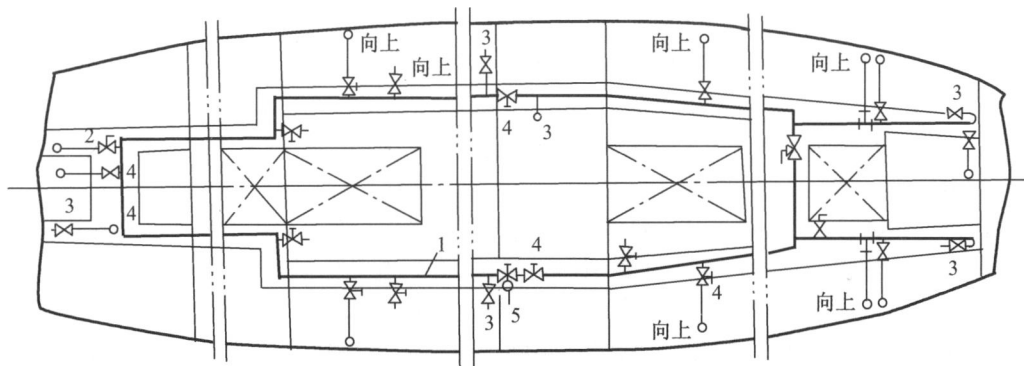

图 9-1 水灭火系统环形干管原理图
1—环形干管;2—支管;3—救火阀;4—截止阀;5—救火泵接出的总管

环形干管敷设在船舶中央部分的机舱区域,干管上装有若干截止阀,以增加其生命力。而位于艏、艉两端的舱室,则由环形干管接出若干直线干管或支管来照管。

干管常敷设在上甲板的上面或下面,但是敷设在上面,很可能使管路遭到碰坏,并妨碍装卸业务和舱面装置工作,以及船员和旅客的通行,且管内的残水在冬天时容易冻结。为了消除上述缺点,可将干管敷设在上甲板或中间甲板的下面或机舱区域内的船舱中。

在客船和大的货船上,为了提高系统的生命力,不仅要采用环形干管,而且个别水密隔舱内装置横向连通管,接通两舷的干管,并在干管上装置若干截止阀,分成几个小的环形管路,甚至在船舶中央纵向引出一直线干管,再分出若干支管。

环形干管的优点能增强系统的生命力。当某一段环形干管发生故障时则可由其他船上干管借消防水带与本船的消防截止阀或接岸装置相接,供水作为灭火之用。要求干管上配有足够的截止阀,它的缺点是管子和阀件多,故装置的质量大,安装工作量大和维修工作量大。

消防栓的数目和布置应符合下列规定:

(1)船上任何处所失火时,应保证至少有两股有效的水柱可以进行施救,且其中一股仅用一根消防水带即可到达;

(2)在机舱出口附近,每舷至少设一个消防栓;

(3)消防栓的位置应易于连接消防水带。在可能装运甲板货的船上,应注意消防栓不被货物碰损。

二、水灭火系统设备和附件配备

机舱内设有两台消防泵(总用泵)和一台应急消防泵,它们可分别从海水总管和应急消防泵的通海阀吸水;经消防总管和各支管通往机舱或各层甲板等处。各支管末端均装有消防栓,以便在火灾发生时与消防水管和水枪连接。此外,船上的甲板两舷还各设有一只国际通岸接头,必要时可以扑灭其他船或岸上建筑物的火灾。

1. 消防泵

所有消防泵应为独立的动力泵。卫生泵、压载泵、舱底泵或通用泵如符合消防泵的有关要求,均可作为消防泵。消防泵一般采用离心泵或往复泵。

2. 应急消防泵

船舶均应设置一台固定式或可携式应急动力消防泵。应急消防泵应有自吸能力,有独立的海底阀,阀的操纵机构要尽量靠近应急消防泵。泵应安装在机舱外的安全处所,并尽可能设在轻载水线以下,若高于轻载水线,则泵应能有效地吸水。

3. 消防栓、消防水带、水枪、国际通岸接头

消防栓由截止阀、内扣式接头和保护盖组成,如图9－2所示。截止阀与消防支管连接,内扣式接头可与消防水带连接。开动消防泵后,只要打开消防栓口的截止阀,消防水就可以从通过消防进入消防水带从水枪喷出。平时可用保护盖套在内扣式接头上。

消防水带一般用帆布或其他合适的材料制成。其直径有 38 mm、50 mm、65 mm 三种规格,长度不大于 20 m。消防水带一端用内扣式接头与消防栓连接,另一端与水枪连接。图9－3为国际通岸消防接头。平时水枪装在消防带上,卷好后放在消防栓附近的消防水箱中。

图 9－2　固定水灭火管路附件
1—消防栓;2—水带接头;3—消防水带;4—水枪

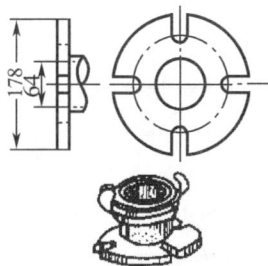

图 9－3　国际通岸消防接头

任务三　二氧化碳灭火系统的设计

一、二氧化碳灭火系统的布置

图 9－4 所示为 46 000 t 散货船的二氧化碳灭火系统原理图。该系统主要用于扑灭货舱、机舱、油舱、油柜、贮藏室及缆索舱等处的火灾。船上二氧化碳站室内共贮放 5 组计 104 瓶二氧化碳钢瓶(机舱内尚有 4 瓶),每只钢瓶的容积为 40 L,所填充的二氧化碳为 0.67 kg/L。钢瓶压力为 12 MPa、15 MPa,二氧化碳以液态贮存在瓶内。钢瓶上装有瓶头阀,通过操纵拉杆装置可将瓶头阀开启或关闭。而该操纵拉杆则由启动气缸依靠每组两只钢瓶中的高压二氧化碳带动。当瓶头阀由启动气缸通过操纵拉杆控制开启时,该组的二氧化碳立即通过止回阀进入集合管,然后通过连接总管上的截止阀进入分配阀箱。打开与各个被防护舱室相连的快开阀,二氧化碳就通过支管、喷头通至各需要灭火的舱室。泄放管路用来将二氧化碳泄放到船外。

为了能及时发现各货舱中的火警,船上还设有自动烟雾警报装置。该装置由两台设在罗经甲板上的抽风机、设在驾驶室内的自动烟雾警报器和吸烟管、定压止回阀及每个货舱

中的 24 只吸烟斗组成。抽风机工作以后,货舱中的空气就通过吸烟斗、吸烟管和止回阀到达自动烟雾警报器,然后经抽风机排至大气。任何火灾在发生时都是先冒烟后燃烧。如果舱室中的空气混有一部分烟气,烟气就通过烟斗进入自动烟雾警报器而发出火灾警报。查看警报器就可以知道哪一舱发生火灾。灭火器和吸烟管之间用隔离膜片隔开,定压止回阀可防止烟气倒流。

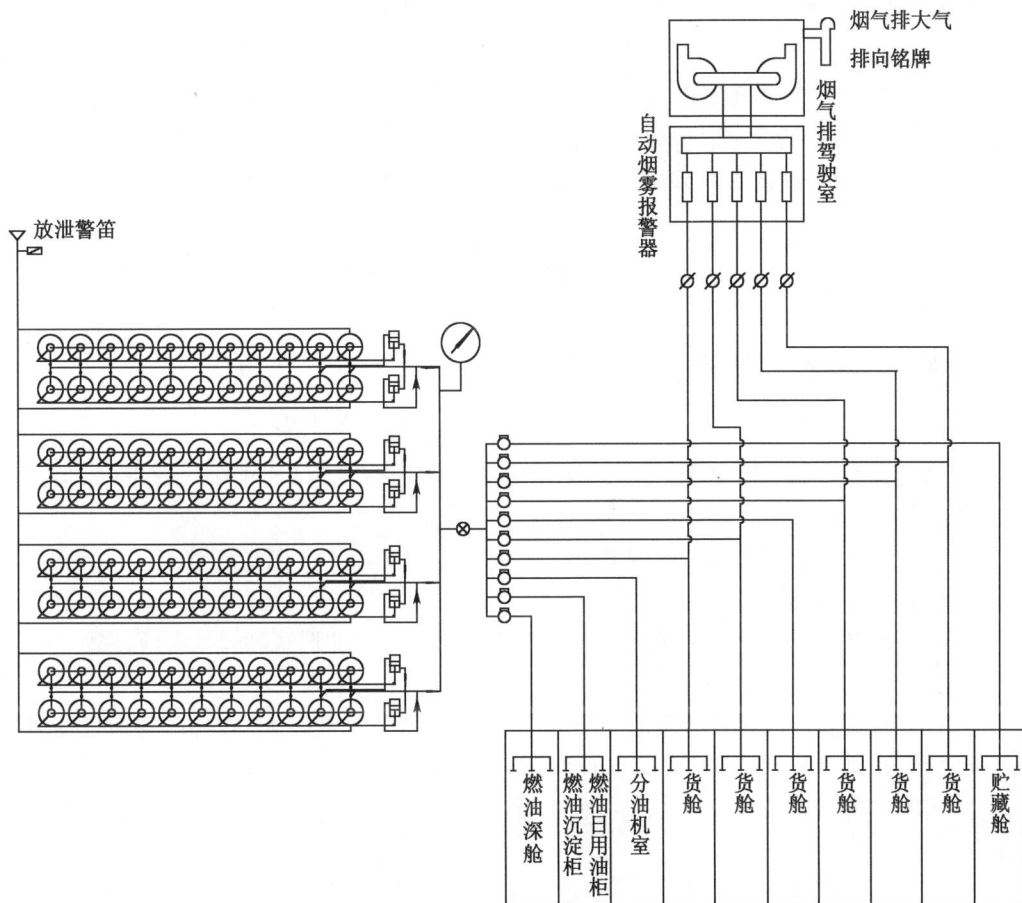

图 9－4 二氧化碳灭火系统布置原理图

1—二氧化碳钢瓶;2—瓶头阀;3—操纵拉杆装置;4－启动气缸;5—止回阀;6—集合;7—截止阀;8—分配阀箱;9—快开阀;10—支管;11—喷头;12—吸烟斗;13—吸烟管;14—定压止回阀;15—自动烟雾警报器;16—抽风器;17—隔离膜片;18—泄放管

二、二氧化碳灭火系统主要设备和附件

1. 二氧化碳站

二氧化碳站应设在上层建筑或开敞甲板上的单独的舱室内。站室内应保持干燥和良好的通风,室内温度应不超过 45 ℃,应有日夜照明设备和可靠的与驾驶室联系的电话或传话筒。站室的门应向外开,门上应有标有名称的铭牌和观察舱,门要锁闭。站室内一般应备有准确的衡量设备,随时可检查二氧化碳的容量。

2. 二氧化碳钢瓶

二氧化碳钢瓶应为无缝钢瓶,其水压试验压力为 24.5 MPa。瓶的容量一般为 40 L、60 L,瓶的充填率不大于 0.67 kg/L。每只钢瓶表面应标明容积、净重、工作压力、试验压力、出厂日期、工厂号码及检验钢印。瓶身外表涂红色并有黄色"二氧化碳"字样,印处涂白色。

二氧化碳钢瓶主要由瓶体和瓶头阀组成。瓶头阀由充气口、推杆、切膜刀、膜片、吸管和安全膜片组成。二氧化碳由充气口,直接充入钢瓶内。推杆前端装有斜切口的切膜刀,通过操纵拉杆装置推动推杆,使切膜刀螺旋前进而切破膜片,瓶内的二氧化碳则通过吸管进入二氧化碳灭火系统的集合中。吸管是一根直径为 10 ~ 12 mm 的钢管或铜管,尾部有斜切口,其截面积比出口通道面积稍大些,以防止二氧化碳施放时有可能产生蒸发的情况。吸管应伸至距容器底约 5 ~ 8 mm 处,以保证二氧化碳充分施放,二氧化碳贮存期间,为了安全起见则由保险膜片塞闭。保险膜片在瓶内压力 19 ± 1 MPa 时自行破裂而泄出舷外。

任务四　消防系统的安装

一、水灭火系统的安装

(1)管路内的水工作压力达到 6 ~ 8 MPa,具体根据船只大小而定。

(2)在消防泵的排出干管上,靠近泵的附近必须装一截止阀和保险阀(校正压力为 1.2 倍的工作压力)同时要从干管接出一支管到锅炉舱作救火用。

(3)水灭火系统管路在通过容易被碰坏的地方,应加以保护;在居住舱室、厕所及潮湿地方的管路,需要做绝热包扎,防止腐蚀。

(4)船上消防总管上所有的消火栓均须涂以红漆。它们的形式和口径都应一致。

(5)管子接合处的衬垫,必须用耐火的材料做成。

(6)消防栓的位置必须在容易接近和能方便地将消防水带接上的地方,并对船上任何一处,至少能从两个独立消防栓及消防水带管送出两股水流到该处。因此在布置消火栓时,两者间的距离应参照规范和要求。如油船,在货油舱甲板上的消防总管于每隔 30 ~ 40 m 处应设截止阀。

(7)航行丁寒冷地区的船舶,为了防止消防管内残留水结冰,应对管路适当包扎保温材料,同时在管路的最低处应装置泄水旋塞来排除积水。

(8)消防水管的管内工质工作压力小于 1 MPa 时可选用镀锌钢管,大于 1 MPa 时则用镀锌无缝钢管。

二、二氧化碳灭火系统安装

对二氧化碳灭火系统安装技术要求如下。

(1)在每个二氧化碳瓶的瓶头阀至集合管的连接管上,都必须安装止回阀,防止使用时的高压二氧化碳进入其他低压二氧化碳瓶内。

(2)集合管上应装有 0 ~ 24.5 MPa 的压力表,用以测定二氧化碳的压力和检查二氧化碳瓶的可靠性。

(3)分配阀箱至每一个被防护舱室应有独立的支管,每一支管应在分配阀箱上装置控制阀——快开阀,每一个快开阀上面应标明所控制的舱室名称。

（4）二氧化碳灭火系统的所有管路阀件都要能在站室内集中控制。

（5）所有二氧化碳管路不得通过起居处，避免通过服务处。如果无法避免，通过服务处的管子应用电焊对接，不得采用可拆的接头。这部分管路在水压试验时，要特别仔细，不得有泄漏现象。

（6）管路布置时应有适当的斜度（1:30），使水不易在管中积聚或冰冻。在管路最低处则装置放水设备，如放水旋塞、塞头等。

（7）被防护舱室内布置喷头的数量应根据舱室的容积而定，喷头布置尽可能靠近舱室顶部和火灾可能发生部位的上部，要保证整个舱室都能喷射到二氧化碳气体。喷头要朝下，以便形成向下喷射的气流。

（8）二氧化碳管路应采用无缝钢管，管子的内外表面都应镀锌。钢瓶与集合管之间的连接管应用紫铜管，被保护舱室内的支管可用焊接钢管。管路的直径和厚度可参照表9-1。

表9-1　管路的直径和厚度

流经二氧化碳灭火管的二氧化碳最大数量/kg	管子内径/mm	管壁厚度/mm	
		瓶至分配阀	分配阀箱至被防护舱室
60	15	3.0	2.5
100	20	3.5	2.5
175	25	3.5	3.5
275	32	4.0	4.0
500	40	4.0	4.0

（9）二氧化碳钢瓶、管路和附件的试验压力应符合表9-2的规定。

表9-2　管路和附件的试验压力　　　　　　　　　　　　　单位：MPa

项目		二氧化碳钢瓶与瓶头阀	自瓶头阀至分配阀箱的管路与阀件（包括分配阀箱）	自分配阀箱的控制阀至被防护舱室的支管	保险膜片抽10%的数量做爆破试验
液压试验	车间内	22.5	15	0.4	19±1（爆破）
气密试验	装船后		0.4	1	

三、"1211"灭火管路安装

（1）"1211"灭火管路布置及警报设置等其他要求与二氧化碳灭火系统相同。

（2）"1211"灭火管路必须定期用压缩空气吹洗，检查管路内是否畅通，喷嘴的喷雾情况是否良好，因此，灭火管路上应接有压缩空气管路，作为清洗时使用。

（3）"1211"灭火管路中的压缩空气管路应漆白色，防止操纵失误。

（4）"1211"灭火管路试验包括灭火管路及压缩空气管路的液压试验，试验压力应符合

表9-3规定。

（5）"1211"灭火系统装置在安装完毕后，应选择一最大的被防护舱室进行喷水效用试验。若有遥控装置，应同时进行试验，检查其灵活性及准确性是否良好。

喷水试验的要求是从喷嘴喷水开始至喷水完毕，时间应不超过20 s。喷水终了的驱动气体压力一般为0.7~1.5 MPa。

表9-3　液压试验试验压力

试验项目		车间内的液压试验	装船后气密试验
压缩空气管路		2倍工作压力	压缩空气的工作压力不小于0.4 MPa
灭火管路	自瓶头阀至被保防舱室的管路	2倍工作压力	
	被防护舱内的管路	2倍工作压力	

四、蒸汽灭火系统的安装要求

（1）总管或干管必须由锅炉端的总管接出，但灯间和油漆间可允许从就近的舱面蒸汽辅机干管接出支管，并在易于到达及不致碰撞的地方装置截止阀。

（2）管子约每隔3 m处装置固定吊架，但须保证不因管子热膨胀而损坏。

（3）安装管子时，必须使管子具有一定的斜度，通常是0.02，以免积聚凝冰。

（4）从锅炉蒸汽出口端到所要保护的各舱室进口之前的所有管子，都应采用无缝钢管；舱内各独立支管用焊接钢管。

（5）从分配管阀箱接出的独立管路至被保护的舱室内，可分2~3根支管，对于容积较小的舱室，仅容许有一根单独支管，支管的喷出端被装置在不致碰损和堵塞的地方。在液体燃烧舱内，喷出端应装置在舱室上部空间；干货舱里，喷出端应装置在距离双层底舱顶板或舱底板0.8~1 m的高度位置上；在采用液体燃料锅炉舱内，管子应安装在花钢板下面，其各支管一端封闭，管子壁上钻很多小孔，孔的直径为6 mm，孔的总面积为该支管面积的2~3倍。

项目十　游艇关闭设备

【知识目标】

1. 了解游艇关闭设备的分类;
2. 了解船用门、船用窗和小舱口盖安装检验过程;
3. 了解门、窗、人孔盖、小舱盖、油舱盖、百叶窗系泊试验过程。

【能力目标】

1. 能正确编写船用门、窗等安装检验工艺。

任务一　密封橡皮安装

密封橡皮分为单唇式密封橡皮、单孔密封橡皮、矩形密封橡皮、泡沫密封橡皮、滑移式密封橡皮、150×75 大滑移式密封橡皮、抽气封橡皮。下面以单孔密封橡皮安装为例介绍密封橡皮安装工艺。

一、安装前的准备

1. 橡皮槽

(1)内场安装完毕,提交验收后,对橡皮槽进行喷丸除锈,所有的焊缝须磨平打光,然后在橡皮槽内壁涂 75 μm 无机锌底漆。

(2)最后一道油漆涂后 1.5 天,方可安装橡皮。安装前应清洗槽内壁,彻底清除油脂和灰粉。

(3)在橡皮槽的长度中央做个粉笔记号。

(4)密封槽焊接时,侧面的倾斜度可能改变。检查一下宽度(105 mm)和倾斜度的改变。建议内开些缝隙,以在安装后用锤击法改变倾斜度,见图 10 - 1。

2. 橡皮

(1)将橡皮条展开成一直线,并保持直线状态至少放置 24 h。

(2)橡皮条的尺寸须经过仔细检查,特别是其剖面高度,见图 10 - 2。将橡皮条精确切割成正确的角度,切割面应平整;直条橡皮切割时须放长些(约 5 mm/m),这样插入后纵向稍受压缩可保证接缝处紧密配合。安装时不可将橡皮条拉伸。

(3)橡皮条应保持干燥,没有污物和油脂,不可置于阳光下暴晒。

(4)在涂胶水前将橡皮条的背部(即与橡皮槽的黏接面)用适当的工具弄粗糙,并用清洁的棉纱头抹拭干净。

(5)在橡皮条的长度中央做个粉笔记号。

3. 将胶水彻底搅拌均匀

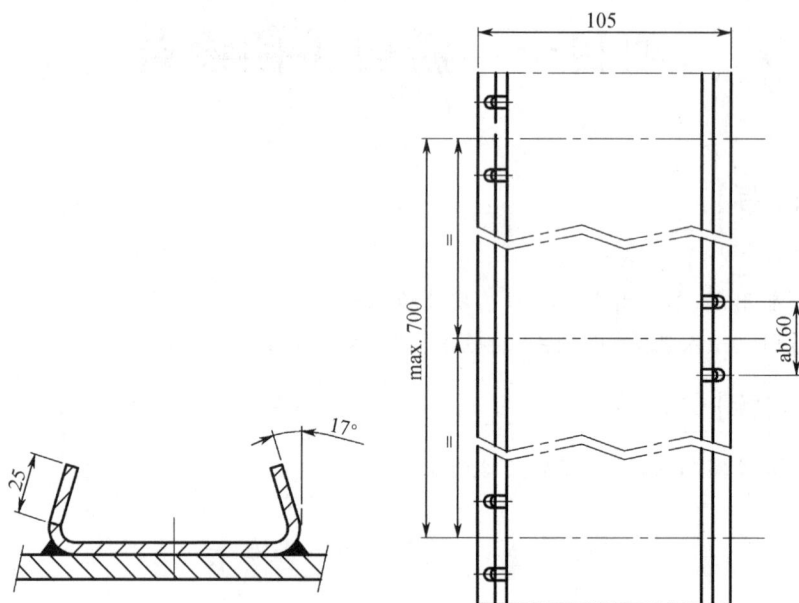

图 10 - 1　单孔密封橡皮槽的倾斜度及宽度

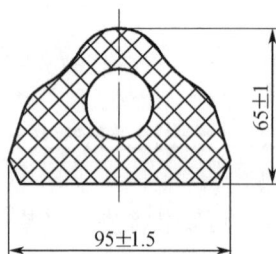

图 10 - 2　橡皮条剖面图

二、黏接与安装

1. 橡皮条与橡皮条的黏接

(1)用瞬干胶或由等黏结剂产品。使用时须遵循制造厂的说明书要求。

(2)为了在橡皮之间获得正确的连接,应采用一条橡皮连接管($L = 70$ mm)将橡皮接头和直条橡皮的端面连接起来并压紧在一起,接头的表面必须接触正确,这条软管只有其半径的上半部分用胶水胶住。

2. 橡皮条与橡皮槽的黏接

(1)用 JY - 2 阻燃胶等产品。使用时必须遵循制造厂的说明书要求。

(2)将胶水涂于橡皮槽内,须干燥到胶的表面手摸上去不黏即可。

(3)再将胶水涂于橡皮的背部,当胶水还是湿的时候将橡皮嵌入橡皮槽,见图 10 - 3。

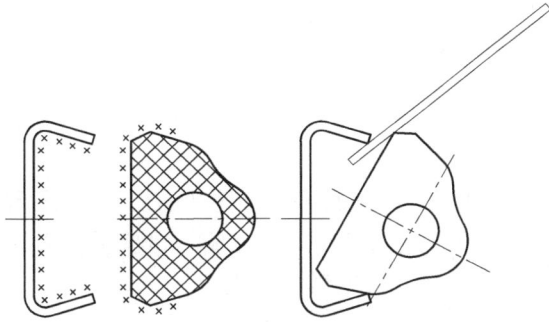

图 10 - 3　橡皮条的安装

（4）首先嵌入转角及端头的橡皮接头（若有必要，可用螺丝夹等适当的工具）。待胶水干了再嵌入直条橡皮。

（5）安装直条橡皮时借助工具（重锤和木块）先将两端压入，然后再装中间部分（根据粉笔记号）。按图 10 - 4 顺序将橡皮均匀压入，以保证橡皮与橡皮槽之间不留空气，橡皮背部与橡皮槽黏合紧密以及橡皮条不拉伸。

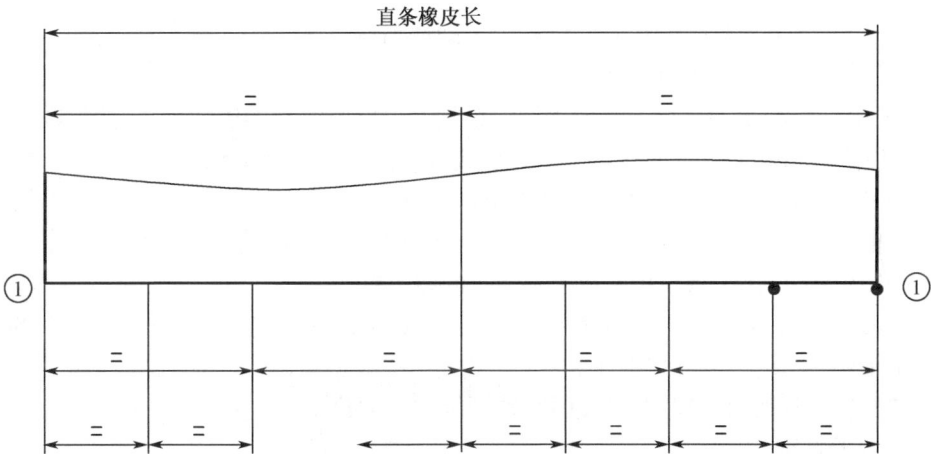

图 10 - 4　橡皮条安装顺序

3. 安装完毕后

（1）如有必要，可用榔头敲击槽内开有缝隙的区域，以使槽的侧板弯曲。

（2）所有的橡皮与橡皮槽黏接的边缘及橡皮之间接缝必须用专用补漏胶密封，在不平整之处必须磨光磨平。

（3）正式使用前先进行胶合试验，因为环境温度、天气条件和施工方式都会影响胶水的干燥速度。

注意：黏结剂易燃烧！必须采取必要的预防措施！

任务二　船用门、船用窗和小舱口盖安装检验

这里所指的船用门、船用窗和小舱口盖主要指水密门、小舱口盖和舷窗等,船体开口处的关闭装置。

上述产品通常由专业厂生产。船级社都将这些产品列入船用产品范围,因此这些产品的制造均须按规定向船级社申请船用产品检验。船厂检验部门对这些产品实施进厂入库检验,同时在船上安装时向验船师提交安装质量检验。

一、船用门、船用窗和小舱口盖安装检验

(一)检验内容

门、窗、盖都是船体上的小型风雨密关闭装置。由于门、窗、盖在船上的数量比较多,船厂一般仅在安装过程中进行抽查,其检查内容包括:

(1)查阅水密门、舷窗、小型风雨密舱口盖的船用产品合格证,并核对实物钢印。

(2)按船级社审查批准的图纸检查门、窗、盖的开口位置。应特别注意干舷甲板上的风雨密门和小型风雨密舱口盖,对于风雨密门,应重点检验门槛高度,对于小型风雨密舱口盖,重点检查围槛离甲板的高度。

(3)门、窗、盖安装后,检查结构完整性、牢固性和启闭性能。

(4)检查所有焊缝处的焊接质量。

(5)检查门、窗、盖的密性。一般先用白粉黏附法检查密封的安装质量,然后在一批门、窗、盖安装结束后,按船级社的规定进行冲水试验。其范围规定如下:

①干舷甲板以下船舷两侧的舷门和舷窗,以及首尾门等;

②干舷甲板上和开敞的上层建筑甲板上人孔或小舱口关闭装置,机舱天窗;

③干舷甲板上,第一层甲板室或上层建筑的门、窗;

④干舷甲板上,第二层具有通往干舷甲板以下通道的甲板室或上层建筑围壁上的门;

⑤水密舱壁上的门及开口关闭装置。

上述位置以外的门、窗及开口关闭装置可做淋水试验。

(二)检验标准

窗的安装质量检验标准应按表 10-1 的规定值进行检验。

表 10-1　窗安装检验标

单位:mm

项目		标准范围	允许极限	备注
舷窗	窗孔处围壁平面度	≤1	≤1.5	
	窗座与窗孔间隙	≤1	≤2	
	高度	≤1	≤2	
方窗	窗孔处围壁平面度	≤2	≤3	
	窗座与窗孔间隙	≤1	≤2	
	高度	±5	±5	

任务三　门、窗、人孔盖、小舱盖、油舱盖、百叶窗系泊试验

一、外观检验

检查人孔盖、小舱盖、油舱盖、门、窗、通风盖安装的完整性,用粉笔自检密封性能。

二、试验项目要求

(1)人孔盖:与船体舱柜同时进行水(气)压试验。

(2)以下设备进行冲水试验:

所有的水密门和水密舱盖;上甲板上的风雨密门、窗、通风盖;尾楼各层甲板上通往主船体的风雨密门;所有在上甲板、艏楼和艉楼各层甲板上的风雨密小舱盖。

冲水要求:

用喷嘴直径 ≮12 mm,水压力 ≮0.2 MPa,喷嘴距被试验处的距离 1.5 m 直接冲水。

时间 ≮3 min。检查有无漏水现象

(3)淋水试验:冲水试验项没包括的其他门、窗及小舱盖进行淋水试验。

三、试验记录(表 10 – 2)

表 10 – 2　试验记录表 1

船号		船东		船检
项目:门舱小窗口盖及人孔盖			场所:船上	
检验种类:密性检验			日期:	
序号	描述	试验结果		备注
1	人孔盖			
2	小舱口盖			
3	门			
4	窗			
5	通风盖			

船东代表:_____　验船师:_____　船厂:_____

下面将介绍货舱盖系泊试验。

一、范围

这个试验程序将适用于货舱盖。

二、数量及特性

1. 制造厂:TTS 华海船舶设备有限公司
2. 数量:7 套/船。试验记录见表 10 – 3。

表 10 - 3　试验记录表 2

描述	形式	名义尺寸/mm	海水负荷/(kN/m²)	压载水负荷/(kN/m²)
NO.1 货舱盖	侧滚式	13 349 × 13 560	68.65	
NO.2 货舱盖		15 959 × 15 360	44.50	
NO.3&5 ~ 7 货舱盖		15 959 × 15 360	34.30	
NO.4 货舱盖		15 959 × 15 360	34.30	0 ~ 64.0
驱动形式	电液式			
打开/关闭舱盖时间	大约 2.5 min(不包括操作锁紧装置和起升/下降时间)			

三、试验前的准备

(1)检查舱盖的产品合格证书及船级社证书,并与实物对照无误;

(2)检查舱口盖定位尺寸;

(3)检查液压马达装置的安装位置;

(4)检查橡皮压缩量是否满足要求;

(5)检查支承块安装位置与接触情况;

(6)检查纵向限位及横向限位的间隙;

(7)检查压紧装置等的安装位置;

(8)检查导轨及橡皮压紧板的焊接质量;

(9)确认泵站能正常工作;

(10)确认舱盖盖板能正常启闭;

(11)液压系统压力试验结束;

(12)确认舱盖通风百叶窗能正常启闭。

四、试验项目及方法

1. 泵站报验

(1)安全阀溢流试验;

(2)模拟低液位声光报警/停泵试验;

(3)模拟高油温(60 ℃)声光报警/停泵试验;

(4)模拟回油滤器堵塞声光报警试验;

(5)模拟电机过载声光报警试验;

(6)温度低于 15 ℃加热试验。

2. 启闭功能试验

(1)每舱进行舱盖盖板开启、关闭试验各一次;

(2)试验过程中,记录舱盖油缸工作压力及电流;

(3)试验过程中,测量并记录舱盖启闭时间(不包括舱盖锁紧装置的操作和起升/降落时间),核对操作时间是否满足要求;

(4)试验过程中,检查舱口盖启闭时滚轮能否转动;

(5)试验过程中,检查舱口盖滚轮行走时是否有异常的声音或跳动;

（6）试验过程中，每舱使用应急停止按钮进行一次应急停止试验；

（7）试验过程中，在泵站电控箱上进行应急停止按钮试验；

（8）试验结束后，测量并记录电机及电控设备的热态绝缘电阻，应不小于 1 μΩ。

3. 应急开启试验

任选一舱使用应急泵进行应急开启试验，将舱盖完全打开。

4. 盖板密性试验

（1）冲水前橡皮应该无开裂、无高低不平现象；

（2）舱盖关闭后，将各压紧器及止跳装置锁紧；

（3）消防龙头的水压力不小于 0.2 MPa；

（4）管口与舱口盖测试区域距离不大于 1.5 m；

（5）管口直径不小于 12 mm；

（6）对舱口盖与舱口围橡胶密封处做冲水试验，对两盖对接横缝处也做冲水试验；

（7）冲水试验后检查接缝背面有无明显渗透现象。

五、记录报告格式（表 10 – 4 和表 10 – 5）

表 10 – 4　货舱盖试验记录

船号		船名		实验日期		年　月　日	
		No. 1 舱	No. 2 舱	No. 3 舱	No. 4 舱	No. 5 舱	No. 6 舱	No. 7 舱
启动功能试验	滚轮行走情况							
	舱盖开启时间/s							
	舱盖关闭时间/s							
密性试验	水压/MPa							
	距离/M							
	管口直径/mm							
	是否渗漏							

注：当泵站的双泵同时工作时，同时开启或关闭一个舱口和两个盖板的时间约为 2.5 min（不包括操作锁紧装置和舱盖的起升/下降时间）。

表 10 – 5　液压泵站记录

1	系统安全压力	MPa	
2	泵工作电压	P1：_____ MPa	P2：_____ MPa
3	电机绝缘值	M1：_____ MΩ	M2：_____ MΩ
4	电机工作电流	M1：_____ A	M2：_____ A
5	温度低于 5 ℃停车报警	（Y/N）	
6	温度低于 15 ℃加热	（Y/N）	
7	高温 60 ℃停车报警	（Y/N）	

表 **10 – 5**(续)

8	低液位报警	(Y/N)
9	低低液位停车	(Y/N)
10	滤器堵塞报警	(Y/N)
11	应急停止按钮	(Y/N)

船东代表:_____ 验船师:_____ 船厂:_____

项目十一 游艇舱室设备

【知识目标】

1. 了解舱室设备的种类；
2. 了解船用家具的种类。

【能力目标】

1. 会正确编制船用家具安装工艺；
2. 会船用家具选型；
3. 能安装船用钢质家具。

船舶舱室设备是指设置在船舶起居处所、公共处所、服务处所，以及某些控制站（如驾驶室）等处所的生活设备及设施，包括家具、厨房设备、卫生设备、医疗设备及文化娱乐设施等。船舶舱室设备的配置同船舶的类型、用途、人员数量及舱室布置情况有密切的关系。在现代船舶上，舱室设备的配置不仅应满足人们生活的基本需要，还应考虑各种文化娱乐的需要。

任务一 游艇室内布局的技巧

游艇被人形象地称为"飘在海上的家"，不仅是因为它宏伟的外表，更是因为它漂亮、巧妙、有序合理、让人倍感舒适的可与家相媲美的内部布局。如果说游艇外观是游艇的脸面，那么游艇内饰便是游艇内涵的重要成分。

家具是游艇室内设计中不可或缺的组成要素。在现代的游艇室内设计中，空间的局部越来越受到重视。合理的布局能更好地适应不规则平面形状和特殊空间类型与结构体部的限制，使家具与界面的造型完美结合，同时对地面、墙面和顶棚有重要的影响和补充作用。利用材质和色彩的变化，配合灯饰表现，结合陈设点缀，与游艇室内环境的艺术格调形成一致效果，使原本平凡无奇的家具展现出绚烂的生命力。

一、游艇内部空间布置的三个原则

1. 遮的原则（通道）（图 11-1）

我们通常将游艇内部空间分为主区和通道两个概念。主区包括卫生主区和工作主区，每类主区包括若干舱室，主区或舱室通过通道相连。

通道不宜采用简单的直线式布置，这种布置过于单调，在这种时候，中国古典文化便凸显出它独有的魅力，对于通道的布置我们常借鉴中国园林的移步换景和曲径通幽的布局。移步换景可通过各类有形的隔断（如屏风）和无形的氛围格调（如灯光）加以实施。当由主区进入某个通道时，或者当人穿梭于通道之间时，人的内心无形中会觉得这种布置很有趣，并因此而心生喜悦；当人顺利穿过这层有形或无形的隔断时，便会觉得豁然开朗，有心理释放、移步换景的感觉。总而言之,"遮"的目的就是为了更好的"放"。

图 11 - 1　遮的原则(通道)

2.藏的原则(家具)

许多零碎的设备应藏进橱柜中,这点对于游艇的室内布置尤为重要。这种藏的本质不是将物品藏起来,而是将物品、家具的点、线、角尽可能地隐藏到大区域的面中去,或是利用色彩的相似性、相同性将突出的物体隐藏到同色系或近色系的大区域中去,弱化物体的突出性,以达到浑然一体的效果,如图 11 - 2 所示。

图 11 - 2　藏的原则(家具)

3.尽的原则(功能)

要做好藏,就必须在设计中充分考虑到"尽",即在设计过程中,尽量减少边角空间的出现。边角空间的出现,不但降低了船舶的空间利用率,也会导致大量直角锐角的产生。

"尽"的原则还在于功能的尽,即尽可能产生一物多用的效果。比如梯子,若采用旋梯和适当的栏杆后,也许就是客厅里一件"天然的装饰品"。

二、游艇室内布局的三个要素

好的游艇室内布局需要掌握 3 个最主要的因素:功能因素、经济因素和心理因素。

布局一般会根据游艇具体情况而定,如游艇面积的大小,不同房间(卧室、客厅、厨房等)的功能需求,主人的职业性质、生活习惯、个人的爱好与文化修养等。应根据功能的需求,结合经济状况再依据心理的需求,因艇因人统筹,精心设计安排。这样避免了在装修完工后,家具布局得过重会让人觉得压抑、沉闷,过轻又会让人觉得轻浮、毛躁,总是有些不满意,或是不必要的遗憾。

三、游艇布局的五个方面

一般在室内家居布局的布置,一般可以分为五个方面:

(1)家具布置;

(2)游艇平面结构布置;

(3)陈设布置;

(4)植物布置;

(5)其他设备在游艇内的布置。

通常安排和布置家具是游艇室内布局工作中的首要步骤,家具布局方案要先定于游艇平面结构布置之前。

游艇内的房间除了作为交通性的通道等空间外,绝大多数的空间在家具未布置前,是难以付诸使用和难以识别其功能性质的,也谈不上其功能的实际效应,因而首先考虑的就是根据一些功能的划分进行布置家具,然后进行隔墙的敞开区域。

家具在房间中占较大的平面和空间,一般原则是家具约占居室面积的40% ~ 50%,室内活动区不应小于全室面积的40%,这样布置家具就会合理,同时不显空旷或拥挤,否则会影响人的正常活动,影响通风和采光。

布局时先需要考虑家具位置和行动的通道,排列时要注意家具的数量、尺寸及它所占据的空间,与房间的空间尺度、形状空间是否合理,这决定了居室布置的美观与否,家具摆放得好,可以有长短相接、大小相配、高低错落有致的韵律,使人感受到舒适。

四、游艇室内布局的两个关键词

游艇室内布局还需要牢记两个关键词,即布置方式和室内家具。

1. 游艇内家具的布置方式

(1)线条流畅。

家具布置的流动美,是通过家具的排列组合、线条连接来体现的。

直线线条流动较慢,给人以庄严感。性格沉静的人,可以将家具的排列尽量整齐一致,形成直线的变化,使人感觉居室典雅、沉稳。曲线线条流动较快,给人以活跃感。性格活泼的人,可以将家具搭配的变化多一些,形成明显的起伏变化,使人感到游艇室内活泼、热烈。

家具的线条还要与游艇的线条相适应。如果游艇较窄,可将家具由高到低排列,以造成视觉上的变化,从而房间就会显得宽敞。

(2)环境和谐。

家具的大小和数量应与游艇室内空间协调。

游艇面积大的,可以选择较大的家具,数量也可适当增加一些。家具太少,容易造成室内空荡荡的感觉,且增加人的寂寞感;游艇面积小的,应选一些精致、轻巧的家具。家具太多太大,会使人产生一种窒息感与压迫感。注意数量应根据居室面积而定,切忌盲目追求家具的件数与套数。

家具与游艇的档次也应协调。高级的豪华游艇,应配置时髦的家具;古老的有年代感的游艇,应配置古色古香的硬木家具;一般的小型游艇,应选与之相适应的家具。游艇较大的,除选用主要家具外,还可选一些小的茶几、衣柜等,以填补角落空白;游艇较小的,宜选用组合家具、折叠家具或多用途家具。家具与住房匹配合适,就会产生一种视觉上的美。

(3)风格统一。

购买家具最好配套,以达到家具的大小、颜色、风格和谐统一,以及线条的优美,造型的美观。家具与其他设备及装饰物也应风格统一,有机地结合在一起。如窗帘、灯罩、床罩、台布等装饰物的用料、式样、图案、颜色也应与家具及设备相呼应。如果组合不好,即使是高档家具也会显不出特色,失去应有的光彩。

(4)色彩调和。

游艇室内家具与墙壁、屋顶、饰物的色彩要调和,游艇内外的色彩也要调和。

色彩的搭配应使人感到愉快,一般以浅色淡色为宜,尽可能不要超过两种颜色。如果墙壁是浅色调,家具最好也是浅色的,床罩、窗帘最好也选用淡雅、明快的图案,这样看起来比较舒服。如果选用较热烈的颜色,如房顶是茶色、墙面是红色、地面是棕色的居室,就应选用黑色的家具、红色的装饰物或金黄色的织物等,以显得吉庆而富有刺激性。布置时,还要注意简洁卫生,给人以光洁明亮、一尘不染之感。

(5)布局合理。

游艇中家具的空间布局必须合理。

摆放家具,要考虑游艇室内人流路线,使人的出入活动快捷方便,不能曲折迂回,更不能造成使用家具的不方便。摆放时还要考虑采光、通风等因素,不要影响光线的照入和空气流通。床的摆放位置一般是游艇内安排的关键,要放在光线较弱处。房间较小的,可以使一面或两面靠墙,以减少占用面积;房间较大的,可以安置成能两面上下的。

(6)摆放均衡。

家具摆放,最好做到均衡对称。如床的两边摆放同样规格的床头柜,茶几两边摆放同样大小的沙发等,以求得协调和舒畅。

当然也可以做到高低配合、错落有致,使人有动感和变化的感觉。此外,平面布置和立面布置要有机地结合,家具应均衡地布置于室内,不要一边或一角放置过多的家具,而另一角或一边比较空荡。也不要将高大的家具集中并排列一起,以免和低家具形成强烈的反差。要尽可能做到家具的高低相接、大小相配。还要在平淡的角落和地方配置装饰用的花卉、盆景、字画和装饰物。这样既可弥补布置上的缺陷和平淡,又可增加居室的温馨和审美情趣。

根据以上的原则,在具体布置时,首先要看游艇房间的形状和大小,以及室内的通风和自然采光条件,还有行路和活动的需要,因地制宜。沙发等低矮家具应放在室内光线最佳的窗口附近。高大橱柜应靠墙摆放,不要影响通风及行路。家具的高低大小应搭配均衡,不要杂乱无章地摆放,使人产生轻重不均、失去平衡的感觉。为了使家具布置合理,最好在摆放前先采用小样试摆的方法,用硬纸剪成家具小样试摆,选出最佳方案后,再根据方案进行平面布置。总之家具布置,要多思考多实践,不断地创造出既有变化又符合美学规律的安排形式,给人以新鲜活泼、轻松亲切的感觉。

任务二　船用家具

船用家具可按其使用功能分为坐卧类家具,如凳、椅、沙发、床等;凭倚类家具,如各种几、桌、台等;储存类家具,如橱、柜、架等。按构造方式分为框架式家具、板式家具、可拆装式家具。按组成形式分为单体家具、组合家具、固定家具。

船用家具与一般陆用家具相比,虽然使用功能大致相同,但有许多不同于陆用家具的要求,这是由船舶的特殊性所决定的。

船用家具的特点和要求主要包括以下几方面的要求:

(1)船用家具除特殊要求外,考虑船体摇摆产生的影响,一般采用固定形式,即船用家具要有与墙壁或地板相连接的装置或部位。

(2)由于船体的摇摆,家具要有防振动与防噪措施。

(3)家具靠近通道处的角一般采用圆角形,床沿设防浪挡板,椅凳下面设防浪钩。

(4)当家具采用管材制作时,则不可有任何开口存在,以防害虫进入。

(5)当设有上、下铺时,应在上铺的下方设防尘板。

(6)船用桌、台、柜的面板四周边缘都做一个高于面板 10~20 mm 的凸缘(台面包线)。

(7)除特殊要求外,家具底脚一般采用围槛式,以防垃圾进入不易清除。

(8)由于一般船舶舱室面积不大,高度较低,因此应十分注意家具尺寸的选择,以使家具的构成与整体空间协调一致。

随着船舶防火要求的不断提高,采用不燃材料制作的船用家具已经得到越来越多的使用,并将成为船用家具的发展方向。

游艇内由于空间有限,家具应力求少而精、多功能、款式新颖、色调清新。如图 11-3 所示,一般游艇内配置沙发、双人床、单人床、书桌、餐桌、衣柜、书柜、低柜、茶几、椅子、化妆台、厨柜等。

图 11-3 游艇卧室

一、船用家具材料与结构

船舶家具材料有木材和金属两大类,家具材料的不同必然导致家具结构的变化。

1. 船用木质家具

木质家具具有成本低、成型好、装饰性强、纹理自然、制作加工方便、体积轻等特点,特别是木材本身的绝缘性较好,不易导热,软硬适中适合于做床、台、椅等直接和人的身体相接触的家具。

现代木质家具是由木材和各种人造板制成的家具。在我国船用木质家具制造中,一般都是用水曲柳、椴木与东北松这三种木材。板式家具的板材主要有胶合板、塑面板、刨花板、细木工板和空芯板 5 种。

(1)纯木质家具(高档家具)。

在游艇行业中,我们大多时候能够轻易识别出一位美国老派船东所喜欢的风格:如图 11 - 4 所示,大量暗红色实木家具,对于年轻人来说整体显得过于老气的装修,但空间宽敞,实用性强,大多为远航做准备的生活起居设备等。木材制作的家具属于高档家具,表面油漆要求相当高;制作精细,便于雕刻花纹和图形处理,艺术性比较高,大部分属于手工制作。

图 11 - 4　纯木质家具

(2)胶木结合的家具。

胶木结合的家具基本有两大类型:

①木框架式(如空芯板)的胶木结合家具。

空芯板的芯板是用几根木条子拼成的木框架,在框架两面再胶以胶合板,由于空芯板质量小,又节约木材,形状稳定,因此应用较广。

②细木工板式的胶木结合家具。从 50 年代末期一直沿用至今。

胶木结合家具特点是结构稳定,可以在任何部位开榫打眼,能适应各种接合方法。胶木结合家具表面装饰可分为三种形式,一是胶合板表面刷油漆;二是胶合板表面贴0.5 ~ 1 mm的薄木皮子,有柚木、樟木、水曲柳等有天然纹理的木材;三是胶合板表面贴三聚氰胺装饰板(称塑料贴面板)。

胶木结合的家具具有加工方便,表现性能好,不易变形,节省木材等优点,一直沿用至今。

(3)刨花板结构家具。

刨花板结构家具的结构形式是采用连接件式的组合方式。它具有组装方便、成形快、搬运拆卸方便等优点。刨花板是利用木花、木屑经加热加压制成的人造板。

刨花板家具表面处理有两种形式:

①刨花板作为芯材,两面复贴胶合板或三聚氰胺板;

②在刨花板表面直接贴三聚氰胺板。

目前,在我国造船中仍较多采用木质家具,木质家具最大的缺点是防火性能差。

2. 船用金属家具

船用金属家具广泛应用于船舶舱室是在 20 世纪 70 年代开始,最早应用金属家具的是战斗军舰、钻井平台等对于防火要求较高的船舶上。

船用金属家具按其制作家具的材质来分有普碳钢家具(也称钢质家具),不锈钢家具及铝质家具。

(1)钢质家具。

钢质家具是目前在船上应用得最多的金属家具,它是用厚度 1~1.5 mm 的冷轧钢板,经过剪冲滚轧、装配焊接、涂漆等工艺再配上塑料及五金等零件制作而成的。造型多数模仿木质家具,轮廓清晰、线条挺括、美观大方。这类家具包括柜、橱、架、桌及床等类。

(2)不锈钢家具

不锈钢家具是不锈钢薄板采用与钢质家具相同的工艺制作而成的家具。不锈钢家具表面不需要涂装。常见有镜面抛光与砂光两种。这种家具表现光亮,不会生锈,容易清洁,适宜用在厨房、卫生间、配餐间等经常和水接触的部位。如不锈钢洗槽、不锈钢洗脸盆、不锈钢工作台、不锈钢碗柜等。

(3)铝质家具。

铝质家具是用铝合金薄板、铝合金管材等,经过加工、弯曲、铆接等各道工艺,或者用模具拉压而成各类型材,再配以塑料、纺织品、家用五金等制成的家具,包括床、柜、桌、椅等。这种铝质家具造型与钢质家具相仿,但质量比钢质家具要轻一半多。因此,被广泛使用在战斗舰艇上。但铝质家具价格高,所以在民用船上用得不多。

二、船用家具种类

1. 床

船用床按形式可分为单人床及双层床。

单人木床的形式如图 11-5 所示,其长度 L 通常为 2 000 mm;其宽度 B 可按需要确定,常用的有:750 mm, 800 mm, 900 mm,1 000 mm,1 200 mm,1 400 mm 等。双层木床如图 11-6 所示,常用的规格($L \times B$,单位 mm×mm)为 1 950 ×750 及 2 000 ×800 等。

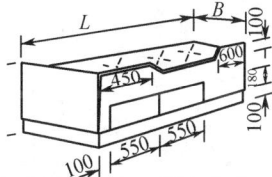

图 11-5　单人木床基本形式　　　11-6　双层木床基本形式

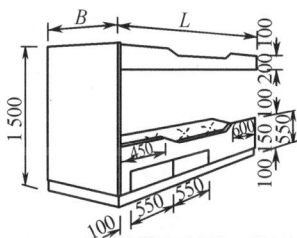

普通的单人金属床的形式如图 11-7 所示,其基本尺寸 $L \times B$(单位 mm ×mm)为 2 000 ×750。普通的双层金属床的形式如图 11-8 所示,其长度 L 为 2 000 mm;宽度 B 为 750 mm,800 mm 等。

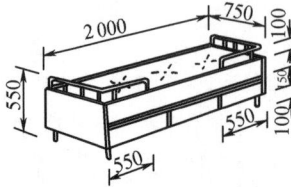

图 11 - 7　普通单人金属床

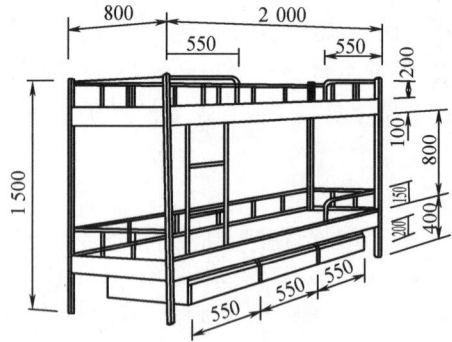

图 11 - 8　普通双层金属床

2. 几、桌、台

船用的茶几、餐桌、书桌和海图桌的形式很多,图 11 - 9 至图 11 - 17 所示为典型的茶几、餐桌、书桌和海图桌。

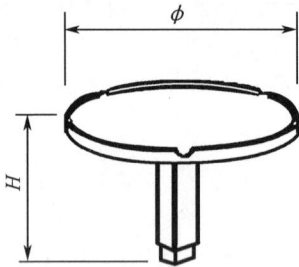

图 11 - 9　木质圆茶几或圆餐桌

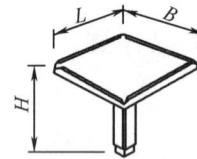

图 11 - 10　木质方茶几或方餐桌

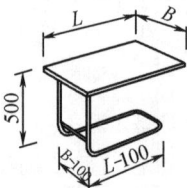

图 11 - 11　钢质矩形茶几

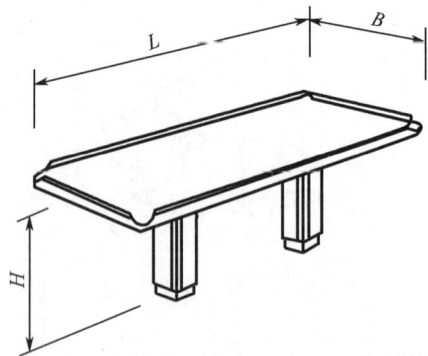

图 11 - 12　木质双柱矩形茶几或餐桌

3. 橱、柜、架

船用的衣橱、床头柜、物品柜、医药柜、文件柜、书架、旗箱、污衣柜等家具的形式繁多,如图 11 - 18 至图 11 - 26 所示。

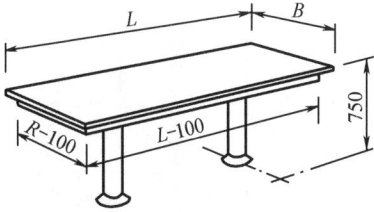

图 11 – 13　钢质矩形餐桌

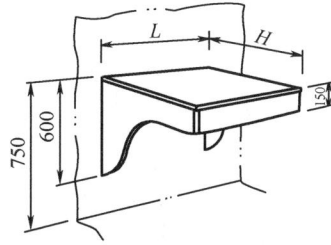

图 11 – 14　挂壁式书桌

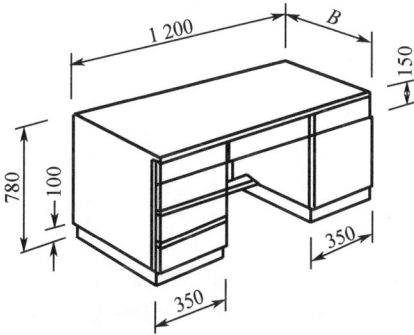

图 11 – 15　双墩书桌

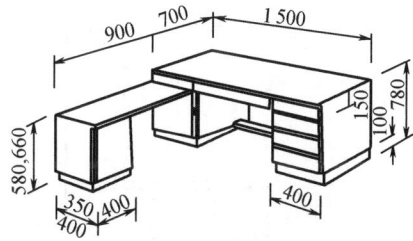

图 11 – 16　带边柜书桌

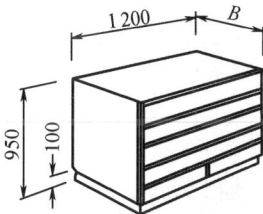

图 11 – 17　海图桌

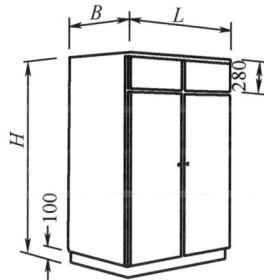

图 11 – 18　双门衣橱

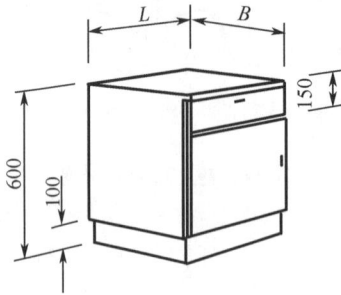

图 11-19 床头柜

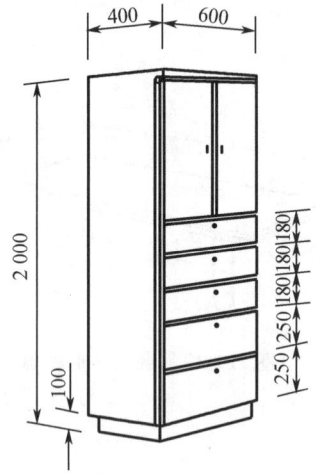

图 11-20 物品柜

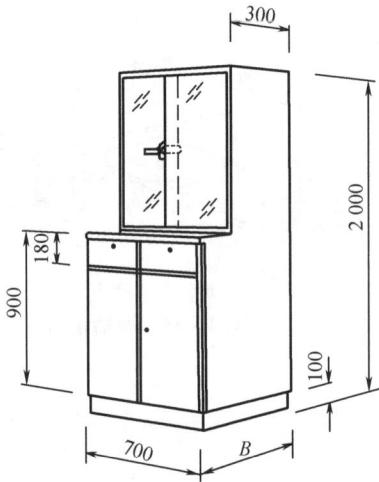

图 11-21 医药柜

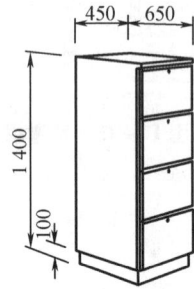

图 11-22 四格文件柜

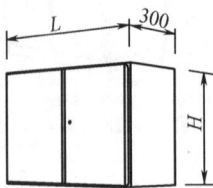

图 11-23 吊柜

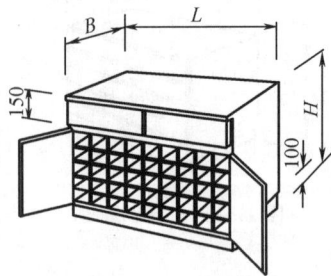

图 11-24 木质旗箱

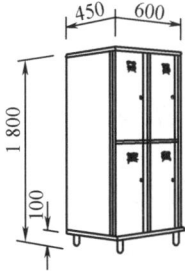

图 11-25　钢质四门污衣柜

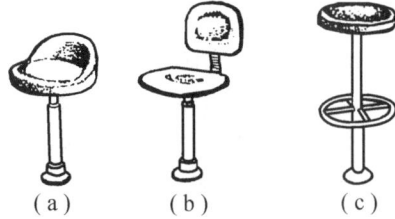

图 11-26　固定式凳、椅

(a)转椅;(b)靠背转椅;(c)转凳

4.凳、椅、沙发

船用凳、和沙发种类很多。但是按其安装方式可分为固定式和移动式。图 11-27 至图 11-29 为典型船用凳、椅和沙发的类型。

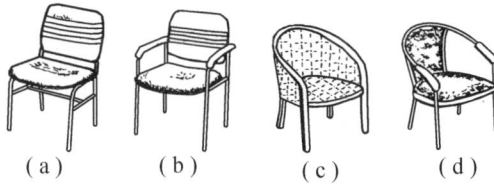

图 11-27　靠背椅

(a)普通靠背椅;(b)带扶手靠背椅;(c)木质圈椅;(d)金属圈椅

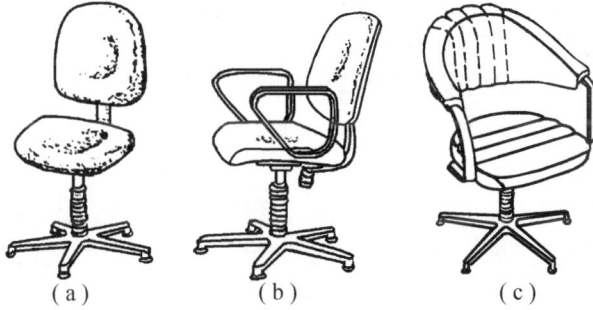

图 11-28　转椅

(a)普通转椅;(b)扶手转椅;(c)圆背转椅

船上的沙发主要用于居住室、报务室、休息室娱乐室等处所。大多数情况下采用固定沙发,其形式和尺寸依据布置情况确定。常用的有长沙发和转角沙发。一般情况下,沙发的长度应不小于 1 800 mm,宽度为 500 ~ 700 mm。图 11-29 所示为典型的靠壁转角沙发。

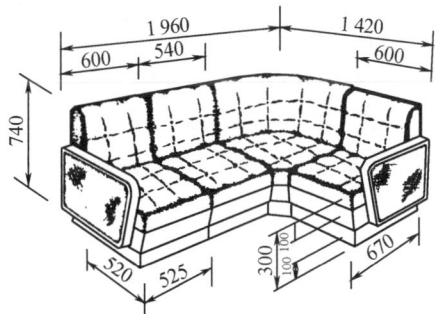

图 11-29　靠壁转角沙发

三、钢质家具的安装

1. 钢质家具分类

(1)落地式钢质家具是采用螺栓或焊接的形式固定在甲板或底座上的家具。

(2)壁挂式钢质家具是采用螺栓、自攻螺钉或焊接形式固定在围壁上的家具。

(3)吊顶式钢质家具是采用焊接和螺栓形式吊挂在舱室顶部的家具。

2. 钢质家具安装施工前准备

(1)技术资料准备:施工前,首先把钢质家具布置图、托盘表仔细阅读,必要时,要进行技术交底。

(2)物资材料准备:施工前,要了解钢质家具是否到货、配套附件是否短缺。钢质家具要经过进厂前的质量检验,并应具有产品合格证书。凡不符合质量检验认可的产品,不准上船安装。

(3)施工工具准备:施工前,应把所有的施工工具如尺、石笔、弹线盒角尺、打磨机焊接切割工具、榔头等准备好。

3. 钢质家具安装施工人员要求

(1)施工人员上岗前,应进行专业知识和安全生产知识的应知、应会培训,考核合格方能上岗操作。

(2)电焊工上岗前,应进行专业知识和安全生产知识的应知、应会培训,考核合格并达到电焊工三级资格方能上岗操作。电焊工上岗时,必须佩戴特殊工作上岗证。

4. 工艺要求

(1)安装的钢质家具名称、规格、位置应符合钢质家具布置图的要求。

(2)钢质家具安装后应保持垂直或水平。

(3)钢质家具的安装必须牢固,不得摇晃和发出金属碰撞声。

(4)施工后焊缝表面应均匀、光滑,不得有假焊、裂缝、夹渣、气孔、焊穿、咬边、毛刺、焊瘤、飞溅或漏焊等缺陷。

(5)用螺栓固定的钢质家具,螺栓必须配弹簧垫圈,安装时螺栓应旋紧不得松动。

(6)安装后的钢质家具表面应平整光洁,金属薄板折边必须平直,不应有裂缝,表面油漆应完好无损。

(7)钢质家具安装后,其抽屉、柜门等开关应自如灵活,无卡死现象。

5. 工艺过程

落地式钢质家具根据不同的安装部位可分为预埋件形式和直接固定形式。

(1)预埋件形式落地式钢质家具安装工艺程序(图11-30):

预埋件形式落地式钢质家具安装工艺及方法:

①画线:按钢质家具底座图布置要求,在甲板上画出底座位置线。

②装焊钢质家具预埋件:按画线位置,装焊对应家具的底框、底座预埋件。对底框型家具,应确保底框架平面水平,若有偏差,应切割修正;对底座型家具预埋件,应确保底座面在同平面上,且保持水平。

③钢质家具到位:待甲板敷料、塑胶地板等地坪物敷设完后,可安装钢质家具,按钢质家具布置图的对应位置查看底座预埋件,清除预埋件上的杂物,把钢质家具移动到位。

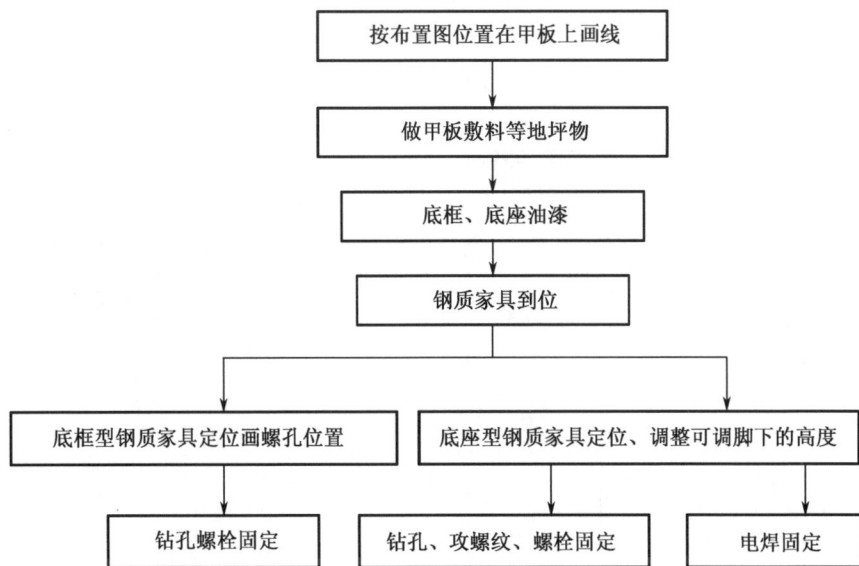

图 11 - 30　预埋件形式落地式钢质家具安装工艺流程

④钢质家具固定

a. 底框型钢质家具固定(图 11 - 31)

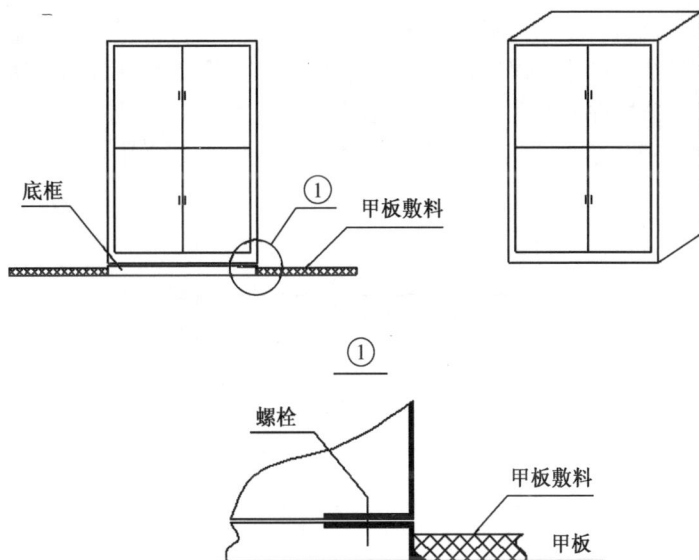

图 11 - 31　底框型钢质家具固定

把底框型钢质家具放在已预埋的底框上,若家具上有螺孔位置则用画针在底框上画出镇孔,画好后移开家具,对底框钻孔;若家具无螺孔,则家具在底框上定位后,直接在家具底部相应位置钻孔。穿透底框,然后用螺栓固定。

直接在钢质家具底部和底框一起钻孔时,应在家具的角上各钻一个孔,且应钻好一个,就用螺栓固定一个。这样可防止钻孔时家具移动。

b.低座型钢制家具固定(图11-32)

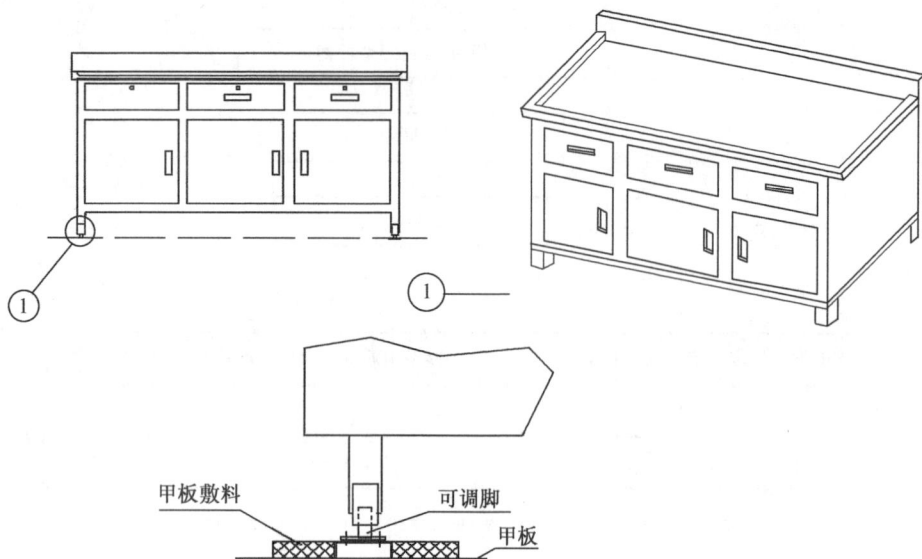

图11-32 底座型钢质家具固定

把底座型钢质家具移动到位,检查底座是否和预埋件位置正确,无误后,调整底座可调螺栓,使钢质家具的高度、水平度、垂直度满足图纸要求。若采用电焊固定,则每个脚点焊定位,再检查一遍安装尺寸无误后施焊。若用螺栓固定,则用画针画出底座上的螺孔位置,移去钢质家具,在预埋件上钻孔,攻螺纹。结束后再把钢质家具到位,拧紧螺栓。

(2)直接固定形式落地式钢质家具:钢质家具安装部位若无甲板敷料和其他要求,则可直接固定在甲板上。

直接固定形式落地式安装工艺程序(图11-33):

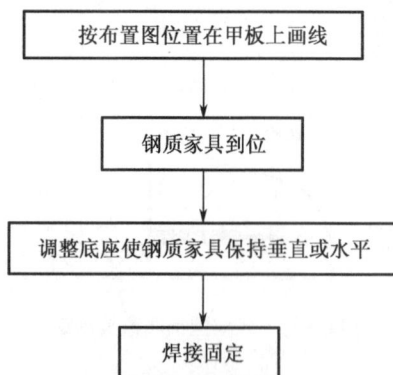

图11-33 直接固定形式落地式安装工艺流程

直接固定形式落地式安装工艺及方法:

按钢质家具布置图位置画线定位,移动家具到画线位置,调整家具到水平状态后焊接固定。

（2）壁挂式钢质家具内围壁安装工艺程序（图11-34）：

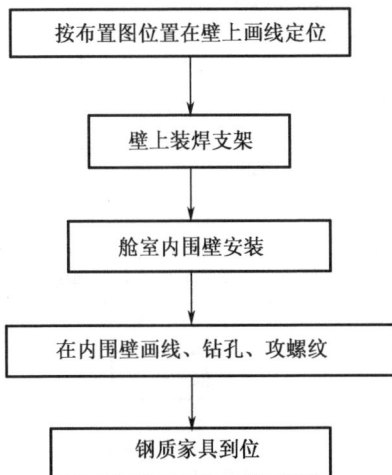

图11-34 壁挂式钢质家具内围壁安装工艺流程

壁挂式钢质家具内围壁安装工艺方法（图11-35）：

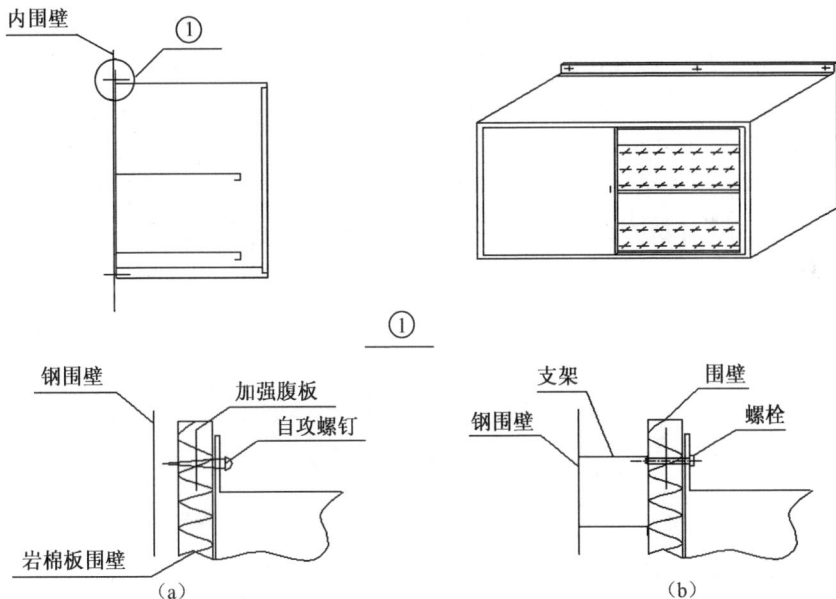

图11-35 钢质家具内围壁典型安装图

（a）10 kg以下的钢质家具的壁挂形式；（b）10 kg以上的钢质家具的壁挂形式

①画线定位：按家具布置图的要求在钢围壁上画出定位线。

②壁上装焊支架：按内围壁板与钢围壁之间的距离，确定支架的高度，修正后焊于钢围壁上。

③内围壁画线、钻孔、攻螺纹：钢围壁上家具支架装焊后，进行舱室复合岩棉板安装。结束后，在壁上安装钢质家具，按家具布置图位置，在内围壁画出开孔线，然后钻孔，穿透吊柜支架，在支架上攻螺纹。

④家具固定:按内围壁上的开孔位置,放上家具,拧紧螺栓。

(3)吊顶式钢质家具安装工艺程序(图11-36):

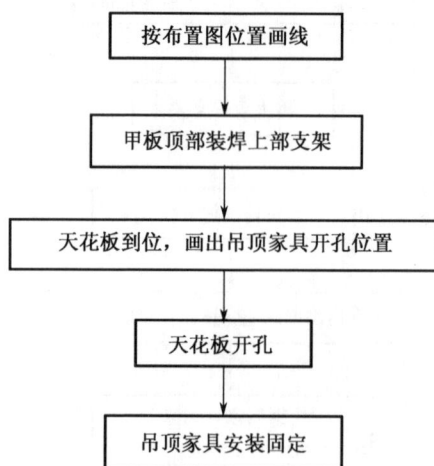

图11-36　吊顶式钢质家具安装工艺流程

吊顶式钢质家具安装工艺方法(图11-37):

①画线:按钢质家具布置图位置,在顶部甲板画出钢质家具上部支架定位线。

②装焊上部支架:按画线位置,根据天花板上部高度修正上部支架后焊接固定。

③天花板到位,画出吊顶家具开孔位置:上部支架装焊结束,油漆后安装天花板,在天花板上画出吊顶家具开孔位置。

④天花板开孔:根据吊顶家具上的螺栓尺寸在天花板上钻孔,穿透上部支架。再按照钢质家具吊顶脚的尺寸把天花板上的钻孔开大至能插入家具吊顶脚。

⑤吊顶式钢家具固定:天花板安装结束后在天花板开孔处装上钢质家具,拧紧螺栓。

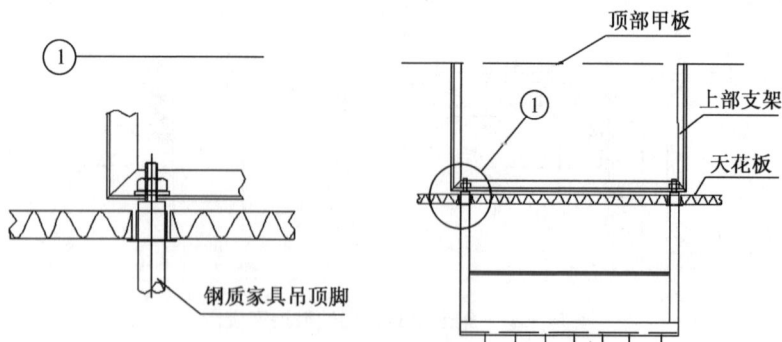

图11-37　吊顶式钢质家具典型安装图

任务三　船用厨房和餐饮设备

船用厨房设备是指用于食品或餐具的洗涤、加工、烹饪、分配、储存输送、消毒及废弃物处理的设备的总称。这些设备通常设在厨房内或邻近厨房的工作室内,餐饮设备是指教置于厨房以外各处所(如餐厅、休息室等)的冷、热饮水器、保温桌、制冰机等。

这类设备中最常用的有搅拌机、绞肉机、多用机、和面机等,对于人员较多的船舶还可配置淘米机、切片机、蔬菜加工机,以及制作面条、饺子、馒头等食品的专用设备。厨房搅拌机可用于拌面、打蛋及其他类似的加工作业。不同的原料,采用不同的搅拌器。单一的搅拌机功能有限,多用机则是在搅拌机上加设各种可拆装的附件,用于绞肉等其他用途。图 11 - 38所示为国产的厨房多用机。

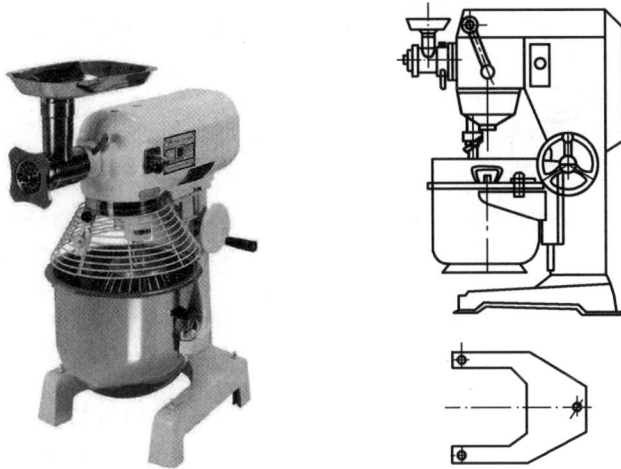

图 11 - 38 船用厨房多用机

和面机有多种形式,图 11 - 39 所示为 HWY 型全封闭卧式和面机,符合食品卫生和安全操作的要求,该机能做顺、倒转运转。

图 11 - 39 HWY 型全封闭卧式和面机

一、厨房家具

1. 炉灶

炉灶是船舶必备的烹饪设备,现代船舶上使用的炉灶按其能源主要分为燃油炉灶和电灶,此外还有液化气灶。

目前,船上使用得最多的是汽化燃油灶,燃料为轻柴油。QHZ 型汽化燃油灶如图 11 - 40 所示。YZC 型汽化燃油灶如图 11 - 41 所示。

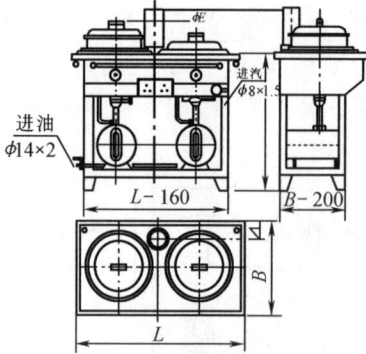

图 11-40　QHZ 型汽化燃油灶

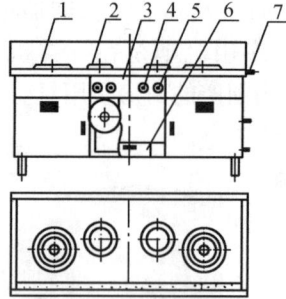

图 11-41　YZC 型汽化燃油灶

1—主眼;2—副眼;3—风机;4—风门;
5—油阀;6—油盘;7—冷水口(D15)

2. 电炒锅和电煎锅

人数较多的船舶配置专用的电炒锅、电煎锅等设备。图 11-42 所示为 RGC-9 型可倾式平底电炒锅,容量 48 L,功率 9 kW,通过操纵手轮可使锅体旋转,并任意锁定。

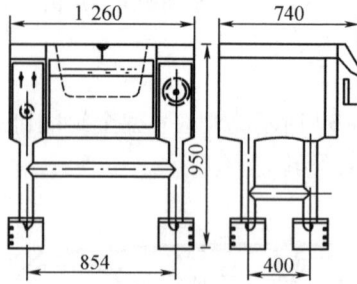

图 11-42　RGC-9 型可倾式平底电炒锅

3. 饭锅

饭锅按热源可分为蒸汽和电加热两种,国产的 GZ 型蒸汽饭锅如图 11-43 所示,RGZ 型电-蒸汽加热两用饭锅如图 11-44 所示。

4. 蒸箱

蒸箱按热源形式分目前常用的有蒸汽加热箱、电加热箱及电-蒸汽加热两用箱。蒸汽压力通常为 0.2~0.3 MPa,蒸箱的形式按供餐人数分为 50,75,100,160,200 及 350 人等。图 11-45 所示为电热蒸箱。

5. 电烤箱

电烤箱通常由预热箱和烤炉组成。国产的电烤箱形式不多,电源为三相交流,电压为 220 V、380 V 及 440 V,功率为 4.5~8 kW。

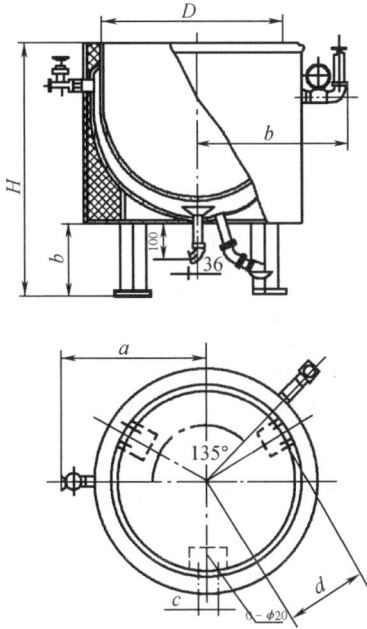

图 11-43 GZ 型蒸汽饭锅

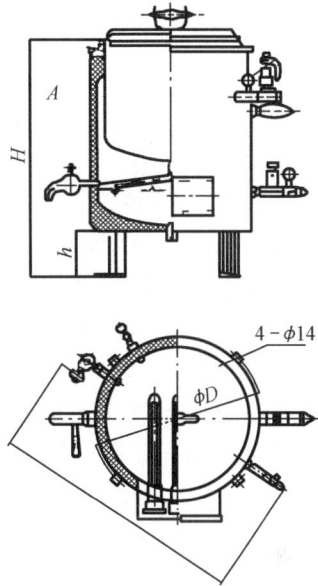

图 11-44 RGZ 型电-蒸汽加热两用饭锅

二、餐饮设备的选型

保温桌用于存放已烧煮好的主副食品,并使其保持设定的温度。船上以自助餐方式供餐时,常在餐厅内设置保温桌,保温方式大多为电热式,介质为空气或水,保温盆的数量为 2~5 只。图 11-46 所示为保温桌,电源为交流电,单相 220 V,功率 1.8 kW,温控范围:0~100 ℃,外形尺寸($L \times B \times H$)为 1 800 mm × 70 mm × 800 mm。船上为供应热水通常在餐厅或专用的茶水房等处所设置沸水器(茶桶),其加热方式为蒸汽或电加热。目前用得较多的为全自动电热沸水器(茶桶),容量为 30~50 L,功率为 3~6 kW。此外,船上还经常配置冷饮水器、电茶壶、咖啡壶、果汁机、制冰机、烤面包切片机等设备,这些设备大多为陆用设备。

图 11-45 电热蒸箱

图 11-46 保温桌

船用厨房设备还包括有洗涤、消毒及污物处理设备和厨房家具。

洗涤、消毒及污物处理设备主要有洗碗(盆)机、消毒柜和污物粉碎机等。厨房家具形式很多,主要有洗池、洗桌、切菜桌、工作桌、配餐桌、壁柜、杯架、碗碟架、刀架、砧墩板架及挂物架等,目前此类家具均采用不锈钢制作。

参考文献

[1]葛云卿,朱国英,吴洪宝.船舶设备[M].哈尔滨:哈尔滨船舶工程学院出版社,1987.

[2]刁玉峰.船舶设备与系统[M].哈尔滨:哈尔滨工程大学出版社,2006.

[3]中国船舶工业总公司.船舶设计手册:舾装分册[M].3版.北京:国防工业出版社,2002.

[4]刁玉峰.船舶舾装工程[M].哈尔滨:哈尔滨工程大学出版社,2017.

[5]付锦云.船舶管路系统[M].哈尔滨:哈尔滨工程大学出版社,2019.

[6]孙文涛.船舶管系放样、制作与安装[M].哈尔滨:哈尔滨工程大学出版社,2010.

[7]陈铁铭.船舶管系[M].北京:人民交通出版社,2007.

[8]刘旭.游艇材料与加工工艺[M].哈尔滨:哈尔滨工程大学出版社,2015.

[9]章炜樑,许正权.船舶管系工[M].北京:国防工业出版社,2008.

[10]郑国明.管工常用技术手册[M].上海:上海科学技术出版社,2008.

[11]郑兰.游艇设备与系统[M].哈尔滨:哈尔滨工程大学出版社,2014.

[12]朱珉虎.游艇概论[M].上海:上海交通大学出版社,2012.